U0817770

北京市社会科学理论著作
出版基金资助

CHENGSHIHUA FAZHAN ZHONG DE TUDI LIUZHUAN
HE NONGMIN QUANYI BAOZHANG YANJIU

城市化发展中的土地流转和农民权益保障研究

柴　荣　王小芳　著

北京师范大学出版集团
BEIJING NORMAL UNIVERSITY PUBLISHING GROUP
北京师范大学出版社

图书在版编目(CIP)数据

城市化发展中的土地流转和农民权益保障研究/柴荣，王小芳著.
—北京：北京师范大学出版社，2019.5
(北京市社会科学理论著作出版基金资助)
ISBN 978-7-303-24599-4

Ⅰ.①城… Ⅱ.①柴… ②王… Ⅲ.①农业用地—土地流转—研究—中国 ②农民—权益保护—研究—中国 Ⅳ.①F321.1 ②D422.6

中国版本图书馆CIP数据核字(2019)第050216号

营销中心电话 010-58805072 58807651
北师大出版社高等教育与学术著作分社 http://xueda.bnup.com

CHENGSHIHUA FAZHAN ZHONG DE TUDI LIUZHUAN
HE NONGMIN QUANYI BAOZHANG YANJIU
出版发行：北京师范大学出版社 www.bnup.com
北京市海淀区新街口外大街19号
邮政编码：100875
印　　刷：保定市中画美凯印刷有限公司
经　　销：全国新华书店
开　　本：890 mm×1240 mm 1/32
印　　张：11.625
字　　数：315千字
版　　次：2019年5月第1版
印　　次：2019年5月第1次印刷
定　　价：66.00元

策划编辑：马洪立　　责任编辑：王新焕
美术编辑：李向昕　　装帧设计：李向昕
责任校对：李云虎　　责任印制：马　洁

版权所有　侵权必究
反盗版、侵权举报电话：010-58800697
北京读者服务部电话：010-58808104
外埠邮购电话：010-58808083
本书如有印装质量问题，请与印制管理部联系调换。
印制管理部电话：010-58805079

序言

土地是一切生产和一切存在的源泉，是人类生存的必备要素。人们的吃喝住穿无不依赖土地的产出。自古以来，土地问题与社会稳定、国家安危紧密相关。中国是一个农业大国，在历史长期发展过程中，跨入文明门槛之后，无论何种社会形态，土地及其所有权问题都是被特别关注的重点。在进入新时代建设中国特色社会主义、发展社会主义市场经济、实现农村现代化和城镇化的今天，如何切实保障数亿农民的权益，是必须认真研究的问题。

本书作者柴荣教授，是一位长期从事法律史教学与研究的学者，对中国古代土地法律制度研究情有独钟。她曾经出版过《中国古代物权法研究——以土地关系为研究视角》《中国古代土地法律变迁研究：制度规范与实践》等学术专著；围绕唐代土地私有权问题，宋代先问亲邻制度，明清时期田皮交易契约、田皮权属性，以及古代寺田、学田等话题，在国内比较有影响力的法学、史学核心期刊上发表论文多篇。在此基础上，适应我国农村现代化要求，她又与青年才俊王小芳博士一起于2012年向教育部“新世纪优秀人才支持计划”申请了城市化发展中农民土地权益保障研究项目。本书是该项目的最终成果之一。

纵观世界各国的城市化发展，无不伴随着城市的扩张和对农村土地的占用。在中国城市化发展进程中，农民土地问题也占据了举足轻重的地位。2000 年以后，中国城市化发展进入快车道。城市化发展的本质特征是人口的城市化，即农村人口转移到城市就业和生活，或者是在农村过上与在城市同样的生活。不能忽略的是，我国城市化率虽逐年升高，但就公共服务和生活方式而言，大多数农民并未实现真正的城市化转变。他们在城市化发展的过程中不管是财产性权益的实现还是非财产性权益的行使，都没有得到很好的保护，这种状况亟须改变。城市化发展的脚步不能停，而农民的土地权益也必须得到保障。2014 年，中央提出实行“三权分置”，即坚守农民土地集体所有权，稳住农户承包权，激活土地经营权，赋予承包土地经营权流转和抵押权能，着重强调了对农民权益的保障。

对城市化发展中农民土地权益保障法律制度的关注与责任感，是柴荣教授和王小芳博士写该书的初衷。该书试图阐释城市化、土地流转和农民土地权益保障这三个维度之间的内在逻辑关系，并界定该研究所涉土地流转的概念和农民土地权益的保障范围。通过对三者间关系的阐述，指出农民土地权益保障是目前城市化建设和农村土地流转的核心内容，从而阐明农民土地权益保障在土地流转中的重要意义。

“他山之石，可以攻玉”，该书还介绍、分析了发达国家在城市化发展过程中出现的土地和农民问题以及应对举措。英国、美国、法国、日本、韩国等几个国家在城市化发展中同样遭遇了严峻的土地和农民问题，不过通过规范政府干预、合理规划土地、开放土地交易市场、赋予农民更多的自主性等方法实现了城市化发展和农民权益保障并行。这对我国当前城市化发展具有重要的借鉴意义。

柴荣教授和王小芳博士还对山西晋中在“三权分置”过程中的一些乡村进行了农村土地保护实际状况调研，与农民面对面地交流，感受到了农民土地权益在城市化过程中受损的困境和无奈以及我国各级立法、执法和司法机关为保护农民土地权益所付出的努力。该书还对农民在土地流转中如何获得财产性权益以及非财产性权益进行了分析，以此证明土地流转对农民土地权益的现实影响。

作为对中国农民和土地充满感情的学者，该书作者总结了土地流转中农民土地权益保障的本质需要，选择城市化发展过程中法律制度的建立和完善所应遵循的价值目标，探索实现农民土地权益的土地流转模式。通过对农民在土地流转中权益保障现实需求和本质属性的总结，她们对于法律制度的进一步完善提出了有见地的建议。该书还概括了在不同类型的土地流转中实现农民土地权益的具体路径，提出了土地流转过程中保障农民土地权益切实实现的有益见解。

党的十九大报告指出，要深化农村土地制度改革，完善承包地“三权分置”制度，并强调国家将长期稳定土地承包关系，切实维护农民的合法权益。两位作者在如何保障农民土地权益方面作出的探索努力值得鼓励。

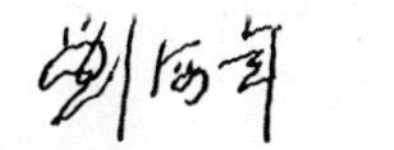

2018 年 12 月 25 日

目录

1 导 论

英国政治经济学学者威廉·配第的名言“劳动是财富之父，土地是财富之母”①形象地说明了土地对于人类的重要意义。土地供养了人类，成就了人类发展的历史。尤其对中国农民来说，土地更是承载了其祖祖辈辈的生计与希望，“‘土’是他们的命根”②。今天，随着社会经济的发展、城市化建设的兴起，土地制度的改革面临着诸多新问题，农民权益保障与城市化需求之间的矛盾成为改革道路上绕不开的障碍。20世纪末兴起的“土地流转”制度为解放农民、解放土地，推动城市化建设发挥了积极作用。但是，土地如何流转才能平衡农民土地权益保障与农村城市化发展之间的关系，依然是改革者亟须解决的理论和实践难题。当然，对“土地流转”概念的明确是首要问题。我国现行法律对这一概念尚无定论，学界使用也各有不同。我国宪法中已有“土地征收”和“土地征用”的概念。从理论分析和实践使用的角度，本书认为“土地流转”是农村集体所有土地上使用权在平等主体之间的移转，根据农村土地的分类，具体包括承包地经营权流转、宅基地使用权流转和集体经营性建设用地使用权流转。

1.1 选题缘起及研究意义

中国社会发展，目前正处于市场经济体制不断完善和政府

① 马克思：《资本论》第1卷，56～57页，北京，人民出版社，2004。

② 费孝通：《乡土中国》，2页，北京，北京出版社，2009。

大力推进城市化建设的新阶段。城市化建设的发展，应该是一个市场化的过程而非完全依靠政府的推动，土地、劳动力以及资本等生产要素的市场配置是市场经济发展的必然结果。土地作为一种有限的稀缺资源，在城市化建设中是最重要的要素。市场经济条件下这些要素的自由流动决定了土地流转的必然趋势。在中国经济发展的过程中，农村曾发挥过巨大的作用。但是今天，城市化一方面给农民带来了巨大的收益，另一方面确实存在一些致使农民权益流失的现象。在这一特殊历史背景下研究土地流转中的农民土地权益保护具有重要的现实意义。

1.1.1 选题缘起

中国的城市化发展在改革开放以后的几十年中取得了突飞猛进的进步。从官方统计的数据(历年《中国统计年鉴》)来看，中国的城市化率 1949 年为 10.60%，到 2016 年已上升至 57.35%。从外部表现看，大部分地区便捷的交通网络、琳琅满目的商品、拔地而起的高楼……无不彰显着我国城市化发展取得的成果；从规划看，国家政策文件和领导人讲话也多次强调城市化的发展方向，并提出新型城镇化①的发展道路。这些无疑都显示出未来中国最大的发展潜力在于城市化。

① “城镇化”作为中国创造的一个新词汇，包含着丰富的中国特色的内容。中国幅员辽阔，中小城镇超过两万个。这些城镇的建设不可能在很短的时间内达到城市的水平，但是城市化发展是现代社会发展的必然，城镇化发展的提出更好地诠释了我国中小城镇和农村发展的未来方向。我们认为，“统筹城乡，大中小城市和小城镇协调发展，以特大城市为依托发展城市群”的“中国特色的城镇化道路”是我国经济发展和城乡差异的特殊国情下的产物，也是符合我国社会主义市场经济体制和经济发展战略的、唯一具有现实可操作性的必然选择。然而，不管是西方语境下的“城市化”还是富含中国特色的“城镇化”，其本质是一致的，即“非农化”。从世界城市化发展的意义上讲，这一“非农化”过程既包括“土地非农化”，也包括“人口非农化”。为保持行文一致，除引用资料外，本书采用国际通用的“城市化”一词。

不过，仔细研究中国的城市化发展状况，则可以发现其过程中体现出来的一定的城市自我发展倾向和内生动力不足等问题也较为明显。这主要表现在如下三个方面。

第一，土地城市化快于人口城市化。正如陈栋先生在“第四次全球产业转移浪潮下皖江城市带产业承接战略与对策国际研讨会”上指出的那样，“中国城市化的主要问题是化地不化人”[①]，土地城市化率远远超过人口城市化率。据有关资料得知，1999—2007 年，中国城市建成区的面积扩大了 7.20%，但吸纳的人口只增长了 4.00%。[②] 2009 年《中国统计年鉴》显示，中国城市化率在 2008 年已达到 45.68%；而据新华网报道，2009 年大约有 2.3 亿的农民工虽然在城市长期居住和工作，却难以享受与当地居民同等的就业、养老、住房等资源，月均收入仅有 1417 元左右[③]。刘守英提供的数据显示：“2000—2011 年，我国城市综合地价的水平涨了 297%，商业地价涨了 309%，居住用地的价格上涨了 528%，尽管工业地价上升水平有限，但也提高了 71%。”[④]而且地价近年来仍呈上升趋势(见表 1-1)。土地的补偿标准则各地根据实际情况确定，耕地的补偿最高不得超过被征收前的 3 年平均年产值的 15 倍。巨大的城乡地价之差必将驱使土地的城市化继续快于人口的城市化。人口城市化步伐没有跟随土地城市化的节奏，使得在 1990 年至 2007 年城市建成区的扩张速度为 181%、城市实有

---

① 转引自文贯中、熊金武：《化地不化人的城市化符合中国国情吗？——人口密集型的“老浦西”和土地资本密集型的“新浦东”的历史比较》，载《城市规划》，2012(4)。

② 郑凌志：《中国土地政策蓝皮书 2010》，203 页，北京，中国大地出版社，2011。

③ 《国家统计局：中国有近 2.3 亿名农民工平均月收入 1417 元》，http：//finance. ifeng. com/news/20100323/1957887. shtml，2014-10-26。

④ 剧锦文：《中国的城镇化与小城镇发展——江苏省靖江市东兴镇考察》，47 页，北京，中国社会科学出版社，2013。

住宅建筑面积的增加速度为500%的情况下①，散布于全国各地的“空城”“鬼城”频频出现。农民在城市化的浪潮中实现了地域的转移和职业的转换，却没有及时实现身份的转变，难以和城市居民享受同等的公共服务。

表 1-1 中国地价变化情况(元/平方米)

年份＼类型	综合	商服	住宅	工业
2012	3129	5843	4620	670
2013	3349	6306	5033	700
2014	3522	6552	5277	742
2015	3633	6729	5484	760
2016	3826	6937	5918	782
2017	4083	7251	6522	806

数据来源：中国地价信息服务平台，http：//www.landvalue.com.cn/news/List? id＝mreport，2018-06-20。

第二，城乡差距持续存在。我国的城乡差距，总体上说，自新中国成立以来持续处于较大的状态。随着改革开放以后经济的发展和城市化的推进，中国的城乡差距问题并没有得到缓解。2008年，著名经济学家厉以宁曾指出：“我们的改革进行了三十年，到现在为止，最大的问题是城乡关系。”②如表1-2所示，改革开放以来，无论是从城乡居民人均收入水平还是从人均消费水平的对比情况来看，城乡差距不仅没有随着城市化的推进逐步缩小，反而呈现出一定的波动甚至扩大趋势。尤其是在城市化高速发展的1996年到2006年的10年中，城乡居民人均收入水平和人均消费水平之比都急剧上升，并在此之后

① 文贯中：《吾民无地：城市化、土地制度与户籍制度的内在逻辑》，26页，北京，东方出版社，2014。

② 厉以宁：《城乡二元体制改革该开始了》，载《中国报道》，2008(4)。

始终保持一个较高的水平。虽然城乡居民的恩格尔系数[①]都呈下降趋势，但是农村居民食物支出占消费支出的比重始终高于城市居民。此外，城乡基本公共服务方面的差距也较为明显。中国社会科学院2009年公布的《中国城市报告》就指出，中国的城乡收入差距持续存在，中国是世界上几个城乡收入差距较大的国家之一。考虑到社会保障、各种补贴等因素的影响，城乡收入差距远不止报告中数据所显示的。从整体上看主要表现为：农村基础公共服务设施不足且相对落后；农村义务教育办学条件差；农村基本医疗卫生服务差；城乡就业机会不均等；农村社会保障水平低，体系不健全。[②]

表1-2 中国城市化发展中的城乡差异情况

年份	城市化水平(%)	城乡居民人均收入水平对比	城乡居民人均消费水平对比	恩格尔系数(%)	
				城市	农村
1978	17.90	2.6	2.9	57.5	67.7
1980	19.36	2.5	2.7	56.9	61.8
1985	23.71	1.9	2.2	53.3	57.8
1990	26.41	2.2	2.9	54.2	58.8
1995	29.04	2.7	3.8	50.1	58.6
2000	36.22	2.8	3.7	39.4	49.1
2001	37.66	2.9	3.6	38.2	47.7
2002	39.09	3.1	3.6	37.7	46.2

---

① 恩格尔系数(Engel's Coefficient)是食品支出总额占个人消费支出总额的比重。19世纪德国统计学家恩格尔根据统计资料，就消费结构的变化得出一个规律：一个家庭的收入越少，家庭收入(或总支出)中用来购买食物的支出所占的比例就越大；随着家庭收入的增加，家庭收入(或总支出)中用来购买食物的支出所占的比例则会下降。

② 王德炎：《我国城乡基本公共服务均等化的现状及实现途径》，载《商业时代》，2010(19)。

续表

年份	城市化水平(%)	城乡居民人均收入水平对比	城乡居民人均消费水平对比	恩格尔系数(%)	
				城市	农村
2003	40.53	3.2	3.8	37.1	45.6
2004	41.73	3.2	3.8	37.7	47.2
2005	42.99	3.2	3.6	36.7	45.5
2006	43.90	3.3	3.6	35.8	43.0
2007	44.94	3.3	3.6	36.3	43.1
2008	45.68	3.3	3.5	37.9	43.7
2009	46.59	3.3	3.6	36.5	41.0
2010	49.68	3.2	3.5	35.7	41.1
2011	47.61	3.1	3.3	36.3	40.4
2012	48.64	3.1	3.2	36.2	39.3
2013	53.73	—	3.0	35.0	37.0
2014	54.77	2.5	2.9	—	—
2015	56.10	2.3	2.8	—	—

注：1. 在城乡居民人均消费水平的对比中，城乡价格中的不可比因素没有予以剔除。

2. 居民人均消费水平指按常住人口平均计算的居民消费支出。

3. 以农村居民为基数1进行城乡居民人均收入水平对比、城乡居民人均消费水平对比。

数据来源：《中国统计年鉴2016》，http：//www.stats.gov.cn/tjsj/ndsj/2016/indexch.htm，2017-11-14。

第三，三元社会结构凝固化。国内不少学者指出中国的三元社会结构已经形成，即市民、准市民和农民的三元社会结构。①

① 关于我国三元社会结构的论述可参见甘满堂：《城市农民工与转型期中国社会的三元结构》，载《福州大学学报(哲学社会科学版)》，2001(4)。徐明华、盛世豪、白小虎：《中国的三元社会结构与城乡一体化发展》，载《经济学家》，2003(6)。李强：《农民工与中国社会分层》，384～385页，北京，社会科学文献出版社，2004。

这是相对于城乡二元结构而言的。作为“化地不化人”的后果，脱离土地的农民工作生活在城市，却不享有城市居民的身份和相应的公共服务，他们游离于城市与农村之间又独立于两者之外，成为一个特殊的新的社会群体，即我们俗称的农民工。众所周知，城市经济发展吸引了大量的农村剩余劳动力进入城市，成为准市民；城市化发展是实现农民向市民转化的过程，农民工(即准市民)应是农民市民化的过渡阶段。但是由于群体机制①、市场机制②和适应能力等社会排斥因素的存在，现实中农民向市民转变的速度较为缓慢。城市化的迅速推进和人的转变缓慢形成了对比。农民离开农村后无法及时实现向市民的转变，由此形成了准市民普遍存在的现实社会格局。

上述几种表现形式深刻地反映出在城市化过程中，在一定程度上而言，农民对城市发展成果的分享有限，尤其是，“化地不化人”的发展方式对农民的土地权益侵害非常大。城市化发展需要农村土地是必然的。虽然土地征收在一段时间内确实推进了中国城市化建设的进程，但是其在促进城市发展的同时给农民土地权益带来损失也并不鲜见。今天，在通过土地流转来满足新型城市化发展需求的过程中，农民的土地权益依然存在受损情况。部分地区存在的以土地流转为形式的“变相圈地”、行政权对农民和农民集体土地流转的干预、多方市场主体在土地流转中与民争利等现象表现得比较明显。土地对于农民的意义不仅仅是农业生产以保障生活，还有其他诸如情感、社保等非生产性的功能。另外，我国目前还存在着农村社会保障不健全、城乡社会保障差异等问题。在这种情形下，土地流转后农民失去了土地，大多数进入城市生活和工作，却在二元限制下难以融入城市而无法享受城市居民享有的各种福利。农

① 群体机制可视为城市居民对农民工的偏见和歧视等。

② 市场机制表现在农民工处于市场竞争的边缘上，这又进一步导致了城市消费市场的排斥。

民赖以生存的外部环境的风险系数不断提高，倘若遭遇意外事件的冲击，他们就会陷入苦不堪言的境地。同时，在现行制度结构内，农民表达自身利益诉求的渠道并不畅通，作为农地关系主体的农民在土地流转中的知情权、参与权以及申诉权等民主权利受到主客观因素的限制，其结果就是无论土地流转的数量、规模，还是土地流转的用途、形式、收益，农民大都只能被动接受。而且，我国农村基层民主制度尚不健全，农民尽管人数众多，但其组织化程度不高，通常会陷入奥尔森(Olson)所称的"集体行动的困境"①之中。

农民土地权益的维护事关国家稳定与社会和谐。这主要源于以下关联。第一，农村土地流转中农民土地权益的保障与农民的现实生存权紧密相关。土地作为农民最基本的生产资料，是农民安身立命的根本基础。在古代，土地甚至被视为神圣的主物，帝王把土地当作祭祀的对象。今天，土地仍然是农民的命根子，承担着为农民提供生产生活资料及社会保障的双重职能。同时在现阶段快速发展城市化的背景下，土地是农民最原始的资本，是他们转变为市民的重要支撑。第二，农村土地流转中农民土地权益的保障与农民的社会保障权密切相连。土地作为农村生产要素，能够为土地使用者创造收益；而在劳动力市场不完善和非农就业机会有限的条件下，又能为农民充分利用家庭劳动力创造条件；在非农就业机会丧失时，土地更是一种失业保险。土地流转中如不对农民的土地权益予以特殊保护，结果可能是相当多

① 奥尔森指出，在集体行动中，个人理性不是实现集体理性的充分条件，其原因是理性的个人在实现集体目标时往往具有搭便车(free-riding)的倾向。他认为，"除非一个集团中人数很少，或者除非存在强制或其他某些特殊手段以使个人按照他们的共同利益行事，有理性的、寻求自我利益的个人不会采取行动以实现他们共同的或集团的利益"。具体内容参见[美]曼瑟尔·奥尔森：《集体行动的逻辑》，陈郁、郭宇峰、李崇新译，2页，上海，生活·读书·新知三联书店上海分店、上海人民出版社，1995。

的失地农民成了“种田无地、上班无岗、低保无份”①的“三无”农民。第三，农村土地流转中农民土地权益的保障关系着中国现阶段全面推进城市化的进程和国家的长治久安。随着中国城市化的快速推进，在土地流转过程中发生的农民土地权益受损现象屡见不鲜，各地因土地引起的纠纷接连发生。这一方面影响了农民正常的经济和生活，另一方面使得国家难以有效推进城市化的快速发展，进而影响国民经济的持续稳定发展。更重要的是，农民土地权益受到侵害是一个严重的社会问题，是农民上访的一个重要原因；同时也常常是干群关系紧张、群体性事件发生的导火索。农民土地权益受损问题已成为制约生产发展、影响社会和谐的重要因素，长此以往，将会威胁到整个国家的社会秩序稳定。而城市化的发展也必然因此受阻，难以为继。

农民土地权益的实现是城市化发展的前提，更是城市化发展的目标。城市化发展不能以农民权益的牺牲作为代价；经济发展和社会进步的成果，“都需要相应地体现为农民生产生活状况的改善，体现为农民各种福利的增进和权益的落实到位”②。改革开放以来以“三农”为主题的中央一号文件共有 20 多份，尤其进入 21 世纪以后每年均发布中央一号文件以强调“三农”问题之重要性。党的十八大开启了我国改革的新起点，城市化、土地流转和农民权益保障都是改革的关键词。党的十九大报告更进一步提出了“城乡融合”以及“农村土地承包权稳定并长久不变”。土地权益保障不只是农民问题，农民土地权益保障已成为社会焦点问题。保障农民在土地流转中权益之实现是关系“三农”问题、实现真正意义上城市化发展的重点。因此，在这一背景下研究土地流转中的农民土地权益保障问题有

① 赵慧珠：《中国农村社会政策初步研究》，296 页，北京，中国农业出版社，2008。

② 《农民权益保护：“三农”问题中一块滞后“短板”》，http：//www.zgny.com.cn/ifm/consultation/2006-07-25/101923.shtml，2015-01-27。

着迫切而重要的理论和实践意义。

1.1.2 研究意义

推进城市化建设首先要明确的根本问题在于：城市化是谁的城市化？城市化是为了什么？无论“让民众安居乐业是政府的基本职责”的中国传统政治思想，还是“全心全意为人民服务”的中国共产党的宗旨，都强调了民之利益是政府行为的出发点和根本点。

李克强反复强调未来中国城市化的核心将是“人”的城市化。2013 年初，李克强首次明确表示：“推进城镇化，核心是人的城镇化，关键是提高城镇化质量，目的是造福百姓和富裕农民。”[①]2013 年 3 月，在会见中外记者时他又明确提出政府的主要任务为：发展经济、改善民生、促进社会公正。“改善民生和促进社会公正”即是以人为本执政理念的体现。那么，人口城市化就毋庸置疑地成为中国新型城市化发展建设的核心目标。中国新型城市化建设讲究“以人为本”，核心就在于农民权益的实现与保障。在目前城乡二元格局甚至是三元结构的限制下，农民和城市居民的经济地位存在明显差异，而经济地位的低下以及经济基础的劣势进一步导致了农民权益的恶化。如此“马太效应”[②]下，农民权益的保障必然具有相当紧迫的现实意义。2003 年，在由浙江师范大学农村研究中心和法政经济学院主办的“中国现代化进程与农民土地权益保护”高层研讨会上，时任国务院发展研究中心农村经济研究部副部长的徐小青研究员尖锐地指出：“现代化进程中，‘农民土地权益’受侵犯问题的严重性已经超过了农民负担问题。”[③]安徽农业大学经济与管

① 《守住管好“天下粮仓” 协调推进“新四化”建设》，载《人民日报》，2013-01-16。

② “马太效应”(Matthew Effect)源自《圣经·新约》中的“马太福音”第 25 章：“凡有的，还要加给他叫他多余；没有的，连他所有的都要夺过来。”意思是指好的更好，坏的更坏；多的更多，少的更少这样一种社会现象。

③ 浙江师范大学农村研究中心：《“中国现代化进程与农民土地权益保护”高层研讨会专家观点汇要》，载《浙江师范大学学报(社会科学版)》，2004(1)。

理学院的阮文彪教授也指出："农民土地财产权利保护的突出问题主要表现在农民的土地集体所有权(归属权)和土地的收益权得不到切实保证。"[①]这就要求城市化建设过程中必须解决目前存在的城乡差异问题，实现城乡一体的统筹发展。其中两个非常重要的问题就是缩小城乡居民收入差距和实现公共服务均等化。缩小城乡居民收入差距，其根本在于实现农民的财产性收入，而目前看来，农民最有可能实现财产性收入的渠道就是土地。农民既可以通过自己使用集体土地来实现生产性收益和经营性收益；也可以通过土地流转来分享集体土地增值，实现用益物权的收入。实现公共服务均等化则表现在两个方面：一是保障进城农民分享城市公共服务；二是完善农村公共服务，保障当地农民能够享受与城市居民均等的公共服务。只有这样，农民才能够真正分享城市化建设的成果，社会才能够稳定。在我国现有制度安排下，实现这一日标的重要方式就在丁保证农民对农村土地的自由流转、自主流转。城市化的建设和发展离不开土地，农民权益的实现亦依赖于土地。在这个过程中，土地制度改革既要保护好土地权利人的合法权益，又要防止土地资源的无序使用和大量浪费；因为对任何一个国家来说，土地都是有限的资源。著名土地专家陈锡文就指出："只有在符合土地利用规划的前提下，土地权利人的权利才受到保护。"[②]城市化只有在符合土地利用规划的框架内发展，农民的土地权益才能实现。

城市化不只是建制上城市数量的增加，也不只是单纯的人口向城市集中；城市化不仅要有量的增加，更应有质的提升。城市化要实现的是改变传统的农村生产生活方式，使农村居民

---

① 浙江师范大学农村研究中心：《"中国现代化进程与农民土地权益保护"高层研讨会专家观点汇要》，载《浙江师范大学学报(社会科学版)》，2004(1)。

② 陈锡文：《三农问题是城镇化进程中最大的问题》，载《江苏农村经济》，2013(7)。

和城市居民享受一样的待遇；消除城乡之间的差别，使城乡融合发展。国家统计局统计数据显示(见图 1-1)，我国的基尼系数一直居高不下，在 2008 年升至 0.491，远超 0.4 这个危险数值；即使 2009 年开始回落，但直至 2015 年仍高于世界平均水平。在我国，广大农民是国家和社会发展的重要力量。由于国家正处于破除城乡二元结构、逐步实现城市化的社会转型时期，由土地流转引发的农民土地权益流失的现象日益严重，农民土地权益保障问题已经成为我国社会经济问题的焦点。这不仅关系农民的自身发展，更与社会的发展息息相关。通过农村土地高效流转制度的建构，遏制在城市化发展过程中农民土地权益的流失，寻求实现城市化发展、土地流转和农民权益保障三者间良性发展的有效路径，真正实现对农民土地权益的保护，这也正是本研究的意义之所在。

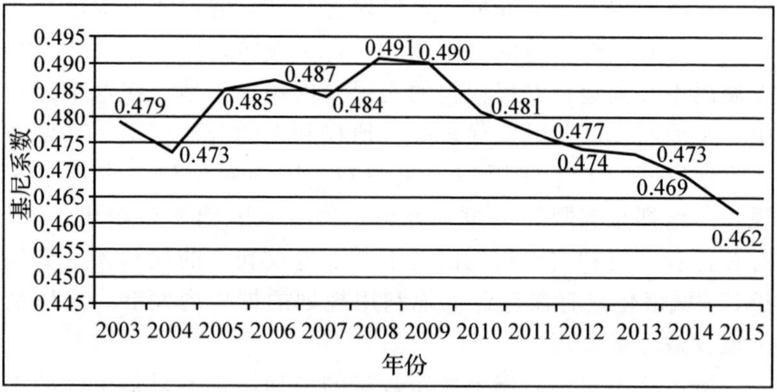

图 1-1 中国基尼系数变化情况

注：基尼系数是测量收入分配差异程度的统计指标，其值在 0 和 1 之间，越接近 0 就表明收入分配越趋向平等。国际上通常把 0.4 作为收入分配差距的"警戒线"，基尼系数在 0.4 以上时表示收入差距较大，基尼系数达到 0.6 时则表示收入悬殊。

数据来源：《2015 年中国基尼系数为 0.462 创 12 年新低》，http：//www.ce.cn/xwzx/gnsz/gdxw/201601/19/t20160119_8372526.shtml，2017-11-14。

1.2 国内外研究现状

古往今来，社会等级的划分、对奴隶和农奴的剥削、农民的起义、王朝的更迭、人民的贫困和社会的骚乱等，都与土地问题息息相关。① 土地又事关农民的生存与发展，因而对土地和农民问题的研究，为古今中外学者所高度重视。我们从中国浩瀚的古籍中可以找到很多有关土地和农民问题的论述。中国重要的史籍资料一般都辟有专章或专节来记录土地制度，如《食货志》《田制》等。近年来，随着对土地制度的热议和对农民权益的重视，国内外学者的研究文献可以说是汗牛充栋。

1.2.1 国内研究现状

"三农"问题一直是我国学者研究的重点问题之一。尤其是近年来伴随着城市化发展对农村土地的迫切需求，农民是否真正分享到城市化发展下土地流转这一制度运行的成果，这一问题激发了广大学者对土地问题和农民土地权益保障研究的新高潮，从而形成了一大批研究成果。仅据笔者分别以"城市化""土地流转""农民土地权益"为关键词、以这些词之组合为主题在中国知网(CNKI)进行检索的结果来看，国内学者在城市化、土地流转和农民土地权益保障领域的研究已经取得了丰硕的成果。

如图 1-2 所示，以"城市化""土地流转""农民土地权益"为关键词的文献，其总量近 10 年来总体呈上升的趋势；"城市化"和"土地流转"更是研究的热门词汇，仅 2014 年中国知网收录的相应文献就分别有 1313 篇和 7820 篇之多，虽然 2014 年之后数量稍有减少，但整体上热度未消。对这几个问题进行研究的学位论文也是逐年增加。以"农民土地权益"为关键词进

① 孔庆山：《美国早期土地制度研究(1785～1862)》，2 页，广州，中山大学出版社，2002。

行研究的文献，其数量虽较之前两者增长缓慢且总量不多，但细读全文则发现，均或多或少涉及农民权益保障之内容。

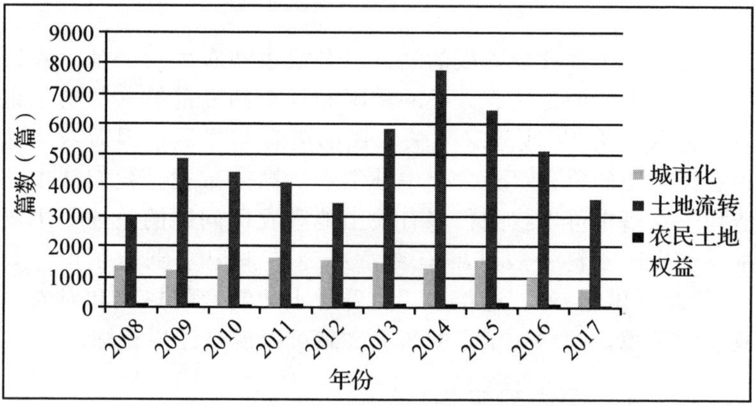

图 1-2　以关键词检索相关文献数据统计

图 1-3 显示，10 年来以“城市化”“土地流转”“农民土地权益”几个关键词之任意组合为研究主题的文献，其总量亦大幅度增加。尤其近几年的研究成果被收录的每年都有数百篇之多，其内容无不涉及对农民土地权益保障之论述。

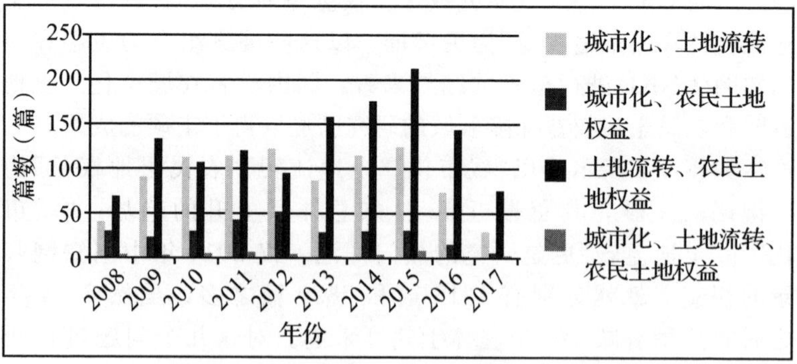

图 1-3　以主题检索相关文献数据统计

研究成果的数量不止于上述两图所示，在万方、维普等中还可以查找到大量的相关文献。笔者以“全文”为限定对上述关键词进行检索，研究成果的数量则更多。从这些简单的统计数据即可管窥我国学者在这些领域的研究成果之可观程度。本书进行数据统计时以文献分类为基础已表明研究数量之多；如若按学科进行分类，则可发现学者对这一问题的研究涉及经济、法律、政策、宏观发展等近40个领域；而若按研究层次进行分类，则包括基础研究、大众科普、高等教育、专业技术等多个层次；如若按研究内容进行分类，则包括现状、问题、效果、原因、障碍、对策等多方面。学科、层次以及内容之研究情况，充分反映了我国学界对城市化和土地流转中农民土地权益保障问题研究的广度和深度。

1.2.1.1 土地流转中农民土地权益现实情况的研究

国内学者对土地流转中农民土地权益的现实情况从维护和损害正反两个方面进行了研究。

第一，土地流转实现了农民的土地权益。土地流转对于农民土地权益的实现具有积极的影响这是毋庸置疑的。学者从理论和实践的角度都进行过相关的论述。从理论层面，学者的研究表明土地流转一方面能够提高土地的利用率，增加农民收入。例如，邱道持①在其《论农村土地流转》一书中指出土地流转能够实现要素集结，提高单位土地的产出效益和农业生产的比较效益，加强农产品与消费市场的联系，实现流转双方互利互赢；蔡继明和惠江②认为农村土地流转能增加农民和集体的权益；徐金花③就农村土地流转对农民增收的贡献进行了论证；张卫杰④更是从推动农业规模化经营、农村经营制度创新以及推进城市化水平等几个方面论述了土地流转对增加农

① 邱道持：《论农村土地流转》，60页，重庆，西南师范大学出版社，2009。

② 蔡继明、惠江：《农地流转与土地法规修订》，载《理论前沿》，2009(7)。

③ 徐金花：《农村土地流转对农民增收的贡献分析》，载《安徽农业科学》，2006(24)。

④ 张卫杰：《土地流转的意义、存在问题与对策》，载《时代金融》，2011(36)。

民收入、提高农民生活水平的重要作用；唐林峰[①]也指出农村土地流转的作用在于提高土地利用率和增加农民收入。另一方面土地流转能够促进土地增值和创造就业机会，让农民分享城市化发展和土地流转的成果。例如，北京天则经济研究所《中国土地问题》课题组[②]通过实践调研和理论分析指出土地流转是农业现代化的前提，而农业现代化恰恰有利于土地收益和农民就业的增加；李中[③]分析了农户、地方基层政府和中央政府在土地流转利益分配中的博弈关系，指出合理的利益分配能够提高农民的收益；汪政杰[④]指出农民在土地转让或转用中能够获得潜力很大的财产性收入；邱道持亦指出土地流转释放了劳动力，农民既可以获得土地租金亦可以获取一定数量的打工收益，农民的收入整体上提升了。从实践层面，我国很多学者通过田野调查，证明了土地流转在农民增收中的重要作用，如姜松和王钊[⑤]对重庆的调研，广西贵港市人民政府办公室课题调研组[⑥]对贵港市的调研，张学浪和赖风[⑦]对湖北恩施的调研等。事实上这种调研不计其数，笔者无法一一列明。

第二，土地流转中也存在比较严重的农民土地权益受损问题。根据学者已有的研究，我国农民的土地权益在土地流转中已经而

① 唐林峰：《近期我国农村土地流转研究综述》，载《法制与社会》，2011(19)。

② 北京天则经济研究所《中国土地问题》课题组：《土地流转与农业现代化》，载《管理世界》，2010(7)。

③ 李中：《农村土地流转的博弈分析》，载《湖南科技大学学报(社会科学版)》，2013(2)。

④ 汪政杰：《让土地成为农民财产性收入的主要来源》，载《法制与经济(中旬刊)》，2008(9)。

⑤ 姜松、王钊：《土地流转、适度规模经营与农民增收——基于重庆市数据实证》，载《软科学》，2012(9)。

⑥ 贵港市人民政府办公室课题调研组：《推进农村土地流转促进农民增收致富——贵港市农村土地流转情况调研报告》，载《广西经济》，2009(9)。

⑦ 张学浪、赖风：《新时期农村土地流转与农民增收——基于恩施市L办事处的实证分析》，载《农村经济》，2014(4)。

且正在遭受着巨大损失。刘忠和曹红冰[①]等指出我国土地产权、税收体系等基本制度的缺失，土地流转市场的不健全以及土地流转的不规范等成为大多数农民土地权益难以落实的重要原因；高勇[②]指出在土地流转中农民土地权益得不到有效保障致使农民成为城市化进程中的弱势群体；吕彦彬和王富河[③]，刘宝亮[④]的调研结果表明，土地流转的收益分配使农民土地权益遭受重大损失，甚至导致了农民生活水平下降或者基本上失去收入来源；而刘巧芹、阮松涛、尚国和郭爱请[⑤]，李长健、梁菊和杨婵[⑥]，钱忠好和曲福田[⑦]，杨雅婷和陈耀东[⑧]，程世勇[⑨]等不少学者指出政府以及受让方农业企业或其他经济组织以强势主体之地位在一定程度上攫取了本属于农民的那部分土地流转收益。另外，肖顺武和侯文飞[⑩]，盛广恒和郭剑平[⑪]等学者从土地补偿制度的角度入手，

---

① 刘忠、曹红冰：《论我国农村土地收益制度现状与改革》，载《湖南警察学院学报》，2014(6)。

② 高勇：《城市化进程中失地农民问题探讨》，载《经济学家》，2004(1)。

③ 吕彦彬、王富河：《落后地区土地征用利益分配——以B县为例》，载《中国农村经济》，2004(2)。

④ 刘宝亮：《征地莫断了农民的生路》，载《中国经济导报》，2004-02-27。

⑤ 刘巧芹、阮松涛、尚国等：《我国集体建设用地使用权流转收益分配问题及其管理创新思考》，载《农村经济》，2013(12)。

⑥ 李长健、梁菊、杨婵：《农村土地流转中农民利益保障机制研究》，载《贵州社会科学》，2009(7)。

⑦ 钱忠好、曲福田：《规范政府土地征用行为 切实保障农民土地权益》，载《中国农村经济》，2004(12)。

⑧ 杨雅婷、陈耀东：《关于集体建设用地流转收益分配主体及归属的思考》，载《中国房地产》，2011(9)。

⑨ 程世勇：《城市化进程中的农村建设用地流转：城乡要素组合与财富分配结构的优化》，15页，北京，经济科学出版社，2012。

⑩ 肖顺武、侯文飞：《论我国土地补偿制度之完善——基于土地利益公平分享视角的解析》，载《理论与改革》，2007(5)。

⑪ 盛广恒、郭剑平：《城市化过程中耕地非农化的机会成本分析》，载《河海大学学报(哲学社会科学版)》，2005(1)。

指出土地补偿标准过低尤其是农民难以分享土地增量利益是农民土地权益受损的重要原因之一；李南洁①则关注到以土地为重要社会保障基础，农民在土地流转之后社会保障之存续的问题。这主要是从土地财产权的角度论述农民土地权益的受损情况的，学者们对这一问题的关注尤为突出。事实上，通过分析学者们的研究成果笔者发现，农民在土地流转中的权益流失导致农民权益受损是全方位、综合性的受损。白呈明②、张寿正③等指出失地农民失去的不仅仅是土地，还有居住房屋、生活保障、就业机会、政府的农资支持以及村民民主政治权利的追求等一系列权益；梁伟和袁堂明④则将农民的权益流失概括为经济权利的渐进性缺失、政治权利的剥夺性丧失和社会权利的弱化性消失；康松与刘和平⑤更是认为农民土地权益之流失包括附着在土地上的一切权益损失。中国农业大学左停、李小云、于华江和任大鹏⑥从政治权利、财产权、城乡公平及迁徙就业四个方面论述了农村发展中农民权益的流失问题。康岚⑦通过对上海、河南商丘、辽宁沈阳、广东湛江四地失地农民的调查指出农民的社会生存权、再就业权、子女受教育权以及政治文化等方面的权利和利益，在失地后都遭受了不同程度的影响及损失。

---

① 李南洁：《农村土地流转后土地保障功能如何存续》，载《乡镇经济》，2008(3)。

② 白呈明：《农民失地问题的法学思考》，载《人文杂志》，2003(1)。

③ 张寿正：《关于城市化过程中农民失地问题的思考》，载《中国农村经济》，2004(2)。

④ 梁伟、袁堂明：《失地农民权益流失探析》，载《农业经济》，2003(11)。

⑤ 康松、刘和平：《城市化过程中失地农民权益损失及其保障对策》，载《农村经济》，2005(8)。

⑥ 左停、李小云、于华江等：《农村发展中的农民权益维护——当前中国农民公民和社会经济权益的若干问题研究》，载《中国农业大学学报(社会科学版)》，2005(1)。

⑦ 康岚：《从征地前后看失地农民的权益与保障》，载《南京社会科学》，2009(3)。

1.2.1.2 土地流转中农民土地权益受损的制度桎梏

土地流转中农民土地权益的受损情况已然清晰可见。究其原因，学者们普遍认为农民土地权益受损的根源在于制度。制度不健全是农民土地权益实现上的障碍；而制度缺陷使得农民成为城市化发展和土地流转中的弱势群体，是导致农民土地权益不断流失的症结所在。学者们将土地流转中农民土地权益受损的制度原因主要归结为以下几点。

第一，集体土地所有权主体问题。在《中华人民共和国民法总则》尚未颁布实施之前，我国法律规定农村土地所有权归“农民集体”，且不同的法律文本中提法亦有不同；而即使是对“集体”这一概念也没有一个明确的界定。这就造成了集体土地产权模糊的状况，进而又成为集体土地在一定程度上遭受歧视的原因。而学者们在研究农民土地权益保障的问题时发现，土地产权问题正是农民土地权益受损的原因之一。对于集体土地的所有权问题，我国学界普遍认为我国集体土地的所有权存在制度上的残缺，如李永燃和李永泉①，蒋占峰②，许恒周、郭忠兴和刘芳③，李建建④，宋振湖和黄征学⑤等在其研究成果中认为我国集体上地所有权根本就是一个“空壳”，不能发挥实际职能，反而导致了运行中的不稳定；而正是这样的土地所有制形式，造成了农民

---

① 李永燃、李永泉：《我国农民集体土地所有权的性质与构造——以日本民法上的入会权为借鉴》，载《西南交通大学学报(社会科学版)》，2010(4)。

② 蒋占峰：《论我国农地产权制度创新》，载《经济纵横》，2002(5)。

③ 许恒周、郭忠兴、刘芳：《关于集体建设用地入市问题的探讨》，载《河南国土资源》，2005(11)。

④ 李建建：《我国征地过程中集体产权残缺与制度改革》，载《福建师范大学学报(哲学社会科学版)》，2007(1)。

⑤ 宋振湖、黄征学：《农村土地产权制度分析》，载《中国发展观察》，2005(3)。

土地权益的流失。刘燕萍、程烨和王军①，边学芳和吴群②等指出集体土地所有权主体错位、集体土地产权关系不清、产权制度缺乏有效法律保障等导致了土地资源配置不合理、土地利用目标短期化等问题，造成农民土地权益难以价值化并且导致公有土地收益流失；孔祥利、王君萍和李志建③，何建华和于建嵘④，罗必良⑤，文学禹⑥等更是认为农村土地产权主体不明是“土地财政”和土地流失问题的源头，失地农民的权益因此而难以保障；万朝林⑦，李一平⑧，曾令秋、杜伟和黄善明⑨等进一步指出土地所有权模糊对农民的土地使用权、收益权以及民主政治权利造成了消极影响，从而使农民陷入了弱势地位进而权益流失。《中华人民共和国民法总则》虽确认了集体经济组织的特殊法人地位，但是相关制度配制、组织机制运行模式等还有待完善。因此，集体土地所有权主体的问题依然没有完全解决。土地流转能实现土地价值显化是公认的事实，然而农村土地产权残缺

---

① 刘燕萍、程烨、王军：《市场经济体制下我国农村集体土地产权制度构建思路》，载《中国土地科学》，1998(4)。

② 边学芳、吴群：《再论农村集体土地产权主体》，载《广东土地科学》，2005(1)。

③ 孔祥利、王君萍、李志建：《农民失地的路径、成因与对策》，载《云南民族大学学报》，2004(6)。

④ 何建华、于建嵘：《城市化进程中的农民权益保护问题》，载《华中师范大学学报(人文社会科学版)》，2005(2)。

⑤ 罗必良：《农村土地制度：变革历程与创新意义》，载《南方经济》，2008(11)。

⑥ 文学禹：《我国失地农民权益保障存在的问题、原因与对策》，载《湖南社会科学》，2009(1)。

⑦ 万朝林：《失地农民权益流失与保障》，载《经济体制改革》，2003(6)。

⑧ 李一平：《城市化进程中失地农民利益受损的制度分析与对策》，载《中州学刊》，2004(2)。

⑨ 曾令秋、杜伟、黄善明：《对土地价格“剪刀差”现象的经济学思考》，载《中国农村经济》，2006(4)。

却成为土地流转的障碍。对于这一点，叶剑平、姜妍和丰雷①，陈景华②，黄祖辉和王朋③，钟涨宝和狄金华④等进行了论述。学者徐元明⑤则指出之所以在土地流转过程中频频发生损害农民土地权益的事件，就是因为没有确立农民对集体土地的终极所有权。

第二，行政职能错位。行政职能错位对农民土地权益之侵犯甚是严重已成为学界共识。不少学者集中论述了行政干预较多或行政强制是土地流转过程中农民土地权益遭受侵害的主要原因，如许恒周和曲福田⑥，段进朋和杨泱⑦，刘远熙⑧，袁铖⑨等；周学东和周晓松⑩指出土地流转的定价机制是农民土地权益流失的重要原因之一，而政府干预定价、扭曲土地流转价格(学者张新瑞和薛兴利⑪如是认为)是其中的一个主要因素；

---

① 叶剑平、蒋妍、丰雷：《中国农村土地流转市场的调查研究——基于2005年17省调查的分析和建议》，载《中国农村观察》，2006 (4)。

② 陈景华：《制约我国农村土地流转的因素分析》，载《河南科技大学学报(社会科学版)》，2008(5)。

③ 黄祖辉、王朋：《农村土地流转：现状、问题及对策——兼论土地流转对现代农业发展的影响》，载《浙江大学学报(人文社会科学版)》，2008(2)。

④ 钟涨宝、狄金华：《农村土地流转与农村社会保障体系的完善》，载《江苏社会科学》，2008(1)。

⑤ 徐元明：《土地流转与农民权益保障机制的创新——江苏省农村土地流转的调查》，载《现代经济探讨》，2008(1)。

⑥ 许恒周、曲福田：《农村土地流转与农民权益保障》，载《农村经济》，2007(4)。

⑦ 段进朋、杨泱：《我国农地制度与地方政府行为关系分析》，载《当代经济研究》，2007(9)。

⑧ 刘远熙：《论土地流转与农民土地权益的保护》，载《农村经济》，2011(4)。

⑨ 袁铖：《农村土地承包经营权流转：实践、政策与法律三维视角研究》，载《宏观经济研究》，2011(12)。

⑩ 周学东、周晓松：《推进农地抵押融资的制度变革》，载《中国改革》，2013(2)。

⑪ 张新瑞、薛兴利：《浅析农村土地承包经营权流转中农民利益的保护》，载《经济研究导刊》，2011(18)。

并且行政职权的强势在一定程度上导致了农民的弱势，如晋洪涛、史清华和俞宁[①]的研究；曾永昌[②]，黄小虎[③]，李鑫和孙敏[④]，高国盛[⑤]在研究中强调，政府对土地尤其是土地市场的垄断，加之“土地财政”的利益驱动，造成了农民在土地流转中权益流失的可能；高洁[⑥]，高珊和徐元明[⑦]，黄征学[⑧]，诸培新[⑨]等则从实证的角度指出，地方政府和农民集体截留土地增值收益严重侵害了农民土地权益，是造成农民收入进一步减少的原因所在。行政职权的错位一方面使大部分应归农民所有的土地流转收益被截取；另一方面更是对农民自主权利的侵犯；同时又存在如邱爽[⑩]指出的政府失灵等问题。行政职权的运行在实践中已经造成农民土地权益的损害，并成为学者们研究改革的重要方面。

第三，农村土地流转市场缺失。市场经济有利于资源优化配置是经济学的共识。通过市场实现土地收益增值，对于在目前土地流转中实现农民土地流转收益而言是必不可少的。然而，我国土地市场仍不成熟，尤其是土地流转市场尚未完全形

---

① 晋洪涛、史清华、俞宁：《谈判权、程序公平与征地制度改革》，载《中国农村经济》，2010(12)。

② 曾永昌：《论土地市场的政府垄断》，载《社会科学研究》，2002(4)。

③ 黄小虎：《土地管理权与经营权应分离》，载《农村工作通讯》，2012(12)。

④ 李鑫、孙敏：《双重垄断下农地城市流转福利损失的经济学分析》，载《农业经济》，2012(3)。

⑤ 高国盛：《政府垄断与征地制度改革》，载《农业经济》，2009(4)。

⑥ 高洁：《基于农民权益保护的集体土地流转研究》，博士学位论文，中国地质大学(北京)，2012。

⑦ 高珊、徐元明：《江苏省农村土地征用与收益分配研究》，载《中国人口·资源与环境》，2004(2)。

⑧ 黄征学：《土地征用存在的问题及其对策思路》，载《中国发展观察》，2006(5)。

⑨ 诸培新：《农地非农化配置：公平、效率与公共福利——基于江苏省南京市的实证分析》，博士学位论文，南京农业大学，2005。

⑩ 邱爽：《我国征地制度的公共选择理论解析》，载《云南社会科学》，2007(6)。

成。胡丽华[①]从五个角度分析我国农村土地流转市场发育不成熟的主要表现；陈景华[②]通过模型论证总结出农村土地市场的完善程度不足是制约我国农村土地流转的主要原因之一；关艳[③]指出我国农村土地流转市场虽已建成但作用仍难以发挥；徐旭[④]从实践的角度对农民土地权益在土地流转市场中的保障问题进行了研究，他指出市场化程度低是当前农村土地流转中农民土地权益受损的一个重要原因。同时，土地流转中市场中介组织的缺失也是一个关键问题，学者如马晓河和崔红志[⑤]、黄祖辉和王朋[⑥]等指出中介组织的匮乏不利于信息的交换和流转的规模与速度等，限制了农村土地的流转，减少了农民增收的机会。可以说，我国土地流转市场发育不成熟，缺乏市场中介组织已经成为农民土地增收障碍的重要因素之一；并且刘启营[⑦]在其研究中进一步指出健全我国农村土地流转市场存在的制约因素。即使是在 2015 年来的全国农村土地改革试点实践中，市场的不足也体现得较为明显。

---

① 胡丽华认为我国土地市场不成熟表现为：一是农村土地承包经营权的有效需求和有效供给不足；二是农村土地承包经营权大都处于非正式流转层面；三是缺乏科学的价格形成和指导机制；四是农村土地承包经营权流转市场的有形载体——中介服务组织少；五是政府在农村土地承包经营权流转中的角色定位不准确。胡丽华：《农村土地承包经营权流转市场化的对策思考》，载《全国商情（理论研究）》，2010(15)。

② 陈景华：《制约我国农村土地流转的因素分析》，载《河南科技大学学报（社会科学版）》，2008(5)。

③ 关艳：《我国农村土地流转市场现状调查及对策研究》，载《经济纵横》，2011(3)。

④ 徐旭：《基于农民权益保障的农地市场化流转研究——以成都市周边农村为例》，硕士学位论文，四川农业大学，2009。

⑤ 马晓河、崔红志：《建立土地流转制度，促进区域农业生产规模化经营》，载《管理世界》，2002(11)。

⑥ 黄祖辉、王朋：《农村土地流转：现状、问题及对策——兼论土地流转对现代农业发展的影响》，载《浙江大学学报（人文社会科学版）》，2008(2)。

⑦ 刘启营：《健全农村土地流转市场的困境与政府行为分析》，载《安徽农业科学》，2009(21)。

第四，配套制度不健全及其他因素。根据学者们的研究，农村土地流转不起来、农民收入难以提高并非仅仅是土地制度和市场运行的问题。相关配套制度不健全和固有的二元结构事实上降低了农民土地流转的意愿，也使得在土地流转中农民集体土地和农民始终处于受歧视的地位。首先，农地流转的相关法律机制不健全是我国目前土地流转中的主要问题(唐林峰[①]，丁关良[②]等)。其次，目前中国土地的社保功能(许恒周、郭忠兴和刘芳[③]等)也是农村土地流转的障碍。再次，土地对农民而言不仅是生产资料，更是一种社会保障(姚洋[④]，温铁军[⑤]等)及就业保障(王兴稳和钟甫宁[⑥]等)。目前二元社会保障体系下农村社会保障覆盖不足、农民社保额度不足的状况更是同上述其他方面一起限制了土地流转，剥夺了农民的土地权益(如赵锡斌、温兴琦和龙长会[⑦]，曹志海[⑧]，邓大才[⑨]，胡瑞卿和张岳恒[⑩]

① 唐林峰：《近期我国农村土地流转研究综述》，载《法制与社会》，2011(19)。

② 丁关良：《农村土地承包经营权流转的法律思考——以〈农村土地承包法〉为主要分析依据》，载《中国农村经济》，2003(10)。

③ 许恒周、郭忠兴、刘芳：《从制度创新理论分析集体土地流转问题》，载《资源·产业》，2005(5)。

④ 姚洋：《中国农地制度：一个分析框架》，载《中国社会科学》，2000(2)。

⑤ 温铁军：《农民社会保障与土地制度改革》，载《学习月刊》，2006(19)。

⑥ 王兴稳、钟甫宁：《土地细碎化与农用地流转市场》，载《中国农村观察》，2008(4)。

⑦ 赵锡斌、温兴琦、龙长会：《城市化进程中失地农民利益保障问题研究》，载《中国软科学》，2003(8)。

⑧ 曹志海：《我国城市化进程中失地农民权益保障问题研究》，载《中国行政管理》，2007(3)。

⑨ 邓大才：《新一轮农地制度变迁的路向选择——弱化所有权》，载《财经研究》，2001(9)。

⑩ 胡瑞卿、张岳恒：《不同目标下耕地流转的理论与实证分析》，载《中国农村经济》，2007(1)。

等）。对此，李婷婷[①]进行了全面的总结，指出我国农村社会保障范围狭窄、内容不全、水平较低、资金不足，并且在立法上也存在缺失。最后，戴玉婷、胡曼丽和陈琳等[②]，曹志海[③]，纪灿离、冀彬和许永杰[④]对制约农村土地流转的因素进行了归纳总结，指出政府信息公开化程度低，法律法规不健全，农村社会保障、中介服务、管理机构等相关配套制度不完善，农业产业发展对土地流转的需求缺乏等导致农民在农村土地流转的过程中处于劣势地位，是造成土地流转障碍和农民土地权益流失的重要因素。

1.2.1.3 土地流转中农民土地权益保障的对策研究

如何实现土地流转中对农民土地权益的保障，在相关机制的构建方面，我国学者提出了很多有益的建议与对策。

第一，要明晰农村集体土地产权。产权明晰才能有稳定的地权和平等的主体地位。如何构建农民集体的主体地位，学术界曾经有过八种代表性的观点。分别为：(1)集体土地所有权是一种由“农村集体经济组织”或“农村集体经济组织法人”享有的单独所有权(王卫国[⑤]，关涛[⑥]，马俊驹和宋刚[⑦]，孙宪忠[⑧]，边学芳和吴群[⑨]等)；(2)集体土地所有权是集体组织全体成员的共有权(温

---

① 李婷婷：《我国农村社会保障法律制度的缺失与对策》，硕士学位论文，中国政法大学，2008。

② 戴玉婷、胡曼丽、陈琳等：《农村土地承包经营权流转中农民权益维护的实证研究——基于流转主体的视角》，载《劳动保障世界(理论版)》，2011(8)。

③ 曹志海：《我国城市化进程中失地农民权益保障问题研究》，载《中国行政管理》，2007(3)。

④ 纪灿离、冀彬、许永杰：《制约农村土地流转因素分析》，载《农村农业农民(A版)》，2009(4)。

⑤ 王卫国：《中国土地权利研究》，114页，北京，中国政法大学出版社，1997。

⑥ 关涛：《我国不动产法律问题专论》，103页，北京，人民法院出版社，1999。

⑦ 马俊驹、宋刚：《合作制与集体所有权》，载《法学研究》，2001(6)。

⑧ 孙宪忠：《论物权法》，397页，北京，法律出版社，2001。

⑨ 边学芳、吴群：《再论农村集体土地产权主体》，载《广东土地科学》，2005(1)。

世扬[1]，王景新[2]等)；(3)集体土地所有权是传统的总有(梁慧星[3]，渠涛[4]等)；(4)我国的集体所有权是一种新型的总有(韩松[5]，余能斌[6]，王利明[7]等)；(5)集体土地所有权是集体组织所有与新型总有的内在融合(温世扬和廖焕国[8]等)；(6)集体土地所有权是新型的合有权(王铁雄[9]，李宜琛[10]等)；(7)集体土地所有权是村、村民小组、乡镇的所有权(谭庆康和潘智慧[11]等)；(8)集体所有权是“个人化与法人化的契合”(孔祥俊[12]等)。《中华人民共和国民法总则》第99条确认了农村集体经济组织的法人地位，杨立新指出这“对于农村土地权属制度改革，实

---

① 温世扬：《略论我国民法的物权体系》，见王利明：《物权法论》，518页，北京，中国政法大学出版社，1998。

② 王景新：《现代化进程中的农地制度及其利益格局重构》，35页，北京，中国经济出版社，2005。

③ 梁慧星：《中国物权法草案建议稿：条文、说明、理由与参考立法例》，271页，北京，社会科学文献出版社，2000。

④ 渠涛：《民法理论与制度比较研究》，402页，北京，中国政法大学出版社，2004。

⑤ 韩松：《我国农民集体所有权的实质》，载《法律科学》，1992(1)。韩松：《我国农民集体所有权的享有形式》，载《法律科学》，1993(3)。韩松：《农民集体所有权的实现机制》，载《法律科学》，1994(5)。韩松：《论集体所有权的主体形式》，载《法制与社会发展》，2000(5)。韩松：《论总同共有》，载《甘肃政法学院学报》，2000(4)。

⑥ 余能斌：《现代物权法专论》，189页，北京，法律出版社，2002。

⑦ 王利明：《物权法研究》，304页，北京，中国人民大学出版社，2002。

⑧ 温世扬、廖焕国：《物权法通论》，367页，北京，人民法院出版社，2005。

⑨ 王铁雄：《集体土地所有权制度之完善——民法典制定中不容忽视的问题》，载《法学》，2003(2)。

⑩ 李宜琛：《日耳曼法概说》，51页，北京，商务印书馆，1943。

⑪ 谭庆康、潘智慧：《论我国村的民事法律地位——对我国农村产权制度的构想》，载《法学》，2003(3)。

⑫ 孔祥俊：《民商法新问题与判解研究》，378页，北京，人民法院出版社，1996。

现农村经济体制深化改革，具有极为重要的意义”[①]。接下来就是如何具体运行的问题了。

第二，要对行政职能正确定位。学者们指出，农村土地为农民集体所有，土地使用权为农民享有，因此土地流转的主体理应为农民。因此，行政权在土地流转中应正确定位并限定职能范围。林国先[②]指出政府是农民土地权益保障最重要的主体，而核心在于还权于民；钱文荣[③]指出政府可以介入农地流转但必须掌握合理的度，目前主要可在宣传发动、建立农地流转信息网络、农地分等定级和价格评估、土地整理、对外招商等方面发挥重要作用；张岑晟[④]也从多个角度提出了土地流转中政府作为的建议；常艳红[⑤]提出要正确定位政府角色从而充分发挥政府职能来有效保障农民权益；卢希望[⑥]则从法律责任、经济责任和社会责任三个方面论述农村土地流转中的政府责任，以排除其越位、缺位、错位之状况。

第三，要发挥市场的作用。在土地流转中应强调在土地资源配置中市场的决定性作用，政府只有尊重市场和土地产权主

---

① 杨立新：《〈民法总则〉规定对修订分则物权编三个重大问题的影响》，载《西北大学学报（哲学社会科学版）》，2017(6)。

② 林国先：《农民权益的制度流失与制度保护》，载《福建论坛（经济社会版）》，1997(9)。

③ 钱文荣：《农地市场化流转中的政府功能探析——基于浙江省海宁、奉化两市农户行为的实证研究》，载《浙江大学学报（人文社会科学版）》，2008(5)。

④ 张岑晟指出，政府可从以下几个方面作为：制定相关行政法规，完善农村土地流转的政策体系；健全农村社会保障体系，解除农民土地流转的后顾之忧；转变地方官员的思想和作风，引导农民形成科学的土地流转观；大力推进制度建设，积极培育农村土地流转市场等。张岑晟：《我国农村土地流转中的主要问题与政府作为》，载《安徽农业科学》，2011(23)。

⑤ 常艳红：《农村土地流转中农民权益保障研究》，硕士学位论文，燕山大学，2011。

⑥ 卢希望：《新一轮农村土地流转中的政府责任》，载《河南社会科学》，2012(3)。

体利益才能更好地发挥其作用(蔡继明[①]);在土地流转中要建立畅通的土地流转渠道，完善土地流转的市场体系(孙瑞玲[②])。此外，市场中介组织的建立和完善也是有必要的。傅晨和范永柏[③]指出土地流转中介服务组织要在土地流转供求信息与价格信息、土地评估、法律政策咨询、流转合同示范等方面提供各种服务，从而促进土地流转和保证农民在土地流转中的平等地位，防止农民土地权益由于不对等而流失。整体来看，学者们一致认为土地市场的建立和完善、市场中介组织的培育和发展是目前土地流转中确保农民土地权益实现的一个重要方面。

第四，要合理分配流转收入。土地流转收入分配与农民土地权益之实现密切相关。这一问题的重点在于如何配置国家、农民集体和农民之间的分配关系。从国家角度讲，其主要参与建设用地的流转。对于国家在建设用地流转中所获收益方式，学界有两种观点。一种是国家按比例直接参与分配，且一般认为国家和集体间的比例为 3∶7 较为合适，持这种观点的主要有卢吉勇和陈利根[④]，许恒周、郭忠兴和刘芳[⑤]等；一种是国家以税收方式间接参与分配，持这种观点的主要有胡克梅和杨子蛟[⑥]，胡玉贤[⑦]，

① 蔡继明：《关于当前土地制度改革的争论》，载《河北经贸大学学报》，2015(2)。

② 孙瑞玲：《农村土地流转机制的创新研究——在农村土地流转现状调查基础上的思考》，载《农业经济》，2008(2)。

③ 傅晨、范永柏：《东莞市农村土地使用权流转的现状、问题与政策建议》，载《南方农村》，2007(2)。

④ 卢吉勇、陈利根：《集体非农建设用地流转的主体与收益分配》，载《中国土地》，2002(5)。

⑤ 许恒周、郭忠兴、刘芳：《关于集体建设用地入市问题的探讨》，载《河南国土资源》，2005(11)。

⑥ 胡克梅、杨子蛟：《对集体建设用地使用权流转的思考》，载《中国房地产》，2003(11)。

⑦ 胡玉贤：《关于创建集体建设用地流转新制度的若干思考》，载《资源·产业》，2003(2)。

李延荣[①]，谭术魁和彭补拙[②]等。从农民集体角度看，学者们的主要观点是流转收益大部分应归集体用于公共事业和社会保障，剩余分给农民，如刘芬和侯利伟[③]等。从农民的角度看，出现失地农民在农村土地流转中是很正常的现象。关于这个问题，刘海云[④]认为，失地农民问题的核心并不在于补偿数额的不足而在于安置政策失效。考虑到失地农民的长远生计，有学者提出应改变惯有的一次性支付货币进行安置的做法，而建立集体留用制度，也就是将失地农民的一部分补偿收益交给集体以备长远计，如王政[⑤]等；卢海元[⑥]提出应该以"实物安置"的模式为主；沈茂英[⑦]认为必须让农民拥有足够大的发展权利。不过，陈天宝[⑧]认为最重要的还是要赋予农民以主人翁的地位。

第五，要完善农村社会保障机制。政府在农村社会保障中处于极为重要的地位，这在我国学界几乎达成了共识。李迎生通过分析欧洲农民养老制度，从六个方面提出了我国政府在全面

---

① 李延荣：《集体建设用地流转要分清主客体》，载《中国土地》，2006(2)。

② 谭术魁、彭补拙：《农村集体建设用地直接流转的支撑体系研究》，载《财经研究》，2002(10)。

③ 刘芬、侯利伟：《集体建设用地使用权流转问题分析》，载《技术与市场》，2006(12)。

④ 刘海云：《边缘化与分异：失地农民问题研究》，217～220页，北京，中国农业出版社，2007。

⑤ 王政：《对失地农民社会保障的建议》，http：//www.farmer.com.cn/wlb/nmrb/nb3/200605060022.htm，2015-03-10。

⑥ 卢海元：《土地换保障：妥善安置失地农民的基本设想》，载《中国农村观察》，2003(6)。

⑦ 沈茂英：《农村土地流转与农户权益保障研究——以成都统筹试验区为例》，载《郑州航空工业管理学院学报》，2008(5)。

⑧ 陈天宝：《农村产权制度改革》，55～63页，北京，中国社会出版社，2008。

完善农村社会保障中的作用。[①] 张晶和任保有[②]从政策规范、运行动力等方面提出较好建议；张瑛[③]认为农村社会保障的着力点在于公平与效率；江治强和李将军[④]从保障体系、管理体制、资金来源几个角度提出建议；樊小钢[⑤]认为可以从实现农村社会保障的强制性角度进行创新。此外，万年青[⑥]，葛婧和王震[⑦]，陈娟[⑧]，王英[⑨]，刘安宁[⑩]，李秀梅[⑪]等众多学者分别从各个角度提出了详细建议。

1.2.2 国外研究现状

“中国的土地法律制度，完全有别于当今世界其他任何一

---

① 这六个方面包括：构建和经济发展水平相适应的农村社会保障制度的基本框架；建立健全农村社会保障管理体制；兑现国家对农村社会保障的财政责任并推动多渠道筹集农村社会保障资金；建立健全农村社会保障的监管机制；推动农村社会保障的立法建设；创造适宜农村社会保障制度建设的外部环境。李迎生：《论政府在农村社会保障制度建设中的角色》，载《社会科学研究》，2005(4)。

② 张晶、任保有：《浅谈建立和完善农村社会保障制度的对策建议》，载《改革与开放》，2010(10)。

③ 张瑛：《完善农村社会保障的着力点：公平与效率》，载《南京社会科学》，2007(5)。

④ 江治强、李将军：《我国农村社会保障制度的发展议题与政策取向》，载《甘肃社会科学》，2008(2)。

⑤ 樊小钢：《土地的保障功能与农村社会保障制度创新》，载《财经论丛》，2003(4)。

⑥ 万年青：《浅议我国农村社会保障制度的完善》，载《农业科技管理》，2014(6)。

⑦ 葛婧、王震：《国际社会保障制度的演变及其对中国的启示》，载《社会科学战线》，2014(10)。

⑧ 陈娟：《加强政府农村社会保障工作责任的政策研究》，载《农村财政与财务》，2014(3)。

⑨ 王英：《构建和完善我国农村社会保障体系》，载《党政干部学刊》，2011(12)。

⑩ 刘安宁：《论我国农村社会保障法律制度体系的完善》，载《沈阳农业大学学报(社会科学版)》，2013(2)。

⑪ 李秀梅：《试论我国农村的社会保障立法》，载《新视野》，2007(6)。

个国家的土地制度模式。甚至可以说：中国的土地法律制度，是目前其他国家土地法律制度模式都无法包容的独特制度。”① 不过，不同视角的研究可以给我们以新的启发。就笔者现已掌握的国外文献资料来看，国外专门研究农民土地权益保障的文献并不多，研究重点主要集中在土地制度规范上，认为规范土地制度以提高土地配置效率、增进社会福利是保障农民土地权益的基本路径。国外学者关于土地制度规范的深入研究，对我国农民土地权益保障的研究还是具有一定的借鉴意义的。

1.2.2.1 产权制度与农民土地权益的研究

在国外学者看来，制度变迁有利于获得利益。诺思(North)指出，制度变迁是一个制度不均衡时追求潜在获利机会的自发交替过程②；而J. B. 巴雷尔(J. B. Barrell)在研究农村土地制度变革时直接指出农村土地制度变迁是为了获得既有制度下无法获得的外部利润③，阐明了制度变革具体到土地制度即土地制度改革对于农民土地收益权之重要意义。产权制度是西方学者尤为热衷的话题。土地产权制度是土地制度的核心，对土地制度建设和农民土地权益保障具有重要作用，而土地产权制度的发展就是制度变迁的结果。马克思早在《政治经济学》和《资本论》等经典著作中就论述了“土地产权”的内容，指出土地产权使得土地财产作为资本的一种可以成为“无代价劳动的凭证”④并能给权利人带来收益。

国外学者几乎一致认可土地产权清晰和稳定对农民土地权益保障的价值所在。他们认为，首先，产权清晰对于土地交易

---

① 刘俊：《中国土地法理论研究》，导言页，北京，法律出版社，2006。

② [美]道格拉斯·C. 诺思：《经济史中的结构与变迁》，陈郁、罗华平译，124～158页，上海，生活·读书·新知三联书店上海分店，1991。

③ 张红宇、陈良彪：《中国农村土地制度建设》，102～135页，北京，人民出版社，1995。

④ 《马克思恩格斯全集》第26卷第2册，36页，北京，人民出版社，1973。

和资源配置具有重要意义。费德(Feder)和菲尼(Feeny)①指出土地产权清晰能降低交易成本、提高资源配置效率，最终提高农业生产力。此外，清晰的产权界定还有利于减少土地纠纷的发生[持此观点的有米切尔·科特(Mitchell Cort)、米切尔·罗斯(Mitchell Ross)和格申·费达(Gershon Feda)等②]，是农村土地进行交易的前提所在[科斯(Coase)③]。其次，土地产权之稳定(或称安全)有助于保障农民的基本生存和对土地投入的持续性，对农民土地权益保护具有重要作用。H. G. 雅各比(H. G. Jacoby)和斯科特·罗泽尔(Scott Rozelle)等④明确指出农民土地权益缺乏制度保障的根本原因是地权的不安全性；迈克尔·R. 凯特(Michael R. Carter)等⑤在研究中国地权问题时又进一步指出地权不安全(或安全)会影响农民对土地投资的积极性；S. T. 霍尔登(S. T. Holden)、K. 大冢(K. Otsuka)和F. M. 普莱斯(F. M. Place)⑥等人的研究则表明农村土地产权的不稳定会导致土地的利用缺乏公平与效率，进而损害农民的土地权益。由美国农村发展研究所于1987年发起并于2008年联合中国人民大学、美国密歇根州立大学共同完成的对中国17

---

① G. Feder and D. Feeny, "The Theory of Land Tenure and Property Rights," *World Bank Economic Review*, 1993(7).

② 林翊：《中国经济发展进程中农民土地权益问题研究》，21页，北京，经济科学出版社，2009。

③ [美]R. 科斯、A. 阿尔钦、D. 诺斯：《财产权利与制度变迁——产权学派与新制度学派译文集》，刘守英等译，97页，上海，上海人民出版社，1994。

④ H. G. Jacoby, Guo Li and Scott Rozelle, "Hazards of Expropriation: Tenure Insecurity and Investment in Rural China," *American Economic Review*, 2002(5).

⑤ Liu Shouying, Michael R. Carter and Yao Yang, "Dimensions and Diversity of Property Rights in Rural China: Dilemmas on the Road to Further Reform," *World Development*, 1998(10).

⑥ S. T. Holden, K. Otsuka and F. M. Place, *The Emergence of Land Markets in Africa: Impacts on Poverty, Equity, and Efficiency*, New York, Resources for the Future Press, 2008.

个主要农业省份的长期调查之结果表明，越来越多的落实了土地所有权的农民增加了对土地的投资并通过流转获得了收益。[①]这一调查表明的现象证明了上述观点。

1.2.2.2 土地市场与农民土地权益保障

国外学者的研究亦表明，土地市场的发展对促进农民土地权益的实现具有重要的影响，但他们认为这一过程必须排除政府的过分干预。S. T. 鲁登(S. T. Ruden)指出，市场中土地、劳动力、资金等要素也会对土地产权的安全性造成影响；库恩(Kung)[②]进一步指出，这几个要素之间能相互促进、共同发展，这就要求土地交易行为能在市场中自由地进行。事实上，政府行为会直接影响地权安全和干预市场行为，洛伦·布兰德(Loren Brandt)[③]认为这会使失地农民的权益受损。根据诺思[④]的观点，国家是唯一一个具有暴力潜能的垄断组织，它既是保护个人权利和节约交易费用最有效的工具，又是个人权利最大和最危险的侵害者。据此，政府部门又不能是不作为的，在土地流转中政府应充分发挥其积极作用帮助农民规避市场风险。因为戴克(Dijk)[⑤]的研究表明，市场风险的存在会使农民不愿意进行土地流转。政府的这种作用包括道格拉斯·C. 麦克米

---

① 叶剑平、罗伊·普罗斯特曼、徐孝白等:《中国农村土地农户30年使用权调查研究——17省调查结果及政策建议》，载《管理世界》，2000(2)。叶剑平、蒋妍、罗伊·普罗斯特曼等:《2005年中国农村土地使用权调查研究——17省调查结果及政策建议》，载《管理世界》，2006(7)。叶剑平、丰雷、蒋妍等:《2008年中国农村土地使用权调查研究——17省份调查结果及政策建议》，载《管理世界》，2010(1)。

② J. K. Kung, "Off-Farm Labor Markets and the Emergence of Land Rental Markets in Rural China," *Journal of Comparative Economics*, 2002(2).

③ Loren Brandt, Scott Rozelle and M. A. Turner, "Government Behavior and Property Rights Formation in Rural China," *Working Paper*, 2002(2).

④ Douglass North and Robert Thomas, *The Rise of the Western World: A New Economic History*, Cambridge, Cambridge University Press, 1973.

⑤ Terry van Dijk, "Scenarios of Central European Land Fragmentation," *Land Use Policy*, 2003(2).

伦(Douglas C. Macmillan)①指出的财政部门应支持政府干预市场从而避免由土地自由交易引发的市场失效，以及普罗斯特曼(Prosterman)②指出的为失地农民提供法律援助和保障等；而埃利克森(Ellickson)更是指出政府应该逐渐淡化其在土地流转中的中间人角色，通过行政管制及税收制度解决土地转让、出售中可能出现的问题。

1.2.2.3 农民土地权益保障的对策研究

对于如何解决农村土地流转中农民土地权益受损的问题，国外学者也进行了深入探讨。从土地制度的改革角度，德国学者弗朗兹·冯·本达-贝克曼(Franz von Benda-Beckmann)③直接指出中国的土地权利制度改革应该注重土地的经济、政治和社会等功能，否则将会造成经济受阻、政治不稳、公共利益受损等问题。从土地规模效益的角度看，尤托波罗斯(YotoPoulos)和纽金特(Nugent)④指出土地交易的确能促进土地一定规模的集中，但其效益并不是绝对的，土地集中并不一定能带来农业规模效应的递增。对于失地农民的补偿，E. 诺萨尔(E. Nosal)⑤认为失地农民应该得到完全的市场价值补偿；W. 菲谢尔(W. Fischel)和 P. 夏皮罗(P. Shapiro)⑥认为补偿标准应该是农地转用市场价值的一

① D. C. Macmillan, "An Economic Case for Land Reform," *Land Use Policy*, 2000(1).

② 张丽：《农地城市流转中的农民权益保护研究》，博士学位论文，华中科技大学，2011。

③ 林翊：《中国经济发展进程中农民土地权益问题研究》，22页，北京，经济科学出版社，2009。

④ P. A. YotoPoulos and J. B. Nugent, *Economics of Development: Em2 Percale Investigations*, New York, Harper and Row, 1976.

⑤ E. Nosal, "The Taking of Land: Market Value Compensation should be Paid," *Journal of Public Economics*, 2001(3).

⑥ W. Fischel and P. Shapiro, "A Constitutional Choice Model of Compensation for Takings," *International Review of Law and Economics*, 1989(9).

部分；伊恩·艾尔斯(Ian Ayres)[①]认为土地转让收益的决定权应掌握在农民自己手中。对于农民的社会保障，詹姆斯·G. 温(James G. Wen)[②]则提出持有土地可作为农民储蓄和养老保障的一种方式。

此外，在*Land Use Policy*(《土地使用政策》)这份关于城市和农村土地使用的涉及社会、经济、政治、法律等方面问题的国际性土地期刊中，国外学者尼科·海尔克(Nico Heerink)、简·特克斯特拉(Jan Turkstra)、马克·W. 斯金纳(Mark W. Skinner)、理查德·G. 库恩(Richard G. Kuhn)等发表了数篇文章，对中国城市和农村的土地政策、土地使用状况等问题进行了深入研究，并提出了建设性的观点。[③]

以上观点无论适用于国外的制度变迁还是土地市场发展，在我国学术界均已得到认可。土地制度变迁和建立统一的土地流转市场对于我国目前情况而言是非常有意义的。在土地制度变迁和土地流转市场建立以后如何进一步维护农民的土地权益呢？国外学者的观点为我们提供了理论上的借鉴，具体操作如何还需要根据我国的实际国情深入探讨。

1.2.3 文献述评

国内外学者对土地流转中农民土地权益保障的研究可谓多

---

① Ian Ayres, *Optional Law: The Structure of Legal Entitlements*, Chicago, University of Chicago Press, 2005.

② 张丽：《农地城市流转中的农民权益保护研究》，博士学位论文，华中科技大学，2011。

③ Qu Futian, Nico Heerink and Wang Wanmao, "Land administration reform in China," *Land Use Policy*, 1995(3). Cheng Jianquan, Jan Turkstra, Peng Mingjun, et al, "Urban Land Administration and Planning in China: Opportunities and Constraints of Spatial Data Models," *Land Use Policy*, 2006(4). Mark W. Skinner, Richard G. Kuhn and Alun E. Joseph, "Agricultural Land Protection in China: A Case Study of Local Governance in Zhejiang Province," *Land Use Policy*, 2001(4).

视角、多层次，这为本书的研究提供了广阔的视角和丰富的资料。但是总体来说，在目前城市化发展背景下，已有的对土地流转中农民土地权益保障的研究还存在以下不足之处。

从研究内容的角度，第一，从研究数量上看，以土地流转为研究重点的文献数量远远超过以农民土地权益为研究重点的文献。从这个方面看，农民土地权益的研究还需被予以更多的关注。第二，对土地流转中的农民土地权益保障缺乏深入、系统的理论分析。整体来看，我国学者研究了我国土地流转中存在的问题，研究了农民土地权益受损的诸多方面。不过，究竟土地流转在制度和实践之中如何侵犯、在何种程度上侵犯农民的土地权益，侵犯了农民的哪些土地权益，尚缺乏一个系统和深入的分析。第三，对制约土地流转中农民土地权益实现的诸多因素之间的关联缺乏制度上的考察。学者们考察了土地流转中农民土地权益受损的法律设计因素、行政职权因素以及市场因素等，但是这些因素之间是否存在必然的关联，从而形成一个导致农民土地权益受损的联动机制呢？笔者暂未发现相关方面的研究。第四，也有不少学者对在不同类型土地的流转过程中农民土地权益受损问题进行研究，并得出相应的结论和建议。可以看到即使土地类型不同，流转过程中农民土地权益流失的现象却在一定程度上表现出一致性，原因何在？对于这个问题，还鲜有学者进行总结性研究。第五，我国学者多有对国外经验的研究，但是基本上都采用具体制度介绍和经验总结的方式；目前少见通过梳理各国城市化发展和土地流转进程，从而与中国现实情况相比较以发现其中的一致性进而予以借鉴的研究。事实上，发达国家城市化发展中出现了诸多和中国目前城市化发展中相似的土地流转和农民权益保障的问题。笔者认为，发展进程及制度形成过程的梳理更有助于我们发现共同之处。

从研究领域的角度，我国学者对土地流转和农民土地权益保障的研究成果之丰硕不必多言，所涉学科领域广阔。这为土地流转中农民土地权益保障的研究提供了更为宽广的视角。学者们研究的结果表明，制度因素仍是制约我国土地流转和土地流转中农民权益实现的重要障碍，尤其是土地产权制度以及相关法律制度不健全严重制约了农民在土地流转中土地权益的实现。笔者从中国知网上检索以“农民土地权益”为研究主题的文献，发现从法律制度角度进行研究的文献相较于其他角度可谓少之又少；从法理、法史及宪法角度进行研究分析的仅有百余篇(其中法理、法史 65 篇，宪法 47 篇)(见图 1-4)。专著方面的研究，与土地流转和农民土地权益保障相关的著作也主要集中在农业、农村经济、土地资源管理、行政管理等几个领域，法学领域则以民商法和土地法领域研究为主，法学理论领域则鲜有研究。

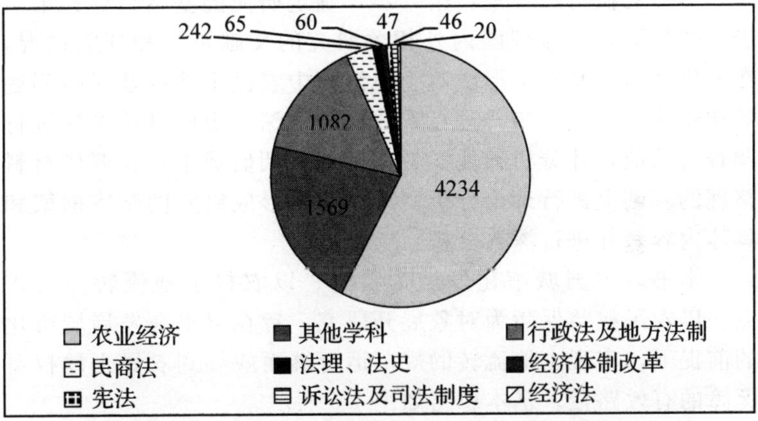

图 1-4 “农民土地权益”研究文献数量统计(篇)

注：图例按照文献数量由多到少横向顺序排列，饼状图中显示数据为文献数量。数据统计截止时间为 2017 年 11 月 14 日。

上述不足之处，正是本书研究的起点。加之党的十八大以来确认土地所有权、承包权和经营权“三权分置”，2015 年 1 月《国务院办公厅关于引导农村产权流转交易市场健康发展的意见》将土地流转的对象之一确定为农户承包土地经营权，这一方面是对已有研究的认可，另一方面是新研究的开始。制度上的问题还需要从制度上寻求根源，否则再多的研究也只能停留在个别问题的解决上。本书将基于前辈的研究基础，结合新的政策文件要求，立足我国农村的实际情况，厘清现有侵犯农民土地权益之诸多因素之间的关联，从宏观角度寻找法律制度中存在的实质性问题并提出制度完善的建议，使农民在城市化发展背景下土地流转中的土地权益得到立法上的确认和维护，并在实践中得以落实。

1.3 研究进路

本书的撰写过程是：第一步，确定研究的基本目标；第二步，搜集资料，梳理国内外相关研究的文献资料和现实情况，在分析文献的基础上形成对土地流转中农民土地权益保障问题的初步认识；第三步，进行实践调研，深入山西吕梁农村进行调查与访谈，并分析其他学者在各地的调研成果，在调研材料整理的基础上进行理论分析；第四步，形成研究的基本框架和具体内容，并进行深入分析。

本书以中国城市化发展为背景、以农村土地流转为切入点、以农民权益保障为对象展开研究，旨在寻求在发展城市化的前提下，实现土地流转的规范运行继而找寻到农民土地权益保障的有效路径。基本思路如图 1-5 所示。

城市化发展已经成为现阶段国家发展的目标，城市化发展理应包括土地和人口城市化的同步发展。不过在目前情况下，我国表现出土地城市化快于人口城市化的趋势。土地城市化既可以通过土地征收、征用等方式实现，又可以通过土地流转来实现。土地征收虽然极大地推动了我国城市化的发展，但是其对农民土地权益之侵犯在现实中也不鲜见；单纯的土地征用之补偿亦不能在一定程度上促进农民和农村的城市化发展。因此，土地流转成为这一形势下之首选。不过，虽然理论上土地流转能在农民增收和公共服务供给方面发挥重大作用，但制度

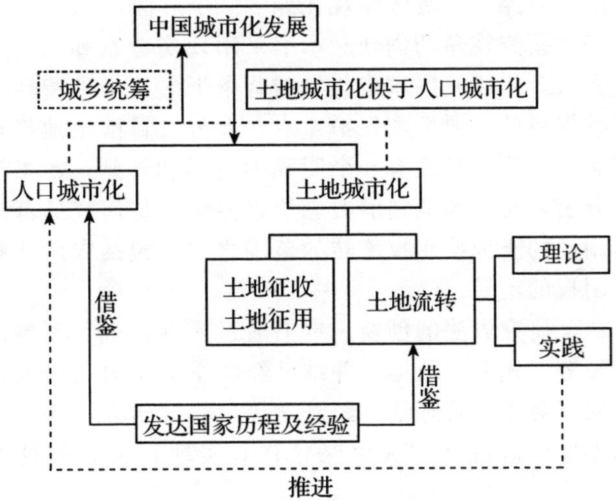

图 1-5 城市化发展背景下土地流转与农民土地权益保障研究的思路

注：实线所串连的内容为研究的基本框架，虚线所串连的内容为通过研究旨在实现的目标。

及客观因素之困境使得在通过土地流转实现城市化发展的过程中农民土地权益也有损失。发达国家经过百年探索及总结，在城市化发展中取得了一定的成果。因此，探寻在我国城市化发展背景下规范土地流转和保障农民土地权益之路既要立足我国现实之国情，亦可借鉴发达国家之经验。通过原因探究和经验借鉴，就我国现行城市化发展模式和土地流转、农民权益保障制度提出对策建议，以期最终实现城乡统筹的人口与土地同步的中国城市化发展，是本书之研究思路。

为了实现以上研究目标，与以往的研究相比，本书将主要从实践中农民权益如何有效实现的问题本身入手，克服“头疼医头”的片段式分析以及学科之间泾渭分明的研究模式，试图打破学科的界限，从中国传统历史、西方可供借鉴的经验以及中国当下农民权利实证调研中探寻中国土地流转过程中农民权益实现的可行路径。具体体现在如下三个方面。

第一，研究视角的创新。本书采用现实考察和理论分析相结合的方式，论述我国城市化发展背景下农村土地流转中农民土地权益保障的必要性和保护重点。此外，目前土地流转概念在我国学界使用中并没有一个明确的内涵和外延。本书从法理上进行分析，对土地流转的概念予以界定，将研究的范围限定在非强制性的土地使用权流转的范围之内，包括农用地和建设用地使用权的流转。

第二，研究方法的创新。本书通过实地调查、资料搜集和年鉴查阅等方式获取数据，并结合经济学关于效益最大化的分析，运用社会学、管理学、经济学等学科的研究方法评价和分析农民土地权益现状，从而探寻有效实现其权利的具体制度架构。

第三，研究内容的创新。本书从宏观视角看中国农村的整体态势，以县级市的发展导向为依托，并选取欠发达地区具有特殊地理条件的乡镇作为研究对象，将对城市周边及小城镇的发展中规范土地流转和保障农民权益提供指导价值。同时，本书侧重对农民在土地流转过程中财产权利的保障以及其他相关权利保障的研究以维护农民在收益分享中的利益最大化为目标，契合我国城市化发展以实现农民富裕为目标的政策要求。

土地问题本就是综合、复杂的社会、经济、政治问题的一个结合，而农民土地权益事关经济发展、社会稳定等方方面面。理论层面的分析往往会因客观因素的影响而存在偏差。限于笔者知识储存、精力能力的限制，以及各方面因素的影响，本研究中还有以下几个难点。

其一，由于时间、精力、经费的限制，在本研究的实践环节调研区域范围较小，全国大部分地区的实际情况只能通过引用官方的统计数据、调研报告或其他学者的调研结果加以呈现，且无法对其一一进行考证，以了解其运行的细节及现实效果。

其二，农村土地和农民问题是一个既具专业性又具综合性的复杂问题，涉及政治、经济、社会、法律、文化等各个领域，而且改革本身也是一个系统工程，我国农村土地问题的解决不可能仅仅从土地本身和农村内部实现。限于笔者自身学术能力之缺陷，本研究只是对各个涉及农民土地权益的现实问题集中概括论述，多是浅尝辄止；提出的有关制度完善和实现方式的建议更是限于架构性的思路，尤其是在实现方式选择上未进行深入阐述。疏漏之处不可避免甚至可能存在错误，有待于在今后的研究中继续完善，不断修正。

其三，本研究的文献梳理以国内为主，国外资料相对薄弱；由于资料查找和自身语言能力的限制，一些国外学者的观点只能采用已有学者对国外文献所作的梳理。在以后的研究中笔者还需要对相关问题的国外实践及法律规定进行细致的研究与分析，以期为我国土地流转中农民土地权益保障之制度完善和实践运行提供更有价值的借鉴。

1.4 研究方法

在我国目前大力推进城市化建设的特殊历史时期，对农村土地的需求以及人口的城市转移这些问题都深深地触及了农民最根本的利益；同时城市化发展、土地流转和农民土地权益保障等问题既是社会问题又是经济问题，甚至与政治问题紧密相关。因此，这一时期研究土地流转法律制度，必然需要横跨法学、经济学、历史学、社会学等多个学科和领域。这一研究既需要这些学科知识的积累，也需要借助这些学科独有的研究方法。本书主要采用了文献研究、比较研究、实证研究等研究方法，在归纳推理的逻辑思路上形成以中国城市化发展为视角的对我国土地流转中农民土地权益保障制度之研究。

1.4.1 文献研究法

文献研究法是对文献资料进行“检索、搜集、鉴别、整理、分析，形成事实科学认识的方法”①。它作为一种古老而又富有生命力的科学研究方法，可以通过对古今中外的相关文献进行研究分析，为现在的研究提供丰富的文献材料。农民土地权益保障是一个历久弥新的话题，一直以来对这一问题进行研究的文献资料是非常丰富的。通过搜集、鉴别和整理相关古籍材料、法律法规、政策文件、统计资料、报纸期刊、网络资讯以及前辈们的研究报告、专门著作等，对农村土地流转中农民土地权益保障的学说及理论、农民土地权益保障的制度及政策、农民土地权益保障的状况及特征、农民土地权益保障的水平及成效、农民土地权益保障的困境及对策等形成系统的认知和观点，为本书提供更为丰富的学术资料。

1.4.2 比较研究法

比较研究法是在各个学科研究领域中广泛应用且具有极高价值的一种研究方法，运用该研究方法，可以对两个或两个以上的事物或对象加以对比，从而发现它们之间的相似性与差异性，进而指导研究。运用比较研究法能将客观事物进行比较从而得出正确的认识和评价。农民土地权益的实现程度和保护方法在不同国家、不同制度背景之下都有差异，但是它们之间又必然存在着一定的共同因素，这就是规律。对于城市化发展、土地流转和农民权益保障的问题，发达国家已经取得了较大的成效和丰富的经验。尤其是英国、美国、法国以及日本和韩国等几个发达国家在18世纪末到19世纪先后经历了城市化的发展并已经基本完成。在这一进程中各国遭遇了与我国类似的土

① 杜晓利：《富有生命力的文献研究法》，载《上海教育科研》，2013(10)。

地问题而出现了农民权益受损的现象，并在其发展过程中健全了相关制度。本书通过比较英国、美国、法国、日本及韩国在城市化发展过程中建构的农民权益保障制度，为我国城市化发展过程中的土地流转和农民权益保障问题提供借鉴之法。

1.4.3 实证研究法

实证研究法是一种社会学的研究方法。实证研究的重点在于认识客观现象，了解研究对象“是什么”。运用实证研究法，能有效地排除主观方面的价值判断，通过对客观现象的真实陈述来揭示研究对象的本质。本书对实证研究法的应用表现为社会调查和采用其他学者社会调查结果两种形式，并进行数据统计和个案分析。首先，笔者于 2013 年 7 月—8 月、2014 年 1 月、2016 年 12 月—2017 年 1 月三次对山西吕梁 A 县土地流转中农民权益实现和受损的现实情况进行调研。其中，2013 年 7 月—8 月发放 500 份问卷，回收有效问卷 448 份；2014 年 1 月以访谈形式开展调研；2016 年 12 月—2017 年 1 月发放 800 份问卷，回收有效问卷 708 份。其次，笔者对村委会成员、乡镇书记和县政府农业主管部门工作人员进行了多次深入访谈，了解 A 县在土地流转过程中农民土地权益的实现和受损状况及原因。同时，笔者还与多个已实现土地流转的农户进行了交谈，从农民的角度了解农民权益保障的内在需求。再次，结合文献研究法，查找其他学者就全国各地土地流转中农民权益保障问题所形成的调查结果和典型案例，对全国土地流转中农民土地权益保障现状有一个全面的了解和把握。随后，笔者对调查数据进行整理并结合访谈时获取的信息，参考《中国统计年鉴》《中国农业年鉴》《中国财政年鉴》等，以计数、统计、比对等方式分析相关数据和案例类型。在进行理论阐述的过程中，笔者还运用了个案研究法，对重庆、四川、江苏、天津、广东等省份土地流转中农民土地权益保护的问题进行了分析。这为本书提供了充实的实践材料并增强了本书的可信度。

我国正处于城市化不断深入发展的新阶段。新型城市化发展理念是城乡统筹发展的重要内容，而农村土地制度改革是统筹城乡发展的核心问题之一。因为在目前城市化发展的背景下，我国的土地制度及相关配套制度的设置并不能使农民充分享有城市化发展的成果；相反地，城市化发展面临着“土地城市化快于人口城市化”“城乡差距持续存在”“三元社会结构凝固化”等威胁。这正是农民土地权益难以保障的表现。在这样的发展阶段和背景下，农民土地权益保障已经成为各界的共识，土地使用和管理制度面临重大变革。结合我国城市化发展之现实，深入研究农村土地和农民权益问题，促进土地流转及实现农民土地权益从而进一步保障城市化和农业现代化发展尤为迫切。国内外学者对这一问题已经进行了广泛而深入的研究，相关研究成果一方面能为本研究提供基础和资料，另一方面也为本研究开拓了新的视野。通过对现有国内外文献资料的搜集、整理与分析，以对实践中土地流转和农民土地权益保障现状之调研为进路，采用文献研究法、比较研究法以及实证研究法等，对我国城市化发展背景下，以实现农民土地权益最大化为目标对土地流转问题进行研究分析，为国家在目前土地流转中进一步保障和实现农民土地权益建言献策。

2 城市化、土地流转与农民土地权益保障的逻辑关系

城市化的发展有着强烈的用地需求，需要通过土地流转等方式得到满足。土地流转事关农民土地使用权的重要内容，在满足城市化发展需求的过程中势必会对农民的土地权益产生显著影响。城市化发展要体现“以人为本”的宗旨，国家政策文件和领导人讲话也不断强调要保障农民的土地权益。城市化的发展需要土地流转，从理论上而言，土地流转能为农民带来更多的财产性收益，实践中如果运行不当则会严重损害农民的土地权益。农民土地权益的实现是城市良性发展的前提和重要标志。可以说，城市化、土地流转和农民土地权益保护具有紧密的互动关系，三者封闭循环、相辅相成。

2.1 城市化发展需要土地流转

在目前城市化发展的阶段，若没有土地流转城市就无法扩容。在我国现有立法框架内，土地资源的配置方式为国家所有和农民集体所有，这就决定了在城市化发展中土地使用的有序性和限制性，即必须通过土地法律制度的安排合理使用土地。现实中，在城市化发展需求的刺激下，我国农村土地流转的规范化程度也在不断增强。

2.1.1 土地是城市化发展的要素

对于城市化的认识，不同的学科有不同的见解。社会学指向的城市化是人的生活方式的转变，是农村生活方式向城市生活方式转变的过程；经济学指向的城市化是工业化的结果，是农村经济向城市工业转变的过程；人口学指向的城市化是人的身份的转变，是农村人口向城市人口转变的过程；地理学指向的城市化是土地城镇扩张的过程，意味着城镇用地的扩展。整体而言，城市化是一个动态的过程，是"一个国家或地区的人口由农村向城市转移、农村地区逐渐演变成城市地区、城市人口不断增长的过程；在此过程中，城市基础设施和公共服务设施不断提高，同时城市文化和城市价值观念成为主体，并不断向农村扩散"①。由此，我们可以看到，城市化的发展主要涉及人口和土地两方面的要素，而土地要素是至关重要的。因为城市建设需要土地，城市人口扩容需要土地，而土地流转恰能为城市化的发展提供这两方面的要素内容。

W. 阿瑟·刘易斯(W. Arthur Lewis)在其提出的"零值农业劳动学说"理论中认为，传统农业中有一部分劳动力处于隐蔽失业状态，他们形式上是就业人口，但其实际生产率为零，把这部分劳动力从农业中抽走，不会使生产减少。这意味着在农村潜藏着丰富的劳动力资源。然而，我国现有的土地制度本身存在着对农村劳动力转移上的现实制约，农村劳动力基于农民身份的原始束缚而很难完全脱离农村，成为自由的劳动力要素。"据估算，中国农村的隐性失业人口有一亿人，占农村实有劳动力的近 1/4，由于土地使用权的流转困难，这些隐性失业人口被牢牢拴在了土地上，这种状况既阻碍了农业自身的发

---

① 易鹏：《中国新路——新型城镇化路径》，1 页，成都，西南财经大学出版社，2014。

展，也成为推进城市化战略的一个‘瓶颈’。”[①]然而，早在中共七大政治报告《论联合政府》一文中，毛泽东就提出了城市化中的劳动力问题，指出“将来还要有几千万农民进入城市，进入工厂。如果中国需要建设强大的民族工业，建设很多的近代的大城市，就要有一个变农村人口为城市人口的长过程”[②]。土地流转能够促进农村承包地的规模化经营，释放出大量的农村剩余劳动力。而城市化过程中工业的发展又是对劳动力的召唤，能够实现农村大量剩余劳动力的有效转移。此外，土地有效流转能将土地保障转化为资金保障或其他的社会保障形式，进而解除农民的后顾之忧，在保障农民基本土地权益的基础上促进农业劳动力向非农领域的转移。这种情况，一方面使土地流转释放的农村劳动力能够满足城市化发展中劳动力要素的需求，另一方面使农村人口非农化的城市化发展内涵得以实现。

城市化建设意味着土地的开发与利用，进而带动城市郊区的发展和小型城市的建立；住宅区、活动空间的建设决定了非农建设用地的使用需求。城市扩张意味着对外来人口的容纳，农村剩余劳动力释放形成的劳动力要素进入城市也需要土地来满足其生存和活动的空间。为确保城市对人口的负载能力，扩充土地供给也是必然的。另外，城市化发展还意味着土地利用结构的转变。乡村工业的集中、小城镇的合理布局、农业生产的集约型转变等都需要重新进行土地资源的配置。然而事实是，一方面，随着城市化的发展农业人口转移了，土地闲置问题也凸显出来了；另一方面，由我国土地制度中的农民集体所有和家庭联产承包所形成的土地使用结构和土地细碎化现象并不适应城市化发展的需要。在这种情况下，一方面通过土地流转对农村土地进行整理，实现资源的有效配置，缓解城市化发

---

① 雷龙强：《农村土地流转与城市化的关系分析》，载《长三角》，2009(3)。

② 《毛泽东选集》第3卷，1077页，北京，人民出版社，1991。

展的土地瓶颈；另一方面通过土地流转促进资源的自由流动，将分散的土地集中起来实现农地的集约利用，适应城市化的发展要求。

2.1.2 我国土地资源的配置方式

土地制度是一个国家经济制度的重要组成部分，土地资源的配置方式受国家基本制度的规制。《中华人民共和国宪法》以根本法的形式确立我国“公有制”的基本经济制度：“中华人民共和国的社会主义经济制度的基础是生产资料的社会主义公有制，即全民所有制和劳动群众集体所有制……国家在社会主义初级阶段，坚持公有制为主体、多种所有制经济共同发展的基本经济制度，坚持按劳分配为主体、多种分配方式并存的分配制度。”作为国家经济制度的重要组成部分，土地制度必须服从于此(见表 2-1)。

表 2-1 中国土地资源配置方式简表

<table>
<tr><td>农用地</td><td colspan="2">建设用地</td><td>未利用地</td></tr>
<tr><td colspan="2">农民集体所有的土地</td><td colspan="2">国家所有的土地</td></tr>
<tr><td colspan="2">农村和城市郊区的土地，除由法律规定属于国家所有的以外，属于农民集体所有；宅基地和自留地、自留山，属于农民集体所有</td><td colspan="2">城市市区的土地属于国家所有</td></tr>
<tr><td>集体农用地</td><td colspan="2">集体建设用地</td><td>城市建设用地</td></tr>
<tr><td colspan="2">耕地、林地、草地、农田水利用地、养殖水面，其他</td><td colspan="2">经营性集体建设用地、农村宅基地、公共基础设施用地，其他</td></tr>
<tr><td colspan="4">集体农用地——(转用审批)——→集体建设用地</td></tr>
<tr><td colspan="4">集体所有的土地——(征收)——→国家所有的土地</td></tr>
</table>

第一，土地社会主义公有制。新中国成立以后，我国土地制度经历了从“耕者有其田”到土地社会主义公有的转变，并得到法律的确认。《中华人民共和国宪法》第10条规定，在我国城市的土地属于国家所有；农村和城市郊区的土地，除由法律规定属于国家所有的以外，属于集体所有；宅基地和自留地、自留山，也属于集体所有。这就确立了我国土地资源“社会主义公有”的配置方式，任何组织和个人不得侵占、买卖或者以其他形式非法转让土地。《中华人民共和国土地管理法》第2条进一步明确为“中华人民共和国实行土地的社会主义公有制，即全民所有制和劳动群众集体所有制”，并且第8条对《中华人民共和国宪法》中关于城市和农村土地所有权的内容予以复述①。

第二，土地国有和集体所有并存。根据《中华人民共和国宪法》第10条和土地相关法的规定，按照土地所有权主体的不同，我国土地划分为国有土地和农民集体所有土地。城市的土地属于国家所有；农村和城市郊区的土地，除由法律规定属于国家所有的以外，属于(农民)集体所有；宅基地和自留地、自留山，属于(农民)集体所有。

第三，土地用途管制。在土地社会主义公有的基础上，我国法律对土地实行用途管制。首先，通过编制土地利用总体规划，确定土地用途。根据《中华人民共和国土地管理法》第4条的内容，按照土地用途不同，可将土地划分为农用地、建设用地和未利用地。农用地是指直接用于农业生产的土地，包括耕地、林地、草地、农田水利用地、养殖水面等；建设用地是指

---

① 《中华人民共和国土地管理法》第8条：“城市市区的土地属于国家所有。农村和城市郊区的土地，除由法律规定属于国家所有的以外，属于农民集体所有；宅基地和自留地、自留山，属于农民集体所有。”可以看到，此处复述只能说是语意复述，表述上则有不同。这也成为学界对农村土地所有权主体问题讨论的出发点。

建造建筑物、构筑物的土地，包括城乡住宅和公共设施用地、工矿用地、交通水利设施用地、旅游用地、军事设施用地等；未利用地是指农用地和建设用地以外的土地。其次，确定土地使用的限制条件。农民集体所有的土地转为国有建设用地要通过国家征收的方式，而集体的农用地转为建设用地则经历了从易到难的过程。1997 年后国家实行严格的建设用地指标审批管理，农用地转为建设用地应当办理农用地转用审批手续。

第四，土地“三权分置”。城市国有土地实行在国家所有的前提下将土地使用权按照一定年限和租金出让给土地使用者的有偿使用制度。农村土地实行农民集体所有制，法律赋予农民长期而有保障的土地使用权，尤其是农村土地承包经营权。2014 年《关于引导农村土地经营权有序流转发展农业适度规模经营的意见》提出了土地所有权、使用权和经营权“三权分置”。2016 年《关于完善农村土地所有权承包权经营权分置办法的意见》更是强调要落实集体所有权，稳定农户承包权，放活土地经营权，充分发挥“三权”的各自功能和整体效用，形成层次分明、结构合理、平等保护的格局。2018 年《中共中央国务院关于实施乡村振兴战略的意见》提出探索宅基地所有权、资格权、使用权“三权分置”。

2.1.3 土地流转实现城市化发展的土地资源配置

作为城市化发展最关键的要素，国有城市土地必然难以满足发展的需求。农村土地如何为城市化发展所用，就成为一个关键问题。根据我国目前的法律与实践，土地资源配置对于满足城市化发展有两种途径：一是土地征收或征用，二是土地流转。按照《中华人民共和国宪法》第 10 条的规定，国家为了公共利益的需要，可以依照法律规定对农民集体所有土地实行征收或者征用并予以补偿从而转为城市建设用地使用。这是一种单向的流动，一定程度上并不适应市场经济的要求。目前，我国已经找到农村土地制度和社会主义市场经济的对接方式，那就是将土地所有权和使用权分离(《中华人民共和国物权法》已经将土地承包经营权、宅基地使用权、建设用地使用权明确为物权的不同种类，使之成为独立的财产权)；对于农村承包地而言，更是细化为土地所有权、土地承包权和土地经营权"三权分置"。我国通过土地流转来满足用地需求。虽然我国并未就土地流转在法律中作出明确规定，只通过《中华人民共和国农村土地承包法》确认了土地承包经营权的流转，并在《农村土地承包经营权流转管理办法》中规定了相关细则，而集体建设用地的流转仍只停留在政策的层面，但立法在积极推进，土地管理法修正案草案中已见端倪。① 然而，我国城市化的发展进程与土地流转的规范化程度之间存在着互相促进的耦合关系：我国土地流转的规范化程度与我国城市化发展的进程相适应。

纵观中国城市化发展的道路，从新中国成立初期至今，中国的城市化建设在几十年的时间里伴随中国经济、社会和政治的曲折前进，亦经历了一个曲折、反复的过程。按发展情况大致可分为四个阶段：第一阶段，1949—1960 年，在这一阶段，中国城市化以平均每年 0.3 个百分点的速度增长，城乡人口迁移良性循环。由于新中国成立之初，经济社会百废待兴，这一时期，我国的城市化主要是摸索与起步，虽没有取得巨大成就，但整个发展没有什么异常。第二阶段，1961—1978 年，这一阶段由于政策路线上的失误，城市化进程受到严重影响，城市化建设停滞不前甚至倒退。第三阶段，1979—1989 年，在这一阶段，中国开始进行经济改革，经济的复苏使得城市化重新得以发展。第四阶段，1990 年以后，经过 10 年经济复

① 2017 年《中华人民共和国土地管理法(修正案)》(送审稿)增加一条作为第 64 条规定集体建设用地流转的相关内容。2018 年的修正案第 64 条、第 65 条也增加了该内容。

苏和城市发展，加上国家在“十五”计划纲要中正式推出“城镇化战略”，中国城市化建设开始进入国家积极主动推进的新阶段。

从图 2-1 所示城市化发展的趋势可以看到，我国城市化取得了巨大成就。尤其是改革开放以来，我国城市化率增长迅猛，从 1978 年的 17.92％增长为 2016 年的 57.35％。国家对城市化的发展亦持积极的支持态度。改革开放以后，从政策角度，《中共中央关于一九八四年农村工作的通知》《中共中央关于农业和农村工作若干重大问题的决定》《中共中央国务院关于促进小城镇健康发展的若干意见》，以及“十五”计划①，党的十六大、十七大、十八大、十九大报告②等都强调我国城市化发展，并将我国城市化发展与农村的发展紧密相连。从广义的法律角度，《国务院关于农民进入集镇落户问题的通知》放开了农民进城和农村经济发展的门槛。从政府行为角度，1978 年和 1980 年的两次全国城市规划工作会议明确了城市化的发展方向，掀起了小城镇建设的高潮；各地方政府也积极推进城市化建设。

---

① “十五”计划将城市化发展的重点转向城乡统筹的发展模式，首次提出“实施城镇化战略，促进城乡共同进步……走符合我国国情、大中小城市和小城镇协调发展的多样化城镇化道路”。

② 党的十六大报告指出要“全面繁荣农村经济，加快城镇化进程”。

党的十七大报告继续肯定了中国特色城镇化道路，并提出城镇化必须遵循在功能上以增强综合承载能力为重点，在大中小城市、小城镇几个层次之间以特大城市为依托的发展原则。

党的十八大报告提出，推进中国特色的城镇化道路，要科学规划城市群规模和布局，增强中小城市和小城镇产业发展、公共服务、吸纳就业、人口集聚功能。加快完善城乡一体化体制机制，着力在城乡规划、基础设施、公共服务等方面推进一体化。

党的十九大报告肯定了我国城镇化发展取得的成绩，提出要推动新型工业化、信息化、城镇化、农业现代化同步发展，并且提出了“城乡融合”的新理念。

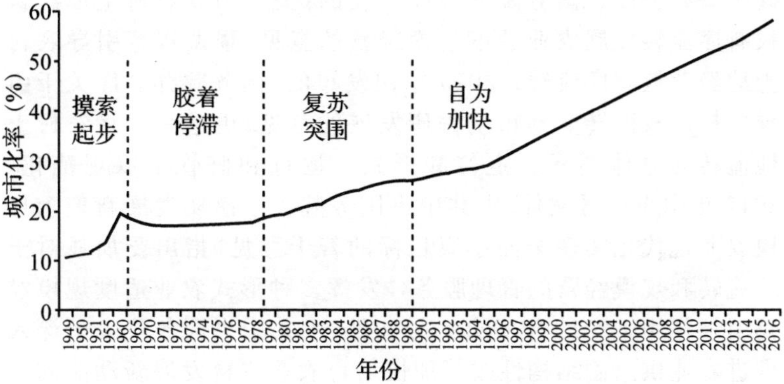

图 2-1 新中国成立以来城市化发展的趋势

反观我国农村土地流转制度的发展，自新中国成立以来，其亦是经历了一个曲折的过程。根据我国关于农村土地流转的法律、政策规范以及实践，大致可将这一过程作如下归纳：经历了从允许到不允许再到允许的循环；流转方式从单一到多样化；流转面积从零星到规模；流转时间从短期到长期；流转趋势从自发到规范再到市场化。从整体上看，我国农村土地流转制度也表现出显著的阶段性特征。按照时间划分，承包地的流转经历了自由流转阶段（1949—1955 年），禁止流转阶段（1956—1977 年），私下流转阶段（1978—1983 年），政策允许、法律禁止阶段（1984—1987 年），法律解禁阶段（1988—1993 年），规范流转阶段（1993—2007 年），鼓励流转阶段（2007 年至今）七个阶段；集体建设用地的流转则经历了从禁止流转，无序、自发流转，向探索、规范流转转变的三个重要阶段。从 2004 年起的中央一号文件更是将土地流转作为发展农村、促进农民权益实现的重要内容予以强调和规范。2014 年中央一号文件《关于全面深化农村改革加快推进农业现代化的若干意见》首次提出农村集体经营性建设用地与国有土地同等入市、同权同价，这更是成为我国土地流转制度规范化的新突破；2014 年中共中央办公厅、国务院办公厅下发的《关于引导农村土地经营权有序流转发展农业适度规模经营的意见》强调规范引导农村土地经营权有序流转；2015年初发布的《国务院办公厅关于引导农村产权流转交易市场健康发展的意见》更进一步将农村土地流转的总体要求、定位和形式、运行和监管予以规范化。2016年中央一号文件《中共中央国务院关于落实发展新理念加快农业现代化实现全面小康目标的若干意见》指出要加强对土地流转和规模经营的管理服务，发挥多种形式农业适度规模经营引领作用。2017年中央一号文件《中共中央国务院关于深入推进农业供给侧结构性改革加快培育农业农村发展新动能的若干意见》则提出了经营权流转、股份合作、代耕代种、土地托管等多种土地流转形式以发展适度规模经营，并强调要大力培育新型农业经营主体和服务主体。

通过对我国城市化发展和农村土地流转制度规范化进程的梳理，我们可以看到：在时间维度上，我国城市化发展、农村土地流转制度，与我国经济发展进程相适应。随着国家经济的发展，城市化率越高，农村土地流转越频繁且越规范。在相关性维度上，国家层面发布的关于规范农村土地流转的文件几乎都以包含城市化在内的“四化”建设为卷首语，足见我国城市化发展与农村土地流转制度之间的内在耦合。

李克强指出：“城镇化是中国现代化进程中一个基本问题，是一个大战略、大问题。”①这个大战略必然包含着一系列相关制度的协同。就中国农村土地流转阶段性特征与中国城市化发展进程的相互关系而言，已经很难说是谁促进了谁。但可以肯定的是，随着我国市场经济体制的继续深化和城市化的推进，农村土地流转必将呈现一番新的繁荣景象，而规范化的农村土地流转制度也必将为城市化的良性发展提供高效的资源配置方式。

① 李克强：《协调推进城镇化是实现现代化的重大战略选择》，载《中国报道》，2013(3)。

2.2 土地流转中的农民土地权益

在土地流转过程中，一方面，农民可以获得土地流转的利益、土地转用的增值收益以及工资收益等；另一方面，由于土地流转市场逐步形成，市场主体的多元化决定了行为特征和利益目标的多样化，在这一过程中就会存在损害农民土地权益的潜在风险。可以说，土地流转是落实农民土地权益的重要途径，但如果流转制度运行失当，也会成为农民土地权益受损的直接原因。

2.2.1 土地流转中农民土地权益的范畴①

土地权益是土地经济利益在法律上的表现形式。土地权益是社会经济众多权益中与土地相关的一种，是指在现行土地制度下，国家、集体和农民对土地所享有的权利和通过行使这些土地权利所获得的货币、实物及其他方面的收益。② 农民土地权益是农民最根本的利益；农民土地权益的实现，依赖于国家对土地制度的安排，同时也离不开农民依法享有的其他权利的支持和保障。

2.2.1.1 农民的界定

农民自古就是国家建设的重要力量。在不同的时期，“农民”所代表的含义不同。“农民”一词的含义几经变迁，逐渐摆脱了贬义的色彩，在今天，终于成为一类国家主人的代名词。不过在我国，“农民”的含义仍显示出较强的身份性特征。而且“农民”并非一个法律意义上的概念，法律词典中根本找不到这

---

① 这一问题已经在先前的研究中予以论述，基于本研究的需要直接援用。参见柴荣、王小芳：《农民土地权益保障法律机制》，1～14 页，北京，社会科学文献出版社，2017。

② 林翊、林卿、谢代祥：《中国经济发展进程中农民土地权益保护的理论逻辑》，载《理论与改革》，2008(4)。

个词语。从什么角度对农民进行界定，保护哪些农民的土地权益，在实践中还存在较大的分歧和混乱，成为今天农民土地权益保障的原始障碍。

古汉语中农民为职业之指代，史书中记载："古者有四民。有士民，有商民，有农民，有工民"(《穀梁传·成公元年》)。范宁对此注之："农民，播殖耕稼者。"①北齐颜之推《颜氏家训·勉学》中也有"人生在世，会当有业：农民则计量耕稼……"②的记载。不过，在我国古代农业社会时期，"民"字义训为瞑、为盲、为冥，都含有恶意，显有贵贱的区别。③

今天，我国官方及正式文件资料中提到"农民"和"农民问题"的时候并不会带有倾向性，而且一些学者对农民的认识已经逐渐脱离身份的限制而从职业特点的角度进行。"国内工具书上对农民的概念有以下几种解释：一是直接从事农业生产的劳动者，在社会主义社会主要是指集体农民。二是在农村长期从事农业生产的劳动者。三是个人或集体占有部分生产资料，从事农业劳动为主的人。"④但是，《中华人民共和国户口登记条例》关于农业和非农业的划分一度使得"农民"成为一种身份符号象征。⑤ 无论从事何种职业，在中国，只要你的户口是农业户口，就意味着你是农民。即使2014年《国务院关于进一步推进户籍制度改革的意见》取消了农业户口与非农业户口之别，但实践中很多放弃农业进入城市或开办企业的农民，往往被冠

---

① (晋)范宁注：《春秋穀梁传注疏》，(唐)杨士勋疏，235页，济南，山东画报出版社，2004。

② (北齐)颜之推撰：《颜氏家训译注》，张霭堂译注，65页，济南，齐鲁书社，2009。

③ 范文澜：《中国通史》第1册，23页，北京，人民出版社，1994。

④ 赵宇霞等：《我国农民发展的若干问题研究——基于马克思主义人学研究视阈》，23页，北京，中国社会科学出版社，2012。

⑤ 王佳慧：《当代中国农民权利保护的法理》，78页，北京，中国社会科学出版社，2009。

以“农民工”或“农民企业家”之称谓的现象依然普遍，身份色彩不言而喻。

由此可见，在我国，农民这一群体始终与身份保持着紧密的联系并且处于一个劣势的地位。与城乡二元结构相适应的福利制度、社会保障制度等都直观地反映着农民身份的束缚。进城务工的农民，也并不能摆脱身份的种种限制。有学者甚至尖锐地指出：“农民背井离乡是农业严重凋落后无法生存的被迫选择，外出打工其实是惟一出路……其实无论进城与否，他们处于社会最底层的地位都不会改变。”①本书研究农民的土地权益，自然全面审视现有农民的土地权益保护情况。

特有的地域条件和经济发展形势，使得中国的农民并不是一个群体的单称，而是一个包含了多种类别的不同人群的总称。“更重要的是，当前中国社会已经高度分化，谁是农民已不是那么容易区分，站在农民一边，保卫农民利益，可能恰恰是保护了强势农民的利益而损害了真正弱势农民的利益，且可能正有人借农民这一身份来说事，以达到其他目的。”②因此，究竟保护哪些农民的土地权益亦是我们研究的要点。

我国幅员辽阔，但是地域发展水平不均衡。东部地区发展较快，中部和西部地区在近些年来虽也取得了长足发展，但是整体水平较之东部地区还有较大的差距。城市是经济的载体，在经济发展不平衡的情况下，各区域的城市发展状况亦有较大差异。这决定了在城市化发展过程中城市的发展不可能辐射周边所有的农村地区。因此，从地域角度看，中国有两种不同类型的农民：一种是占全国绝大多数的在农业地区主要从事生产的农民；一种是占全国极少数的在沿海发达地区和大中城市近郊以及城中村的农民。从数量上看，前者约占中国农民总量的

① 吕新雨：《“民工潮”的问题意识》，载《读书》，2003(10)。

② 贺雪峰：《在当前城镇化进程中谁是农民?》，http：//www.zgxcfx.com/Article/72300.html，2014-11-08。

90%以上，大多位于经济和城市发展水平不高的地区。他们的家庭收入构成主要是农业收入和年轻子女外出务工收入，“靠代际分工来形成半农半工的结构”①。有限的土地资源和较低的工资收入决定了他们的家庭收入水平不可能高；而且，这类地区的土地一般只能作为生产资料而很少能以“资本”的形式获得更高收益。他们在最接近完全市场的农业产销体系中自主经营，在全国劳动力市场上自由寻找工作机会，所有选择成败的后果都由自己承担。也正是如此，这类农民基本上依然过着与世无争的朴素生活，由争利而引发群体性事件的机会较小，不会得到更高关注。后者从数量上仅占全国农民的很小部分，但是因其处于经济发展和城市扩张较快的地区，他们有更多的机会分享城市经济辐射带来的土地增值收益和获得经商、就业机会。同时，由于外来务工人员的居住、生活等需求，这部分农民可以通过出租房屋等方式获得其他收益，同时也可以从征地拆迁中获得巨额利益。在争利过程中，他们又可以很容易地吸引媒体和社会的诸多关注。显然，这部分农民已经算不上是弱势群体，他们甚至有着比市民更高的收入。沿海发达地区和大中城市近郊地区的农民在一定意义上讲已经成为土地食利者，并在媒体和舆论关注中成为焦点。

从职业的角度看中国农民的类别，正如前文所述，随着经济浪潮对农村的冲击以及城市化的快速发展，农民不再完全依赖于土地生存。农民的含义已经不仅仅局限于传统意义上只进行农业生产的农民，我国农民出现了较为普遍的分化特征。从职业的角度对农民进行划分，其大致可以分为专业农民、兼业农民和非农化农民。专业农民是仅以从事农业活动为生的农民，现阶段这种农民的数量已经相当少了。兼业农民是指既从事农业生产，又从事非农业生产而获得收入的农民。以农业收

① 贺雪峰：《谁是农民?》，载《经济导刊》，2004(3)。

入为主的称为第一种兼业农民，以非农业收入为主的称为第二种兼业农民。兼业农民在数量上居于主导地位。还有一大部分农民因完全没有土地而进入大中城市或乡镇企业谋求新的生存机会，他们也就是我们平常意义上所说的准市民。目前，这类农民已经成为一股强大的新生力量，获得社会各界的关注。从这个意义上对农民进行分类，原因在于他们在城市发展过程中对农村土地的利用和分享城市辐射利益的能力也不尽相同。不管是传统意义上的专业农民还是两种不同类型的兼业农民，他们都拥有一定数量的土地作为最后的保障。然而，那些失去土地进入城市的准市民或被称为“农民工”的农民，他们生活和工作在城市，却没有获得和城市居民等同的生活、居住、社会福利等条件；当在城市难以维持生计时，作为农民却回不去农村。在这种情况下，他们失去了土地这一最后的保障。因此，在关注农民土地权益保障的过程中，失地的准市民的权益保障问题亦应成为一个重点。

据此，在农民土地权益保障的研究中，我们首先要意识到农民的现代转型。尽管在我国现阶段，农民的形成是基于身份延续而来的，但“农民”一词经过现代文化的洗礼，已然不仅仅是一种身份的象征，理应成为一种职业的代称，不应受到任何歧视。其次，需要我们注意的是，对于农民土地权益保障之农民的范围，不能单纯地关注城市近郊农民在城市化带动下发生的土地权益，更要关注那些距离大中城市较远的农民在经济发展和城市化要求下的土地权益保障问题；不能只对实际占有土地或身在农村的农民的权益进行保障，失地农民的土地权益亦应成为保障的重点。这个范围的限定使我们在制度的设计和运行中能够找到重点，实现利益的协调与平衡。

2.2.1.2　农民土地权益的内涵

权利与权益之辨析，在于对“权”之下“利”与“益”含义的深刻理解。在《辞海》中，“权”有 13 种解释之多。古有“田忌亡齐而之楚，邹忌代之相齐，恐田忌欲以楚权复于齐”①，高诱注“权，势也”②。此处，权有权力、势力之义，这是与今天我们所述权利与权益之“权”的含义相关之义项。在法律意义上，“权”同“权力”一词，一解“政治上的强制力量”；二解“职责范围内的支配力量”；三解“管理学上指一个人藉以影响另一个人的能力”。③ 不管是哪种范畴内关于“权力”的解释，都指向了一种力量，一种具有控制力的使对方服从或遵守的力量，如同马克斯·韦伯(Max Weber)所言，“权力意味着在一种社会关系里哪怕是遇到反对也能贯彻自己意志的任何机会，不管这种机会是建立在什么基础之上”④。在现代社会，“权”之意义指向政治领域，具有政治属性。国家“权力”之基础在于公民的让渡，“权力”最终依然属于公民所有。

根据《辞海》，“利”有7种解释。第一种即为“利益。与‘弊’‘害’相对”⑤。古语“见利思义”(《论语·宪问》)即为此义项。在此基础上通常认为“利”有“有利、方便”之义，“窃以为立法术，设度数，所以利民萌、便众庶之道也”(《韩非子·问田》)。“利益”是人们通过社会关系表现出来的不同需要，从内容上可划分为物质利益、政治利益、文化精神利益等。⑥ 在马克思看来，国家利益具有经济性的基础特性，他指出：“人们为之奋斗的一切，都同他们的利益有关”⑦。政治权力之所以存在，就是为了实现经济上的利益。历史上各个社会阶级和集团

① (春秋)左丘明撰、(西汉)刘向著：《国语·战国策》，李维琦点校，226页，长沙，岳麓书社，2006。

② 辞海编写委员会：《辞海》，1857页，上海，上海辞书出版社，2009。

③ 辞海编写委员会：《辞海》，1857页，上海，上海辞书出版社，2009。

④ [德]马克斯·韦伯：《经济与社会(上)》，林荣远译，81页，北京，商务印书馆，1997。

⑤ 辞海编写委员会：《辞海》，1358页，上海，上海辞书出版社，2009。

⑥ 辞海编写委员会：《辞海》，1361页，上海，上海辞书出版社，2009。

⑦ 《马克思恩格斯全集》第1卷，187页，北京，人民出版社，1995。

通过政治纲领表现出来的政治利益和与此相联系的意识形态斗争，都以经济利益即物质利益为基础。个人利益同样如此。恩格斯说："每一个社会的经济关系首先是作为利益表现出来"①。据此可以说，"利"多指向"利益、好处"，是人们通过各种社会关系或社会行为所获得的表现为经济上的所得，"利"之意义指向经济领域，具有经济属性。

《辞海》中关于"益"之解释有 7 种之多。与"权益"相关之义项可解释为"利益、好处"。② 但此处之"利益、好处"多出自社会效益的角度。"利益"之解释使用《辞海》对其第 2 项释义，即"好处"。古语："劝令养蚕织履，民得利益焉。"③"益"作为具有社会效果的义项，在古语中已有，如"甑已破矣，视之何益!"④、"若不能然者，虽兵多何益?"(诸葛亮《劝将士勤攻己阙教》)皆表征此义。"益"之义项之指向，更多的是一种应然的利益，强调社会效果的最大化。"益"之意义指向社会领域，具有社会属性。

据西方学者考证，"直至中世纪结束前夕，任何古代或中世纪的语言里都不曾有过可以准确地译成我们所谓'权利'的词句"⑤。到了 17、18 世纪，随着资产阶级提出"自然权利""天赋人权"的概念，"人权""权利"的概念得到了广泛的传播与认同。我国古代虽然没有"权利"这一明确提法，但是许多思想家已有深刻的认识。例如，法家代表管仲认为法的作用在于"定分止争"(《管子·七臣七主》)。再如，荀子认为："天下害生纵欲。欲恶同物，欲多而物寡，寡则必争矣。……离居不相待则穷，群而无分则争。穷者患也，争者祸也。救患除祸，则莫若明分

① 《马克思恩格斯全集》第 18 卷，307 页，北京，人民出版社，1964。

② 辞海编写委员会：《辞海》，2721 页，上海，上海辞书出版社，2009。

③ (南朝宋)范晔著：《后汉书》，刘龙慈等点校，709 页，北京，团结出版社，1996。

④ (宋)司马光撰：《资治通鉴(一)》，762 页，长沙，岳麓书社，2011。

⑤ [英]A. J. M. 米尔恩：《人的权利与人的多样性——人权哲学》，夏勇、张志铭译，5 页，北京，中国大百科全书出版社，1995。

使群矣。”[①]这里所谓的“定分止争”“明分”实则是通过确定权利义务的界限从而调整当事人之间的利益关系，消除纷争。现今学界对权利之释义也没有明确的界定。学者夏勇总结所谓权利有五大要素，即“利益”“主张”“资格”“权能”“自由”。在他看来，“从微观的角度看，一项具体权利的孕育、产生和确立，无非是这五个要素的形成。从宏观的角度看，权利概念产生的历史过程，也就是这五个要素逐渐形成的历史过程”[②]。学者张文显指出可以从“资格说”“主张说”“自由说”“利益说”“法力说”“可能说”“规范说”“选择说”八个要素或层面理解权利[③]，并从法律的角度界定权利。他认为：“‘权利’一般是指规定或隐含在法律规范中、实现于法律关系中的，主体以相对自由的作为或不作为的方式获得利益的一种手段”[④]。在罗马法里，所谓权利就是给每个人其应得之物。[⑤] 然而，一些法律词典往往用“要求”来给“权利”一词下定义，一项要求就意味着一项权利，权利最重要的特性就是它的可要求性。《辞海》对于“权利”一词也予以法律意义上的解释，“即自然人或法人依法行使的权能与享受的利益。是社会经济关系的一种法律形式，与义务不可分离”[⑥]。可以说，“权利”是一个法律意义上的概念。而且事实上，利益论并不能完全解释权利现象，有许多权利但不一定获得利益甚至可以是放弃一定利益的。例如在民法中，财产处理权等权利就具有独立于利益的效力，财产所有者可以选择改变

① 雪克、王云路译注：《荀子选译》，78页，南京，凤凰出版社，2011。

② 夏勇：《人权概念起源》，44页，北京，中国政法大学出版社，1992。

③ 张文显：《法理学(第四版)》，93页，北京，高等教育出版社、北京大学出版社，2011。

④ 张文显：《法理学(第四版)》，94页，北京，高等教育出版社、北京大学出版社，2011。

⑤ 艺衡、任珺、杨立青：《文化权利：回溯与解读》，213页，北京，社会科学文献出版社，2005。

⑥ 辞海编写委员会：《辞海》，1857页，上海，上海辞书出版社，2009。

或者放弃一定的财产从而失去一定的利益。由此可见，“权利”一词包含着“可以获得利益”之内涵，但并不全部表征利益。

“利益”一词中的“利”字由“禾”和“刀”两部分组合而成，意思是用“刀”割“禾”。可见，“利”最早是与农业活动有关的。墨子把“利”释为：“所得而喜也”“得是(此)而喜”。①《中国大百科全书 哲学》这样定义利益：“人们通过社会关系所表现出来的不同需要。”②利益是“人类个别地或在集团社会中谋求得到满足的一种欲望或要求，因此人们在调整人与人之间的关系和安排人类行为时，必须考虑到这种欲望或要求”③。也有学者认为，“利益实质上是一种权利，是社会制度赋予一定的主体对一定对象的占有关系。离开对一定对象的占(拥)有关系，不能称之为利益，而这种占有是在社会(制度)认可的条件下发生的”④。

按照《辞海》的解释，“权益”是公民“应该享受的不容侵犯的权利”⑤。“权益”所包含“益”之含义，强调了“权益”不仅是一种经济上可见利益之所得，而且是一种社会意义上的利益。据此，可以说，“权益”不仅从构成上是“权利”和“利益”的合成词；而且“权利”和“利益”既相互区别又相互联系，共同构成了“权益”的内涵。“权利”从词源学角度看是关于社会“福利”的“权力”禀受，即一定“权力”内的“福利”承认和利益分配，是经济学意义上的表征，反映利益的供应层面。“利益”则反映需求层面，是社会学意义上的表征——“人的需要是人们进行历史

① 高亨：《墨经校诠》，14页，北京，中华书局，1962。

② 中国大百科全书出版社编辑部：《中国大百科全书 哲学》，483页，北京，中国大百科全书出版社，1987。

③ [美]罗·庞德：《通过法律的社会控制 法律的任务》，沈宗灵、董世忠译，22页，北京，商务印书馆，1984。

④ 长浩：《近年来利益理论研究述评》，载《渤海大学学报(哲学社会科学版)》，2004(5)。

⑤ 辞海编写委员会：《辞海》，1858页，上海，上海辞书出版社，2009。

活动的内在动因，是社会生产发展的原始推动力”①。“权益”一词从字面上就直接体现了权利主体可以通过行使权利取得一定利益(包括经济意义上的和社会意义上的利益即物质利益和精神利益)并可由国家认可和保护这种利益的意义。权利本身包含两重含义，即特定利益的享有和必要时以法律为后盾担保其实现②，这又为利益的实现提供了依据和保障。

从农民最朴素的认识和需求角度看，法律确认和保障的权利，不外乎是个人利益之实现。农民利益主要体现为经济利益，经济利益表现为经济收入。权利确认了其获取利益的合法性地位和手段，利益实现是其根本目标。“权益”一词则既确认了农民权利的存在，又为其利益的实现提供了法律意义上的担保。权利和利益相辅相成，共同实现农民权益的最大化。

2.2.1.3 农民土地权益的内容

农民土地权益是农民在集体所有的土地上享有的权利和由此可获收益之集合。土地权利是土地法律制度的核心内容。《大不列颠百科全书》在“财产法”部分确认了土地权利的财产权性质：“从古代起直到工业革命时代，土地(一种不动产)被认为是最重要的一种财产，所以逐步制定了详细的规定来保障有关土地的占有、使用和收益的权利。”③在英美法系的普通法基础上，土地产权制度主要由两个层次构成。“一是土地所有权，它属于国王(或政府)；二是土地权益(interests in land)，或称不动产权益(interests in real property)，它是指对土地占有、使用和收益的一系列各种各样的权利。”④也就是说，在英美法系的土地法律制度之下，土地所有权代表了国王或政府的统治

① 朱鸣雄：《整体利益论》，25页，上海，复旦大学出版社，2006。

② 熊谞龙：《权利，抑或法益？——一般人格权本质的再讨论》，载《比较法研究》，2005(2)。

③ 转引自王卫国：《中国土地权利研究》，6页，北京，中国政法大学出版社，1997。

④ 王卫国：《中国土地权利研究》，30页，北京，中国政法大学出版社，1997。

权，而土地权益却直接附着于土地之上，土地权益才是真正的土地财产权。我国现行法律适应了世界物权立法对物权“从归属到利用”的趋势。目前，我国土地立法所确立的土地权利体系如图 2-2 所示。本书主要研究在土地流转过程中与农民权益密切相关的集体土地所有权以及使用权的内容，他项权不作为研究内容，在此不作细分。

- 中国土地权利体系
  - 土地所有权
    - 国家土地所有权
    - 集体土地所有权——集体所有
  - 土地使用权
    - 国家土地使用权
      - 出让土地使用权
      - 划拨土地使用权
    - 集体土地使用权（用益物权）
      - 农用地使用权（土地承包经营权）
      - 建设用地使用权
  - 土地他项权

图 2-2 中国土地权利体系

对于农村的土地所有权归属，我国立法表述多有不同。《中华人民共和国宪法》中为“集体所有”，而《中华人民共和国土地管理法》中则是“农民集体所有”，其他土地相关立法也多作模糊处理。不过不管立法如何表述，农村土地集体所有的性质是立法普遍承认的。学者梁慧星将集体土地所有权界定为“农村劳动群众集体经济组织在法律规定的范围内占有、使用、收益和处分自己所有的土地的权利，是我国社会主义土地所有权的一种重要形式”①。从根本上讲，集体土地所有权并不是一项传统的私法上的所有权，它是由特定村落的农民共同占有集体土地而形成的公有权。公有权具有二重性：一方面农民作为集体的一员，他们是集体土地的所有者，享有共同占有集体土地的权利；另一方面农民离开集体则不能带走任何一块土地，

① 梁慧星：《中国物权法研究(上)》，328 页，北京，法律出版社，1998。

所以他们又不是土地的所有者，只有当农民个人享有的土地所有权与本集体其他农民享有的土地所有权结合在一起时，才能构成集体所有权。① 据此，农民作为农村集体经济组织的基础，毋庸置疑地享有成员权。对此，《中华人民共和国物权法》第59条第1款予以进一步的确认："农民集体所有的不动产和动产，属于本集体成员集体所有。"而"农民集体所有权的成员集体是指农村一定的集体所有的社区范围的人的整体"②。这与日耳曼法"总有"中的"成员权"和日本民法中的"入会权"相似③，学界多将此称为"社员权"④。可见，农民集体所有权的权利主体是由农民集体成员组成的成员集体。据此可知，集体成员所有权是成员集体所享有的权利，而该权利所形成的利益，最终应由

---

① 邵彦敏：《"主体"的虚拟与"权利"的缺失——中国农村集体土地所有权研究》，载《吉林大学社会科学学报》，2007(4)。

② 韩松：《论成员集体与集体成员——集体所有权的主体》，载《法学》，2005(8)。

③ 这种相似主要体现在：第一，均是特定团体中的成员在特定团体中所享有的权利，以满足成员利益为目的；第二，权利的享有需以具备成员身份为前提，且不得转让；第三，成员对权利不分份额地享有，不得请求分割；第四，团体事务均需以一定的议事规则经多数表决通过方可。"团体构成员所有之使用收益权与其构成员之身份有密切关系，因其身份之得丧而得丧，故不得脱离其身份用为继承及让与之标的。"详细内容可参见李宜琛：《日耳曼法概说》，76页，北京，中国政法大学出版社，2003。

④ 实际上，农村对"社员"一词的使用仍比较普遍。所谓社员权，是法学界和农业经济学界对"村民权"的又一称谓。对此可参见以下学者的论述：温世扬：《集体所有土地诸物权形态剖析》，载《法制与社会发展》，1999(2)。肖方扬：《集体土地所有权的缺陷及完善对策》，载《中外法学》，1999(4)。史建民：《论土地承包经营法律关系及其保护》，载《农业经济问题》，2000(8)。王铁雄：《集体土地所有权制度之完善——民法典制定中不容忽视的问题》，载《法学》，2003(2)。王小映：《全面保护农民的土地财产权益》，载《中国农村经济》，2003(10)。"村民权"是农民作为集体的一员，因具备"村民"身份对村集体享有的一项权利，该权利局限于该共同体内的成员资格权利。张英洪指出："村民权一般是一个行政村内的村民所享有的权利，类似于俱乐部成员的权利。"参见张英洪：《公共品短缺、规则松弛与农民负担反弹：湖南省山脚下村调查》，载《调研世界》，2009(7)。

组成该集体的每一个成员获得。“集体所有权只有具体化为各种成员权益，方能真正保障其权利目标得以实现”①。那么，我国农村土地的所有权归属于农民集体，也就意味着成员集体享有该项权利，而该所有权所承载的利益，终将需要落实到组成集体的每一个成员的身上。

作为一项集体权利，农村土地集体所有权是集体成员享有集体土地所有权产生的各种利益的权利来源。学者通过对集体所有权主体的探析，认为：“依据集体所有权的性质，集体成员在集体所有权上的权利主要有两方面：集体成员的共益权和集体成员的自益权。集体成员的共益权是集体成员为本集体的利益而参与集体所有权行使之决定和监督的权利。”“集体成员的自益权就是集体成员为实现自己在集体所有权上的利益而行使的权利。”②共益权体现为一种为实现利益而参与事务管理的权利，具有非财产权利的性质，而自益权体现为成员为实现个体利益而对集体财产的管理、使用和收益等权利，具有财产权的性质。据此，农民基于集体成员权而享有的具体权益包括：农民集体成员承包土地的权利(土地承包经营请求权)、农民集体成员分配宅基地的权利(宅基地分配请求权)、农民集体成员的优先权(表现为在土地承包经营权流转以及其他方式承包农村土地的过程中，本集体成员享有的同等条件下优先于本集体成员以外的人优先承包土地的权利)、农民集体成员的集体收益分配权(集体土地经营收益、变价收益、流转收益等)、农民集体成员的民主决策权(《中华人民共和国物权法》第 59 条第 2 款)、农民集体成员的知情权和监督权(《中华人民共和国物权

① 管洪彦：《农民集体成员权研究》，39～40 页，北京，中国政法大学出版社，2013。

② 韩松：《农民集体所有权主体的明确性探析》，载《政法论坛》，2011(1)。德国著名法学家卡尔·拉伦茨(Karl Larenz)将这两种权利形态称为“参与管理权”和“受益权”。[德]卡尔·拉伦茨：《德国民法通论(上册)》，王晓晔、邵建东、程建英等译，222 页，北京，法律出版社，1998。

法》第 62 条，《中华人民共和国村民委员会组织法》第 30～32 条)、农民集体成员的选举权和被选举权(区别于作为政治权利的选举权和被选举权，侧重于经济民主权利)(见图 2-3)。前四项属于自益权的内容①，后三项为共益权的内容。共益权之各项权能，是农民土地财产性权利得以实现的根本保证。正如美国经济学家米尔顿·弗里德曼(Milton Friedman)在《自由选择》一书中所指出的："经济的和政治的权力，在同一批人手中结合，肯定是实行专制的诀窍。"②所以，集体所有制经济组织，必须加强成员行使民主监督的作用，让集体成员有实际支配经济的权利。

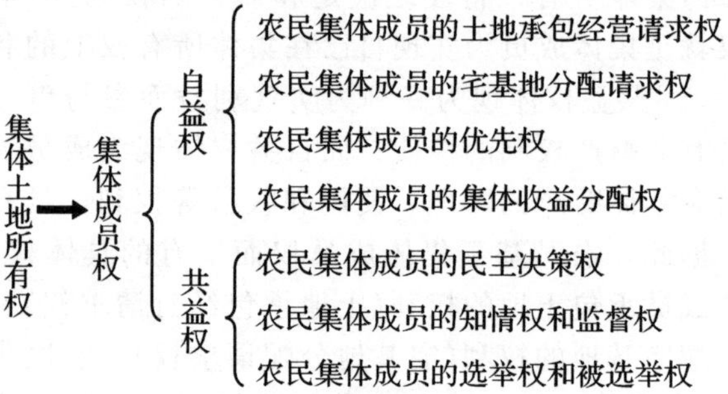

图 2-3　农村土地集体成员权权利体系

---

① 《中华人民共和国民法总则》和《中华人民共和国物权法》都规定了用益物权的内容。我国现行法所规定的与农村土地相关的用益物权主要包括：土地承包经营权、宅基地使用权、建设用地使用权以及地役权。其中，地役权是以他人土地供自己土地便宜之用的权利。《中华人民共和国物权法》第 156 条规定："地役权人有权按照合同约定，利用他人的不动产，以提高自己的不动产的效益。"因为地役权对需役地具有一定的附属性，丧失需役地所有权或使用权，则丧失地役权。因此，农村土地流转中地役权之流转附属于需役地之流转，故本书不再讨论地役权与土地流转和农民权益保障之内在联系。

② 转引自张履鹏、孙陶生、李扬等：《中国农田制度变迁与展望》，3 页，北京，中国农业出版社，2009。

此外，当代大陆法系中的用益权与英美法系中的终身地产权(life estate)有异曲同工之处，其设置之初是以“解决特定人养老和生活问题为前提的”①。因此，土地之使用，自然具有了一定的社会保障功能。所谓社会保障，就是“一种公共福利计划，旨在保护个人及其家庭免除因失业、年老、疾病或死亡而在收入上所受的损失，并通过公益服务(如免费医疗)和家庭生活补助以提高其福利”②。作为国民生活保障系统，社会保障客观上应包括三个层次：“一是经济保障，即从经济上保障国民的生活，它通过现金给付或援助的方式来实现；二是服务保障，即当代社会还需要适应家庭结构变迁与自我保障功能弱化的变化，满足国民对有关生活服务的需求……三是精神保障，即属于文化、伦理和心理慰藉方面的保障”③。整体来说，在目前中国人多地少、农村社会保障体系仍不健全的基本国情下，对农民而言，“土地不仅仅是最基本的生产资料，发挥着生产功能的基础性作用，而且还承担着农民经济收益、社会保障和稳定心理归属感的作用”④。

前文已经分析了经过现代转型以后，较之以往农民“权利”的内容，农民更多地应享有“益”之内容。这就要求关注农民权利中的财产权和其他各项权利。对于农民的合法财产性权利，2011年12月27日温家宝在中央农村工作会议上的讲话中旗帜

① 高富平：《土地使用权和用益物权——我国不动产物权体系研究》，24页，北京，法律出版社，2001。

② [美]美国不列颠百科全书公司：《不列颠百科全书 国际中文版15》，中国大百科全书出版社不列颠百科全书编辑部编译，452页，北京，中国大百科全书出版社，1999。

③ 郑功成：《社会保障学——理念、制度、实践与思辨》，12页，北京，商务印书馆，2000。

④ 林翊、林卿、谢代祥：《中国经济发展进程中农民土地权益保护的理论逻辑》，载《理论与改革》，2008(4)。

鲜明地提出了农民土地财产权利，指出“土地承包经营权、宅基地使用权、集体收益分配权等，是法律赋予农民的合法财产权利，……在任何情况下都要尊重和保护农民以土地为核心的财产权利”①。这比以往的农民土地使用权、用益物权更进一步地强调了农民的财产权利，为今后更好地保障农民土地权利奠定了坚实的基础。现代农民是自主的主体，同时财产权利的实现需要民主权利的监督和保障，因此农民还应该享有民主政治权利的内容。有鉴于土地之于农民尚未被剥离的保障功能，农民的土地权益必然还应根据实际情况包含社会保障的内容。

根据前文的论述，随着城市化的发展，农村土地流转过程中与农民土地权益保障密切相关的土地权益，主要源自集体土地所有权之下的集体成员权和农民对集体所有的土地的使用权亦即用益物权。根据权利的性质予以划分，可分为财产性权利和非财产性权利。财产性权利包括集体成员权之自益权和用益物权，非财产性权利即集体成员权之共益权。土地的社会保障功能，使得目前情况下农民的土地权益必然包含有社会保障权的内容。对于农民而言，土地的财产性权利是其追求的最终目标，土地利益的实现才是其权利实现的表现形式。非财产性权利之作用在于为土地财产权利之实现保驾护航。社会保障权是国家社会保障尚未实现城乡均等供给的情况下土地必然承载的农民权利内容。这些权利组成的一个有机结构(见表 2-2)，是农民土地权益得以实现的基础。因此，我国农民土地权益是物质利益与民主权利的总称，同时包含了特殊时期实现农民社会保障的应有之义。

① 《中央农村工作会议在京举行 温家宝讲话》，http：//tv. people. com. cn/GB/166419/16732955. html，2017-11-14。

表 2-2 农民土地权益结构

<table>
<tr><td rowspan="11">农民土地权益结构</td><td rowspan="7">财产性权利</td><td rowspan="4">自益权</td><td>农民集体成员的土地承包经营请求权</td></tr>
<tr><td>农民集体成员的宅基地分配请求权</td></tr>
<tr><td>农民集体成员的优先权</td></tr>
<tr><td>农民集体成员的集体收益分配权</td></tr>
<tr><td rowspan="3">用益物权</td><td>土地承包经营权</td></tr>
<tr><td>宅基地使用权</td></tr>
<tr><td>建设用地使用权</td></tr>
<tr><td rowspan="3">非财产性权利</td><td rowspan="3">共益权</td><td>农民集体成员的民主决策权</td></tr>
<tr><td>农民集体成员的知情权和监督权</td></tr>
<tr><td>农民集体成员的选举权和被选举权</td></tr>
<tr><td colspan="3">社会保障权</td></tr>
</table>

2.2.2 土地流转中的各参与主体及其行为特征①

土地流转往往不是农民内部的封闭的行为，它涉及土地管理部门、土地形式上的所有权主体以及大宗土地流转中的资本方等。每一方参与主体基于自身力量、行为目的等，其行为各有不同。

2.2.2.1 农民(户)

农民是土地流转过程中最重要的参与主体，尤其在承包地和宅基地使用权的流转中是最直接的参与者。不过，在农村，农民并非以个人的身份参与经营或流转，而是以家庭为单位的

① 学者张林江对各主体为土地上利益而进行的斗争与合谋进行了深刻分析，并认为在这一过程中各主体表现出不同的行为特征。笔者认为该学者的观点非常符合当前我国土地流转中的参与主体行为动机和特征，此处加以借鉴。具体内容可参见张林江：《围绕农村土地的权力博弈：不确定产权的一种经验分析》，北京，社会科学文献出版社，2012。

户为主体，即农户。根据学者卜范达和韩喜平对农户的理解，“农户是指生活于农村的，主要依靠家庭劳动力从事农业生产的，并且家庭拥有剩余控制权的、经济生活和家庭关系紧密结合的多功能的社会经济组织单位”①。

随着我国近年来经济的发展和城市化的推进，农户在一定程度上进行了分化。以农户和土地之间关系的紧密程度划分，主要有三种群体或阶层：Ⅰ专业农户，Ⅱ兼业农户，Ⅲ离农农户。Ⅰ专业农户占大多数，即使是部分成员外出务工，家人仍然继续经营农业，农业收入是其唯一的收入来源或至少是其家庭收入构成中不可缺少的部分；Ⅱ兼业农户进城后没有获得稳定的就业与收入条件，农忙时回乡进行农业生产，农闲时外出务工，农业收入和务工收入共同构成家庭收入；Ⅲ离农农户是指那些虽然其身份关系没有脱离农村集体，不过家庭收入已经不再依靠经营土地来获取的农户，这部分农户在城市稳定就业并获得收入，可以在城市体面生存。

由于对土地经营收入的依赖程度不同，对于土地流转而言农民(户)不再是一个需求相同的整体，而在行为中表现出不同的特征(见表 2-3)。Ⅰ专业农户以土地为生，土地是其命根子，对于土地流入需求较大但坚决反对不可逆转的土地流出。Ⅱ兼业农户半工半农，土地仍是其收入的重要来源，一般表现为“男工女耕”或“老耕少工”的家庭分工模式，在农忙时外出务工人员帮忙进行农业生产，所以对这一阶层而言，土地流入的需求不高，也不愿意高租金将土地不可逆转地流转出去。目前，这个阶层在农村较为普遍。Ⅲ离农农户已经脱离依靠土地收入维持生活的情况，因此他们几乎不再经营土地。对于他们而言，通过流转土地获取高额租金是其根本追求，谁给出的租金高，他们就将土地流转给谁；资本具有较强的支付能力，因此

① 卜范达、韩喜平：《“农户经营”内涵的探析》，载《当代经济研究》，2003(9)。

土地往往会从他们手中流向资本。这类农户是农村中处境最好的一个阶层，不过人数非常的少。他们对土地流入几乎没有需求，但出于传统的乡土观念的考量，也不会将全部土地不可逆转地流出。关于这点，将在后面详述。

表 2-3 不同阶层农户土地流转行为特征

农户阶层	收入构成	土地流入需求	土地流出需求	对不可逆转流出土地的态度
Ⅰ专业农户	土地经营	强烈	无	反对
Ⅱ兼业农户	土地经营＋务工	较低	较低	反对
Ⅲ离农农户	务工/其他	无	强烈	部分支持

值得注意的是，不管农民如何分化，其行为依然在一定程度上存在相似性。首先，农民在行为中表现出较强的被动性，容易受到行政力量的强制。农民在土地流转尤其是集体建设用地流转中的选择权很容易受到行政力量的干预而无法行使，而当利益受到侵害的时候又通常借助非正规的渠道进行解决。其次，农户人数较多，组织化程度却低，很难形成集体行动；加之农户阶层之分化导致的诉求不同，更进一步导致农民内部难以达成一致。

2.2.2.2 村民委员会成员

在中国乡土社会的权力结构中，村民委员会成员是不可或缺的一部分。对于他们的分析，排除“全心全意为人民服务”型和完全谋取个人私利型的两种典型代表以外，也有学者从“双重角色”“经纪模式”与“守夜人”“撞钟者”的角度去研究村民委员会成员的身份及行为特征①。然而，在推进农村土地流转的时代背景之下，无论是在土地流转还是在土地增值收益分配的

① 吴毅：《“双重角色”、“经纪模式”与“守夜人”和“撞钟者”——来自田野的学术札记》，载《开放时代》，2001(12)。

过程中，村民委员会成员绝不是消极的“守夜人”或“撞钟者”。相反地，作为农村土地的实际掌控者，他们是农民中的一员，同时也是国家和基层政府与农民之间联系的纽带。在这样的双重身份之下，他们谋利的行为既不是服务于国家和基层政府，也不是服务于农村，而是服务于自身的利益。为了实现自身的利益，他们游离在不同的身份之间，成了游离于农民之外、处于农民和乡镇干部之间的独立而又矛盾的利益群体。这种身份的矛盾决定了其行为的特殊性和不稳定性。

一方面，作为联结农民和基层政府的一级自治组织，村民委员会与基层政府的关系密切。由此，村民委员会成员可以在利益的分配中获得超过一般村民的高额的利益，并且，他们从基层政府获得一定的补贴收入，这就使得他们在一定程度上依附于基层政府。村民委员会成员由于身份的特殊性，在国家或基层政府和农民利益发生冲突的时候，为了换取更多的财政补贴收益、基层政府的政治保护以及特权默许等利益，他们更多地选择牺牲农民的利益倒向基层政府。

另一方面，村民委员会成员本身就是农民，当土地流转中作为农民可以获得的预期利益大于他们作为村民委员会成员的时候，他们就会偏离基层政府而选择站在农民一边，从而获得更大的利益。同时，村民委员会成员是由村民任免的，为了得到农民的认可，也要求其在行动时照顾农民利益的实现。在这种情况下，村民委员会成员又需要积极寻求农民利益实现的路径，从而获得农民对其身份的认可和作为农民可得之经济利益。

综上，村民委员会成员这种身份的特殊性，决定了其在行为选择上的矛盾性。行为选择的矛盾，又往往是建立在利益(当然这里的利益不仅仅表现为物质利益或经济上的利益)最大化的基础之上的。因此，村民委员会成员在土地流转过程中的行为倾向表现出明显的不稳定性特征。乡村社会的传统文化和道德要求也强化了这种不稳定性。目前城市化发展对农村土地流转这一国家政策和目标的推动，加剧了他们在行为选择上的不稳定性。这也使得村民委员会成员不得不在这种矛盾的身份之下寻求国家或基层政府和农民两边都满意的最优方式。这样看来，村民委员会成员更像是杜赞奇(Prasenjit Duara)笔下的“经纪人”，他们并不属于传统官僚体制，却是国家实现其对乡村社会的治理的助手；他们处身于国家与乡村社会之间，在帮助国家的同时借以实现自身的利益；然而他们又不是完全意义上的经纪人，借着双重身份获得双重利益的同时，又不免陷于身份所致的结构性尴尬之中。他们只能不断地更换自己的角色来换取自身利益的最大化。更有学者指出，“与其说是村干部(即村民委员会成员)通过服务于国家或社区实现了赢利，不如说是村干部在利用国家与社区赢利，所以他(们)是典型的、独立的‘经济人’，完全合乎经济学关于经济人理性假设的全部特征”①。

2.2.2.3 中央和各级地方政府

政府作为农村土地流转的重要参与主体，其参与形式包括宏观调控和直接干预两种。宏观调控是指政府不作为经济主体而是以制度、政策制定或执行的政治主体的身份，在农村土地流转过程中规范、引导土地流转，但并不参与土地流转收益分配；直接干预是指政府以经济主体的身份参与农村土地流转的运行并分享一部分土地流转收益。在农村土地流转中，中央政府代表国家，并不直接参与土地流转利益的分配，其参与形式主要是宏观调控；各级地方政府尤其是基层地方政府则由于其兼具行政职能及经济职能的特殊属性，不仅通过行政执法落实中央政策，引导和规范农村土地流转，同时又以经济主体的身份直接参与农村的土地流转运行、分享土地流转收益。

---

① 张林江：《围绕农村土地的权力博弈：不确定产权的一种经验分析》，164页，北京，社会科学文献出版社，2012。

第一，中央政府与各级地方政府的宏观调控。

从法理上讲，“国家作为政治实体（而非经济实体）是没有自己独立的利益的，因此全世界几乎所有民主国家的宪法都宣称其国家的利益就是全体人民的利益”①。在土地流转过程中，由于并不改变土地的所有权性质，因此国家并不能如同通过土地征收获得土地出让金的方式分享土地流转的收益，由此我们暂且假定国家在农村土地流转过程中是没有经济利益可得的。那么，国家就承担着超越利益的立法者和公众利益的保护者的角色。

从立法的角度，立法权不应垄断在一个涉及自身利益的机构或部门。梳理土地流转法律和政策可以看出，在我国，由全国人民代表大会及其常务委员会和国务院（本书以“中央政府”代称，因为对于农民来说，不管国家的组织架构如何，面对国家的时候其目标就是自我利益的实现，而“中央”一般是农民对国家最高权力的朴素认知②）制定、修改土地流转法律、政策，确立农村土地流转之宏观目标。它们通过考虑土地利用的效益和社会、政治、生态环境的稳定等因素制定和变革土地法律、法规，指导实施试点工作，并将各级政府试点得来的经验予以制度化。它们通过法律、法规的发布和完善，逐渐使我国农村土地流转制度走向规范化和法制化的道路。

从公众利益保护的角度，我们很难想象，如果不诉诸国家法律和依赖政府的公正来保护公众的利益，人民将如何自处。作为宏观调控者，中央政府在土地流转中必然要站在国家发展和农民长期利益实现的角度，以保护耕地、规范流转，

---

① 郭相宏：《失范与重构——转型期乡村关系法治化研究》，博士学位论文，西南政法大学，2008。

② 笔者在生活以及调研中发现，对于省级以上的国家机构设置，农民都简单地理解或称之为“中央”，大多数农民对具体的国家机构及其具体职能的划分并没有确切的认知。

实现土地资源的优化配置为行为目标，为农村的土地流转制度制定基本法律，指明前进方向，并通过监督具体政策的执行来鼓励和开展农村土地的流转工作，最终实现农民土地权益的落实。

地方政府是中央政府与农民以及土地流转市场之间的纽带，一方面是中央政策的执行者，另一方面又可以在法律和政策允许的框架内进行改革。这就决定了各级地方政府在土地流转的间接参与中既有对中央政府的依附性，又有一定的自主性。首先，地方政府始终存在对中央政府的依附性，法律和政策框架是地方政府进行制度改革的界限。主要的土地流转制度的运行权和决策权始终掌握在中央政府手中，“为了取得中央政府的政治信任，地方政府的所有决策都被要求遵守中央政府的大政方针政策，否则会产生可置信的经济与政治惩罚成本”①，这当然是地方政府不愿看到与承受的。其次，根据法律，各级地方政府又有不同的权力配置，财政压力和政绩激励会促使地方政府在允许的范围内进行改革。省级政府可以根据本行政区内的实际情况在法律允许的范围内制定土地流转的具体实施办法，根据试点实践积累的经验制定适合本行政区的土地流转政策。市（县）级政府根据省级政府制定的实施办法出台实施细则，进行具体操作并在实践中积极开展试点工作推进土地流转。乡镇政府在制度设计上距离农村最近，在农村土地流转中具有非常重要的作用，它直接管理农村土地流转并进行指导。不管是哪一级的地方政府，都在土地流转中承担了指导、支持和协助的职责。另外，各级地方政府往往具有招商引资的能力，能为农村土地流转提供更多机会。

从图 2-4 反映的信息可以看出，中央和各级地方政府自上而下的指导机制规范了土地流转；自下而上的反馈机制为完善

① 刘承礼：《当代中国地方政府行为的新制度经济学分析》，载《天津社会科学》，2009(1)。

农村土地流转提供了建议。这一过程确保中央和地方各级政府通过宏观调控的形式能够间接参与到农村土地流转的运行机制中来，为促进农村土地流转奠定制度基础。

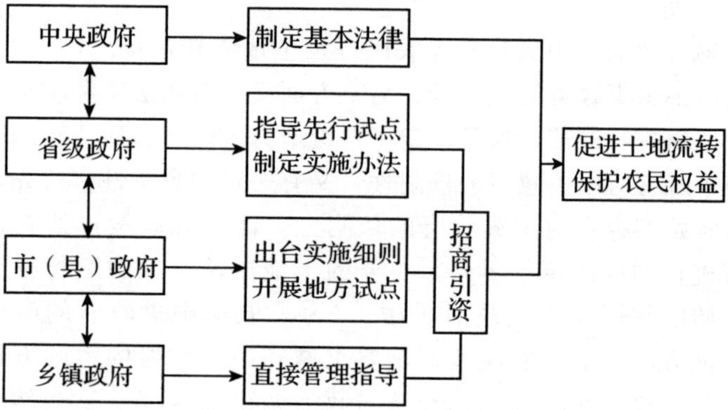

图 2-4 中央和地方各级政府对农村土地流转的间接参与

第二，各级地方政府的直接干预。

地方政府作为中央土地政策的具体执行者，是中央政府意志在地方的代表。但是地方政府又要兼顾地方经济利益和政治效益的提升，在很大程度上又是最直接的土地利益分享者。因此在事实上，地方政府不可能是中央政策不走样的执行者。地方政府出于政绩压力和经济利益的驱动，其行为特征与中央政府的偏好和考虑并不完全一致，导致地方政府对中央政策有选择性地执行。出于有别于中央政府的经济利益和政治效益的考虑，地方政府直接参与农村土地流转，分享土地流转收益。

地方政府要追求经济利益。在农村土地流转中，地方政府的经济利益来源主要有这样两种：一是土地流转收益分配份额，主要是建设用地流转的收益分配份额；二是后续管理费用，以及企业、产业税费。此外，由于土地非农用与农用相比具有较高的报酬率，地方政府要实现财政收入和经济产值的迅速扩张，就必须将土地资源给边际报酬率比较高的非农部门和产业。①基于此目标，地方政府还会有农地非农化的冲动。

地方政府要追求政治效益。地方政府要面对中央的政绩考核和自身的升迁压力。在政绩要求的驱动之下，地方政府可能运用行政的力量通过推行改革、实施形象工程、完成硬性指标等方式推动土地流转。尤其是在国家鼓励支持土地流转的政策之下，地方政府在促进土地流转的政治利益驱动之下打着执行国家政策、实现规模经营的幌子，更以行政力量推进流转，大力打造政绩工程。

出于经济利益和政治效益的双重动力，地方各级政府积极参与、推动甚至“强制”农村土地流转，又由于其兼具经济主体、制度安排者和政策执行者等多重身份，其在政策的制定和执行过程中不免有“与民争利”的行为可能。

2.2.2.4 资本方

随着第二、第三产业的发展和农村城市化的推进，不仅农村集体土地流转在本集体经济组织内部的农户之间小规模进行，而且土地集约利用和规模经营已经成为趋势。乡镇企业的发展也使得招商引资成为必要。国家鼓励建立健全土地流转市场，新的土地流转主体和流转方式由此诞生。企业或专业大户成为农村土地流转的重要参与者。在土地承包经营权中承包地流入方的企业或专业大户以及在集体建设用地流转中的用地企业主要以市场主体的身份出现。作为完全的市场主体，企业或专业大户的行为选择就是实现经济利益最大化。在土地流转过程中，企业或专业大户追逐利益最大化的行为特征主要表现为规模经营、农地非农化、寻租政府权力以及风险转嫁等。

---

① 钱忠好：《农地承包经营权市场流转：理论与实践分析——基于农户层面进行的经济分析》，载《经济研究》，2003(2)。

首先，企业或专业大户介入农村土地流转尤其是承包地的流转，获得大面积的承包地，通过投入大量资本、使用先进机械、现代管理技术等进行农业生产，形成规模经营，创造较之农民分散经营更多的土地经营收益。企业或专业大户对于流入的承包地承包期限一般不会很长，而且没有深厚的情感，为了追求更高额的短期土地经营利润，甚至不惜破坏性地使用土地。其次，为了追求更高的收益，部分企业或专业大户通过流转获得大量承包地以后，在耕地上办厂、建房，开采挖掘地下矿藏等，从根本上已经改变了耕地的农业用途。企业或专业大户流入土地需要支付租金，为了获取足够的利润，往往会种植经济效益较高的经济作物而非粮食作物，导致大规模的土地流转造成农地非农化或非粮化。再次，资本的本性在于追逐利益最大化，企业或专业大户为了追求利益最大化，其行为往往与政府和国家的长远目标相冲突。为了实现自身的利益追求，企业往往通过向政府寻租，通过非正规渠道获得土地流入或获得特权默许进行违法经营，以谋取高额利润。最后，部分企业借租地之名进行非农经营，流转期满后被改造的土地之恢复却多由农民承担；有的企业由于对项目风险预期不足、资金不充分等原因，在开发过程中难以为继而逃之夭夭，无法兑现的土地租金和其他补偿以及土地农业使用的恢复风险则全部转嫁到农民身上。

可以说，出于资本逐利的本性，企业或专业大户往往表现出趋利避害的行为特征。在没有监督、约束的情况下，他们参与土地流转带来经济效益的同时，也容易给国家、社会和农民带来长期的利益损害。

2.2.3 土地流转中农民土地权益的潜在风险

根据前文对农村土地流转中各参与主体行为特征的分析，我们可以清楚地看到，各参与主体不同的发展目标决定了他们不同的利益诉求，进而使他们表现出不同的行为特征。同时，又“因地权主体(在土地流转中即表现为各参与主体)的社会关系强弱不同，围绕集体地权的利益争夺造成乡村社会的新变化”①。这种新的变化即为各参与主体之间利益博弈以后形成的新的利益分配格局。但是，各参与主体在土地流转过程中的行为和目标并不是孤立的，为了达成自身的或者彼此之间互利的目标，又决定了各参与主体在目标实现和利益分享中的“共谋”。

各参与方通过自身力量和可借助之外力追求自身利益最大化的过程，形成了各参与主体在土地流转过程中的利益博弈关系。从理论上讲，“在农村土地流转中，由于农民的分散性，权利意识淡薄，缺乏影响政府决策的能力，也缺乏与农业企业或其他经济组织平等谈判的能力。加上我国农村土地流转相关法律规范尚不健全，农业企业或其他经济组织会利用自身优势挤压农民利益，借政府力量压低土地价格”②，这就形成了农民与其他流转参与主体之间的利益冲突。又由于农民自身的弱势，各级地方政府及其工作人员、村民委员会成员、企业(或资本方)以及其他利益集团等在寻求各自利益最大化的过程中形成“共谋”。在这种共谋中，地方政府可以获得较多的财政收入，政府工作人员或因“政绩工程”而得到更多晋升的机会，企业(或资本方)以及其他利益集团能够获得廉价的土地，村干部则在依附地方政府的过程中得到个人的经济利益、其他好处或机会。可以说，在这一土地利益冲突与共谋的博弈过程中，农民是最大的牺牲者。

学者认为，从奥尔森的“集体行动理论”中可以总结出这样的判断，即“在利益博弈的过程中，社会最终会形成强势利益

① 臧得顺：《臧村“关系地权”的实践逻辑——一个地权研究分析框架的构建》，载《社会学研究》，2012(1)。

② 杨丽莎：《贵州省农村土地流转中农民权益保护问题分析》，载《特区经济》，2011(6)。

集团和弱势利益集团”①。在土地流转中农民即属于弱势利益集团之代表，企业、村干部、政府等由于资源、信息和权力等方面的优势，共同构成了强势利益集团。然而，从国家的形成过程中可以发现，国家其实是“社会阶级之间相互妥协的累积过程，每个阶级都企图单独控制隐含在私有制社会中的强制因素”②。基于经济发展对稳定社会环境的需求，国家的基础职能就在于通过一定的制度设计，对社会中的强势利益集团进行约束，同时给予社会中的弱势利益集团更多的扶助，以保证弱势利益集团不至于为强势利益集团所控制甚至消灭。这一内容具体体现在土地流转制度中则是对农民土地权益保障的国家要求，即在土地流转利益形成和分配的冲突与共谋中，通过制度控制强势利益集团、扶持农民这一弱势利益集团，平衡各利益主体在土地流转中的收益。

此外，不得不考虑的是，土地流转之后农民可能会永久性地失去土地财产权，失去利用土地就业的机会，也失去获得基本生活保障的机会。社会保障权丧失，在其他行业失去生存机会的时候会遭遇收益风险而难以回归；即使是土地换社保，我们知道社保水平较低而且目前只针对农村老人有相关的社会保障。儿童的成长、医疗、教育，也是需要保障的。这些问题也成为土地流转可能造成农民权益丧失所面临的隐患。

2.3 土地流转中农民土地权益的实现

城市化、土地流转和农民土地权益保障作为党的十八大以来发展和改革的三个重要维度，其本质和目标本质上是一体的，即让农民能够分享更多的发展成果。而现阶段，土地仍是

---

① 卢现祥：《新制度经济学》，133页，武汉，武汉大学出版社，2011。

② [英]马尔科姆·卢瑟福：《经济学中的制度：老制度经济学和新制度经济学》，陈建波、郁仲莉译，122页，北京，中国社会科学出版社，1999。

农民权益最根本的保障，土地权益的实现即为农民权益的实现。因此，发展和改革的最终落脚点是实现农民的土地权益，这也是目前最为迫切的目标。

2.3.1 城市化发展和土地流转制度变革的核心——农民土地权益

从最广大人民的根本利益出发、“一切发展都是为了人民”是我国每一个时期发展和变革的根本政治理念。我国城市化发展和农村土地流转制度的每一次变革都体现了对农民权益的特别关注。

从城市化发展的视角，党的十六届三中全会提出的“五个统筹”将城乡统筹放在第一位，要求在城市化过程中处理好城市和农村的关系，通过统筹城乡发展，逐步实现城乡一体化的建设目标；党的十六届四中全会提出了“两个趋向”的论断，从全局和战略的高度提出了新阶段解决“三农”问题的指导思想，为我国在新的发展阶段“工业反哺农业”“城市支持农村”的发展方向定下了基调；党的十六届五中全会又明确提出要“建立以工促农、以城带乡的长效机制”。党的十七大报告提出“统筹城乡发展……必须始终作为全党工作的重中之重……建立以工促农、以城带乡长效机制，形成城乡经济社会发展一体化新格局”；党的十七届三中全会提出我国已“进入着力破除城乡二元结构、形成城乡经济社会发展一体化新格局的重要时期……把加快形成城乡经济社会发展一体化新格局作为根本要求”；党的十七届五中全会进一步指出在城市化深入发展中同步推进农业现代化、加快社会主义新农村建设，要“统筹城乡发展，坚持工业反哺农业、城市支持农村和多予少取放活方针，加大强农惠农力度……”，要按照推进城乡经济社会发展一体化的要求，“加强农村基础设施建设和公共服务”“拓宽农民增收渠道”“完善农村发展体制机制”。党的十八大报告更是从多个方面强调人的城市化，“推动经济持续健康发展……加快改革户籍制度，有序推进农业转移人口市民化……加大强农惠农富农政策力度，让广大农民平等参与现代化进程、共同分享现代化成果……加快完善城乡发展一体化体制机制，着力在城乡规划、基础设施、公共服务等方面推进一体化，促进城乡要素平等交换和公共资源均衡配置，形成以工促农、以城带乡、工农互惠、城乡一体的新型工农、城乡关系”。党的十八届四中全会虽未直接提及城市化发展，但指出在目前发展形势下要发挥法治的引领和规范作用“平衡社会利益、调节社会关系”，这当然包括在目前国家发展的背景下对农民和市民利益关系的平衡，对农村土地入市流转这一社会经济关系的调节。党的十九大报告更是提出了乡村振兴战略，指出要坚持农业农村优先发展，巩固和完善农村基本经营制度，保持土地承包关系稳定并长久不变，第二轮土地承包到期后再延长 30 年。长期而稳定的土地上权利以及对职业农民的培育，使得农民土地权益在党的十九大报告中体现得更为鲜明。

从土地流转制度的视角，为实现农民的土地权益，国家通过一系列法律、行政法规、行政规章、其他规范性文件以及政策，逐渐放开了对土地流转的限制；为了保护农民的土地权益，又对农村集体所有土地的使用实行严格的土地用途管制；尤其在政策文件中屡次强调要在流转中保护农民的土地权益、增加农民的财产性收入、赋予农民更多的土地财产权利。譬如，1995 年《国务院批转农业部关于稳定和完善土地承包关系意见的通知》允许土地流转方式的多样化，同时也强调农民的合法权益受法律保护；2001 年《中共中央关于做好农户承包地使用权流转工作的通知》明确了农户是土地流转的市场主体，流转的收益应归农民所有。2011 年《国土资源部关于严格规范城乡建设用地增减挂钩试点工作的通知》明确了开展城乡建设用地增减挂钩工作中要切实维护农民土地权益的具体内容；2013 年中央一号文件《中共中央国务院关于加快发展现代农业进一步增强农村发展活力的若干意见》指出土地流转不得搞强迫命令，确保不损害农民权益。党的十八届三中全会在论及农户宅基地用益物权保障时指出要“探索农民增加财产性收入渠道”；2014年中央一号文件《关于全面深化农村改革加快推进农业现代化的若干意见》提出要“赋予农民更多财产权利，推进城乡要素平等交换和公共资源均衡配置，让农民平等参与现代化进程、共同分享现代化成果”；党的十八届四中全会对依法治国的强调，正是对立法中农民土地权益在土地流转过程中受法律保护的一个侧面体现；2015年初，《国务院办公厅关于引导农村产权流转交易市场健康发展的意见》对农村土地产权交易市场进行了规范性指导，更明确指出“引导农村产权流转交易市场健康发展，事关农村改革发展稳定大局，有利于保障农民和农村集体经济组织的财产权益……”；2016年中央一号文件《中共中央国务院关于落实发展新理念加快农业现代化实现全面小康目标的若干意见》指出，要加强对土地流转和规模经营的管理服务，发挥多种形式农业适度规模经营引领作用。2017年中央一号文件《中共中央国务院关于深入推进农业供给侧结构性改革加快培育农业农村发展新动能的若干意见》再次强调规模经营，提出了经营权流转、股份合作、代耕代种、土地托管等多种土地流转形式。2018年中央一号文件《中共中央国务院关于实施乡村振兴战略的意见》在深化农村土地制度改革方面，提出探索宅基地“三权分置”，适度放活宅基地和农民房屋使用权。

由上可知，不管是我国城市化的发展还是土地流转制度的逐步完善，其核心内容都体现了对农民权益的关注与维护。目前农民权益仍以土地为纽带，因此这种关注与保护就直接地体现到农民土地权益的保护这一根本上来。从中央政策文件的强调中我们可以确定，农民土地权益之维护是我国城市化发展和农村土地流转制度运行的核心。舍此则无其他。

从总体上讲，经济社会的发展终究是人的发展。从城市化发展、土地流转和农民土地权益三维互动的关系中我们亦可以看到，农民土地权益的维护是城市化和土地流转的出发点也是落脚点。没有农民土地权益的落实，土地流转不过是城市扩张的手段；没有农民土地权益的实现，城市化的发展且不说缺乏一个良好的社会环境，根本就没有任何实际的意义可言。城市化如果以牺牲农民为发展的动力则难以持续，这在其他国家的发展中得到了证实。陈锡文在全国政协十二届一次会议第二场记者会上指出："……据我们了解，世界各国如果城市化进程中、现代化进程中社会比较平稳，那么这些国家和地区大多是把城镇化的过程作为一个富裕农民的过程。而如果城镇化过程变成了剥夺农民、损害农民利益的过程，这个成就就不能持久，社会也很难安定。"①因此，从经济社会发展和总体运行的角度来衡量，以城市化发展为理由借土地流转侵犯农民土地权益的行为无异于舍珠取蚌，得不偿失。农民土地权益的实现才是城市化发展和土地流转制度变革的核心。

2.3.2 城市化、土地流转和农民土地权益的循环互动

城市化的发展是不可逆转的历史潮流。不管从哪个学科对城市化进行理解，城市化都是"由农业为主的传统乡村社会向以工业和服务业为主的现代城市社会逐渐转变的历史过程"②。从世界范围看，城市化的过程主要表现为两个方面，即人口向城市集中和经济活动向城市集中，总结起来就是人口城市化和土地城市化。

我们知道，我国一段时间内主要通过土地征收来满足城市建设用地需求，这对推动我国城市化建设发挥了巨大作用。然

① 《中国人口城镇化明显滞后 农民工问题应认真解决》，http：//www.chinanews.com/gn/2013/03-07/4623014.shtml，2015-01-28。

② 董志龙：《资本农民——土地流转与农民的保障》，76页，北京，人民出版社，2013。

而，土地征收产生的负面影响也成为目前土地制度改革的重要动因。土地流转作为另一种实现城市化发展的用地需求的发展模式，在近年来得到极大的支持和鼓励。中央政策文件中多次强调农民承包土地经营权流转与流转收益权、农民的市场主体地位，集体经营性建设用地入市流转，农民土地权益的保障以及政府和市场在土地流转中职能的界定。从理论上看，通过土地流转允许农民带着土地权益参与城市化建设，分享土地转用后的级差收益，这不仅是农民土地财产权的实现，更是农民平等参与社会发展的重要形式。土地流转制度的发展与农民土地权益内容的丰富同步，制度层面土地流转的自由度和规范性程度越高，农民的土地权益的内涵也就越强。

城市化的另一目标是人口城市化。人口城市化即非城镇人口向城镇转化或集中，过上同市民同等生活的过程。只有经过城市化的洗礼，人类社会才能走向更高的文明。因此可以说，一个国家或地区人口城市化的程度是这个国家和地区经济、社会、文化科技发展水平的重要度量衡，也是这个国家和地区社会组织程度和管理水平的重要标志。在具体表现形式中，人口城市化在某一方面就体现为农民享有和市民一样的权利、一样的地位、一样的利益。目前达成这一目标的根本方式就是保障农民土地权益的落实。也就是说，在现阶段我们讲人口城市化首先是要让农民土地权益得到真正的落实。

从城市化、土地流转和农民土地权益三个维度去挖掘其中的关联，我们可以发现它们之间的循环互动关系。城市化一方面通过经济集中的方式来实现土地的城市化，另一方面通过保障农民的土地权益来实现人口城市化的发展目标。规范、有序的土地流转满足了城市化发展的用地需求；土地流转置换出来的农村剩余劳动力为城市化发展输送了丰富的人力资源；规范的土地流转能够增加土地收益，促进农民土地权益的实现。农民土地权益的实现是整个社会福利水平提升的体现。这些又恰是城市化发展所需要的要素和环境。

由此可见，城市化、土地流转和农民土地权益保护三者之间存在紧密的互动关系，在不断的循环中互相促进，从而达成一个良性的互动机制。在封闭的循环系统中，三者缺一不可，互为动力又互为结果。如图 2-5 所示，城市化发展的最终目标是农民土地权益的实现；规范的土地流转是农民土地权益实现的重要因素；而规范的土地流转和农民土地权益的实现又反作用于城市化发展，为城市化发展提供基本的要素和良好的社会环境，促进土地城市化和人口城市化的城市化发展目标的达成。

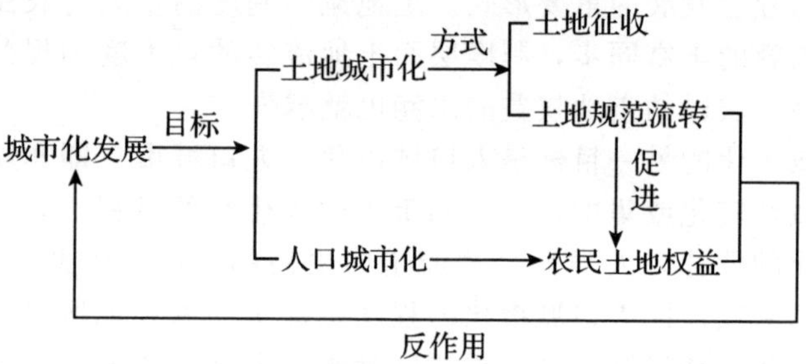

图 2-5　城市化、土地流转与农民土地权益的循环互动

本章小结

城市化、土地流转和农民土地权益保障之间存在紧密的内在逻辑关系。城市化发展需要土地资源这一要素，这就意味着要对农村土地这一资源要素进行重组。在我国“公有”的土地资源配置方式之下，相较于土地征收和土地征用制度，土地流转制度在实现农村土地的城市化使用中能更有效地照顾到多方参与主体在土地流转中的利益平衡。因为从法理上对土地征收、土地征用和土地流转三种城市化发展中的土地资源配置方式进行分析可以发现，土地流转排除了土地征收和土地征用中主体（土地所有权主体）和客体（国有土地和集体土地）法律地位的不平等，使得土地资源之配置方式建立在自愿、有偿的基础之上。这有效地刺激了土地在不同主体之间的流动从而实现优化配置。

土地流转不仅满足了城市化发展的用地需求，更为重要的是它有利于农民土地权益的实现。农民的土地权益包括丰富的内容，根据我国法律制度设计以及农村普遍现状，农民的土地权益包括财产性权利、非财产性权利以及社会保障权等内容。而这些权利内容中农民的土地财产性权利对于农民的意义更为重大。其他权利的实现是农民的土地财产性权利实现的基本保证。土地流转收益是土地流转中农民土地权益的本质内容，包括流转利益、增值利益、工资收益等。但是由于参与土地流转的主体具有多元性，在土地流转收益面前基于利己的本能必然导致多元主体之间的利益博弈。农民的弱势性也使得他们在土地流转收益分配中存在潜在风险。

总体来说，从我国现有法律制度和发展现状看来，城市化发展和土地流转在时间和相关性这两个维度上都表现出相互促进的耦合关系。土地流转既能满足城市化发展的用地需求，推动城市化建设进程；也能为农民带来土地流转收益；同时也存在侵犯农民土地权益的潜在风险。我国城市化发展要“以人为本”，让广大农民平等参与并共同分享城市化发展的成果；土地流转基于平等主体之间的自愿行为，国家政策文件一再强调不能损害农民的土地权益。可以说，农民土地权益的实现是城市化发展和农村土地流转的核心所在；如果农民的土地权益不能得到切实保护，城市化就不是好的城市化，土地流转也难以为继。在城市化、土地流转和农民土地权益三者的关系中，城市化发展的目标是提高农民权益的实然状态，规范的土地流转是农民土地权益实现的重要因素，而规范的土地流转和农民土地权益的实现又能为城市化发展提供基本要素和良好社会环境。因此，农民土地权益保障就成为整个发展工作的重中之重，尤其是在农民土地权益受到潜在风险威胁的情况下，对农民土地权益的实现情况必须予以高度重视。

3 土地流转与农民权益保障的域外实践

发展中国家在城市化进程中受殖民主义影响较大，城市化的经济动力不足，整个城市化水平与我国基本处于同一阶段，在发展城市化的过程中依然存在诸多问题，因此难以对我国城市化建设和土地流转、农民权益保障提供建设性的借鉴意义。发达国家的城市化进程则先于我国并且已经完成了其兴起、发展和成熟的过程，进入了一个自我完善的阶段。发达国家在城市化过程中的探索及经验对我国现阶段的改革和发展具有现实的借鉴意义。因此，本书着重对发达国家在城市化过程中所经历的困境和经验予以分析，旨在为我国城市化发展提供更具现实意义的经验之谈。本书以英国、美国、法国、日本、韩国几个国家为例，考察发达国家在城市化发展过程中所遭遇的土地问题和农民问题，并提炼其在应对上述问题时所形成的土地流转与农民权益保障法律制度之共性，进而为我国在这一时期的土地流转及农民权益保障法律制度之构建与完善寻求可供借鉴之路径。

3.1 发达国家城市化的发展轨迹

城市化是现代社会发展的必然趋势，城市化的发展不仅表现为人口的城市迁移，更为重要的是表现为城市建成区的面积扩大，这就需要一定的土地作保证。因此，城市化对农村土地的需求是不可避免的。世界各国在发展城市化的过程中，不管以何种模式进行城市化建设，都对城市周边的农地进行了占用。而城市化建设初期相关制度的不完备，也必然造成资源的不合理利用和农民权益的损害。城市化初期对土地和农民权益所造成的消极影响在世界各国的发展中无一幸免。

18 世纪以前，整个世界的城市化水平都很低。自 18 世纪声势浩大的英国工业革命之后，大多数发达国家都进行了较为彻底的资产阶级革命和工业革命，实现了资本主义经济制度即私有制基础上的市场经济制度的确立，进一步促进了其城市化速度的增长。可以说，工业革命开启了各发达资本主义国家的城市化道路。英国经过 16—17 世纪资本的原始积累和工场手工业的发展，率先具备了资本主义发展的前提，在 18 世纪 60 年代就开始了工业革命，经过七八十年的时间，于 19 世纪 30 年代末完成了工业革命。美国和法国在 19 世纪初叶利用英国的技术和经验，先后进入了工业革命时期，分别于 19 世纪 50 年代、70 年代末期基本完成。日本开始较晚，19 世纪 60 年代才进入工业革命时期，不过国家的扶持和对外战争的掠夺加速了其进程，于 20 世纪初也基本完成了工业革命。工业革命的发展与完成，成为各国城市化发展的新起点，城市化发展开始进入一个快速发展的阶段。直至 20 世纪 70 年代城市人口达到总人口的 70%左右，城市化的速度才逐渐放慢，而这也意味着发达国家的城市化已趋于成熟，进入自我完善的时期。

有学者根据中山大学人口理论研究室编撰的《人口研究译文集》、联合国《城乡人口增长类型》以及世界银行发布的历年《世界发展报告》等绘制了发达国家的城市化进程图(见图 3-1)，可以看出发达国家的城市化进程基本符合城市化发展的一般规律并且其发展更为猛烈，仅用了不到 60 年的时间即完成了中期的快速发展，走向平稳的自我完善时期。而且根据这一走势图，我们可以推算出发达国家城市化进程中的三个阶段所处的具体时期：19世纪20年代以前处于城市化初期发展阶段；20世纪70年代城市化率达到70%左右，完成了城市化中期的快速发展过程；从20世纪80年代开始，发达国家的城市化进入了较为平缓的后期完善阶段。据世界银行发布的《世界发展报告》显示，到1990年，发达国家的城市化水平已经平均在80%左右，其中美国75.3%、法国74.1%、日本78.0%、韩国73.8%，而英国则高达88.7%。① 可以说，发达国家的城市化已经基本完成。

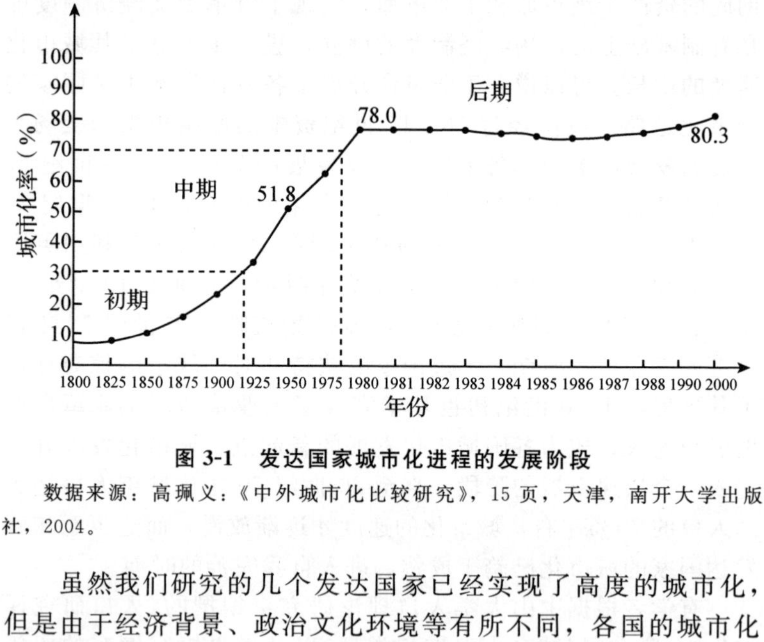

图 3-1　发达国家城市化进程的发展阶段

数据来源：高珮义：《中外城市化比较研究》，15页，天津，南开大学出版社，2004。

虽然我们研究的几个发达国家已经实现了高度的城市化，但是由于经济背景、政治文化环境等有所不同，各国的城市化发展过程又略有不同。这主要体现在城市化的起点、达到一定

① 在《国际统计年鉴2003》中，其他国家的数值与此处相当，日本的城市化率则为77.4%。且日本总务省统计局调查部国势统计课“国势调查报告”也显示，日本的城市化率为77.4%。参见郑宇：《战后日本城市化过程与主要特征》，载《世界地理研究》，2008(2)。

阶段所需要的时间等方面。既然我们要以发达国家城市化发展为标本进行分析借鉴，当然是要在城市化发展的同等水平的基础上进行。因此，对发达国家城市化发展阶段及所处时间予以明确实有必要。

从表 3-1 可以看出，几个发达国家的城市化各阶段所处的时间并不一致。当英国已经基本完成城市化进程的时候，日本和韩国的城市化才刚刚起步。美国和法国则在发展时间和速度上基本一致。不过，正是因为起步较晚，日本和韩国才有机会借助英国的先进技术和经验，在非常短的时间内完成了英国、美国和法国近一个世纪的城市化发展。根据前文所示数据，我国的城市化起步较之上述各国更晚一些。不过也正是这样一个背景，让我们以发展的视角审视这些国家在城市化初期和中期快速发展阶段所遭遇的困境及相应制度之形成，才为我国提供了宝贵的经验，也是下述研究之价值所在。

表 3-1 几个发达国家城市化进程的时间和速度

国家	起点		快速发展		
	时间点（年）	水平（%）	时间段（年）	水平（%）	年均增长速度（%）
英国	1760	>10.0	1801—1890	26.0～72.0	0.51
美国	1851	12.5	1870—1960	25.7～70.0	0.49
法国	1830	10.0	1851—1970	25.5～71.1	0.38
日本	1920	18.0	1930—1970	24.0～72.1	1.20
韩国	1944	13.1	1960—1990	27.7～73.8	1.54

数据来源：高珮义：《中外城市化比较研究》，194 页，天津，南开大学出版社，2004。杨澜、付少平、蒋舟文：《法国城市化历程对当今中国城市化的启示》，载《法国研究》，2008(4)。世界银行发布的世界各国城市化率数据。

3.2 发达国家城市化过程中的土地和农民问题及应对措施

发达资本主义国家的原始积累很大程度上在于对农民土地的剥夺。正如马克思所言:“对农业生产者即农民的土地的剥夺,形成全部过程的基础。”[①]城市扩张中最迫切的就是对城市周边土地的需求。随着城市化的不断深入,对土地的需求日益高涨,农村土地的城市流转成为城市化进程中不可逆转的现象。土地大面积的城市流转是世界各国发展城市化过程中无法绕开的课题。由此引发的土地问题也成为各国在城市化进程中必须正视的问题。

近代西方工业化的发展,促进了传统社会和生活结构的巨变,以农村和农业为主的社会结构发生了一个大的转变。祖祖辈辈以农业为生的农民,随着城市的建设和发展逐渐向工业城市迁徙。不管是自发还是被动,农民的城市迁移在满足城市劳动力需求的同时,也带来了困扰各国的种种问题。为避免城市化发展中产生的种种困境阻滞城市化的发展,各国采取了积极的应对措施予以化解。本节将细述各发达国家在城市化过程中遭遇的典型的土地问题和农民问题及其应对措施。

3.2.1 英国——土地集中与立法干预

英国是世界城市化起步较早的国家。借助工业革命的力量,加之两次大规模的“圈地运动”,英国发展资本主义经济的条件得以创造。在这个基础上,英国率先开始了其城市化道路。虽然从严格意义上讲,圈地运动并不是英国城市化发展的最直接原因,但是圈地运动客观上加速了城市化进程。在这个过程中,英国的农村、农民以及城市都受到了影响。

---

① 《马克思恩格斯全集》第23卷,784页,北京,人民出版社,1972。

3.2.1.1 土地高度集中与农民生活困苦

英国土地所有权的集中程度在19世纪超过了当时欧洲的其他国家。英国土地的高度集中，一方面是其中古封建遗产的结果，另一方面则归功于持续3个多世纪的圈地运动(见表3-2)。

表3-2 英国的圈地进程

圈地时间	新圈占土地占英国国土面积的百分比(%)
1500年以前	45.0
1500—1599年	2.0
1600—1699年	24.0
1700—1799年	13.0
1800—1914年	11.4

数据来源：J. R. Wordie，"The Chronogy of English Enclosure，1500—1914，"*The Economic History Review*，1983(4)，p. 502.

英国的圈地运动不仅是贵族、大地主的行为，在18世纪甚至得到了议会的支持。议会圈地成为当时的主要特征。议会通过的圈地法案逐年猛增。在18世纪的前50年，每一年代通过的圈地法案的数量还较少，分别为1项、8项、33项、35项、38项，到后50年就迅速增长起来，每一年代的数量分别为156项、424项、642项、287项、506项。19世纪初的10年间，议会圈地法案更是颁布了906项之多，其数量可见一斑。[①] 所圈占的土地不仅包括农村中的公用地，还包括农民的私有地。据著名农业史专家托尼(Tawney)的估计，1600年诺森普顿郡2个庄园的256名农户中，有129名所耕作的土地不足10英亩，约占总数的50.4%，其中30名根本无土地，约占总数的11.7%。[②] 到19世纪上半叶，英格兰圈地总面积约650

① Peter Lane，*The Industrial Revolution：The Birth of the Modern Age*，London，Book Club Associates，1978，p. 42.

② R. H. Tawney，*The Agrarian Problem in the Sixteenth Century*，London and New York，Longmans，Green and Company，1912，p. 64.

万英亩，约占英格兰总面积的20%；在1780—1820年，土地所有者人数减少了40%～50%。[①] 到19世纪，英国土地的高度集中程度已经为世界所罕见。

对于圈地运动的结果，有学者在研究世界历史的时候就曾指出："圈地运动使英国农村土地高度集中，同时造成农村人口向城市迁移"[②]（见图3-2）。根据相关文献，在17世纪，就整个英格兰来说，每12年教区的1/2到2/3的人口将被更新。[③] 尤其是在英国城市化快速发展的18世纪，城市人口占总人口的比重逐年上升。1700年城市人口占总人口比重为18.7%，到1750年上升至22.6%，……1801年城市人口占总人口的比重已经达到30.6%。[④] 到1851年时，英国农村人口占总人口的比重为48.0%，而城市人口则为52.0%。[⑤] 农业人口的大量转移引发了劳动力就业结构的大调整，劳动力不断地从第一产业转向第二产业又进入第三产业。如诺思所言，在19世纪"英国人口增长3倍，一些村镇变成了大城市，英国的人均收入翻了一番多，农业从大致占国民产出的1/2下降到1/5以下，制造业与服务业扩张并取代了农民以前的角色"[⑥]。

然而，不管是在何种动力下产生的人口向城市迁移，实际上对城市化发展过程有切肤之痛的始终是农民。通过圈地运动

---

① 吴老二、曹骥赟：《欧洲城市化对我国的启示》，载《延边大学学报（社会科学版）》，2005(3)。

② 王斯德：《世界通史（第二编）工业文明的兴盛——16—19世纪的世界史》，90～91页，上海，华东师范大学出版社，2001。

③ R. A. Houston, *The Population History of Britain and Ireland 1500—1750*, Cambridge, Cambridge University Press, 1995, p. 47.

④ P. J. Corfield, *The Impact of English Towns, 1700—1800*, Oxford, Oxford University Press, 1982, pp. 8-11.

⑤ [法]米歇尔·博德：《资本主义史1500—1980》，吴艾美、杨慧玫、陈来胜译，111页，北京，东方出版社，1986。

⑥ [美]道格拉斯·C. 诺思：《经济史中的结构与变迁》，陈郁、罗华平等译，181页，上海，生活·读书·新知三联书店上海分店，1991。

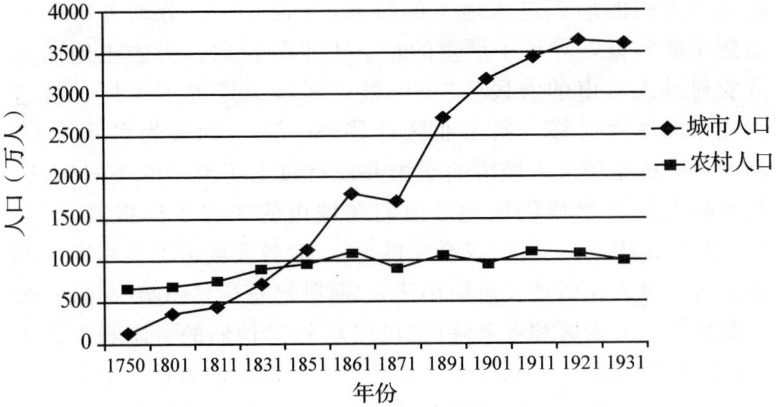

图 3-2　英国人口城乡分布情况

数据来源：1750—1851 年、1871 年数据来自胡光明：《城市史研究》第 2 辑，5 页，天津，天津教育出版社，1990。1861 年、1891—1931 年数据来自中国科学院经济研究所世界经济研究室：《主要资本主义国家经济统计集(1848—1960 年)》，174～177 页，北京，世界知识出版社，1962。

被剥夺了土地的农民，有的死于饥饿和贫困，有的流亡到殖民地，有的沦为没有固定租期的小佃户，有的成了农场上的雇工，不过最大的一部分则是流入城市成为雇佣工人和产业后备军。事实上，不管农民在城市化过程中是否离开农村、离开土地，其生活状况都曾遭遇一场浩劫。

留在农村的农民几乎丧失了对土地享有的全部权利，更为严重的是，他们从此丧失了改善自己社会地位的机会，不得不卖掉自己的小块土地，从大地主手中租种土地。正如米歇尔·博德(Michel Beaud)所言："以前四十个人赖以为生的地方，现在只一个人和他的一名牧人就把它占为己有了。"①同时，农业收益的分配大幅度向地主倾斜，农业生产带来的社会财富主要

① [法]米歇尔·博德：《资本主义史 1500—1980》，吴艾美、杨慧玫、陈来胜译，24 页，北京，东方出版社，1986。

转化为地租的形式进入地主的口袋(见表 3-3)。劳动者所得的份额不断降低，导致了严重的社会不平等现象。失去土地而离开农村进入城市的农民，“……就这样被迫走进了工厂，被迫大规模向城镇迁移，向工业区迁移……”①，而成为雇佣工人。然而，满怀希望进入城市的农民并没有过上想象中的美好生活，甚至陷入更为糟糕的境地。他们在城市的居住条件极其恶劣，“在 19 世纪中期的英国《议会文件》里，对各大城市卫生状况的调查报告，惊人相似地大量使用诸如‘肮脏’‘恶臭’‘阴暗’‘热病’等字眼描述工人街区和大杂院(贫民窟)”②；“他们的穷困和生活无保障的情况现在至少和过去一样严重。伦敦的东头是一个日益扩大的泥塘，在失业时期那里充满了无穷的贫困、绝望和饥饿，在有工作做的时候又到处是肉体和精神的堕落。在其他一切大城市里也是一样，只有享有特权的少数工人是例外”③。

表 3-3　四种圈地上农业生产的总产出、地租和农场主利润的增长率(%)

	总产出	地租	农场主利润
优等耕地	－37.5	150	37.4
次等耕地	－10.0	100	23.3
优等农场	219.1	650	108.3
耕地、荒地、沼泽地	847.4	700	42.3

数据来源：文礼朋：《近现代英国农业资本主义的兴衰——农业与农民现代化的再探讨》，98～99 页，北京，中央编译出版社，2013。

农村和农民如学者描述的那样：“农村人烟稀少，村舍为虚；与此同时，一支‘自由劳动力’的大军在喧闹的城市里形成

① 谢白羚：《圈地运动的史实及其历史意义》，见楼培敏：《中国城市化：农民、土地与城市发展》，322 页，北京，中国经济出版社，2004。

② 王斯德：《世界通史(第二编)工业文明的兴盛——16—19 世纪的世界史》，109 页，上海，华东师范大学出版社，2001。

③ 《马克思恩格斯全集》第 22 卷，321 页，北京，人民出版社，1965。

了。他们已经斩断了和土地的联系，聚集在每个城市的最肮脏、最杂乱的角落，地方观念日益淡薄。他们完全没有任何财产，在劳动力市场上无拘无束地出卖自己。他们没有多少技能，人数众多却不懂得团结，因此在这个市场上的处境极其不利，有时相互竞争，彼此倾轧。面包等一切日常生活必需品，必须从市场上购买，没有一天的劳作，就没有一天的衣食。”①

3.2.1.2 议会立法与政府干预

土地高度集中，地租上涨，农户为了获得更多的农业经营收入，只能选择掠夺式的经营方式。为了避免这种情况的发生，地主往往在租佃契约中约定耕作方式，但这又在一定程度上阻碍了农户根据实际情况改变耕作方式，限制了农户的经营转变。此外，即使农户对土地进行了改良，但是租期结束的时候他们并没有权利获得可持续利用的耕地改良补偿。这些都挫伤了农户经营的积极性。19 世纪 70 年代的农业危机让政府看到了该状况的不良影响，为了鼓励农户经营和改良土地的积极性，英国政府颁布了一系列的政策、法律来调整农户和地主之间的关系。

从表 3-4 我们可以看出，自 19 世纪晚期以来英国政府转变了之前对农业租佃契约关系的不作为态度，逐渐缩小地主对佃户的权限，扩大佃户对土地自主经营和利用的自由；而农民对土地的改良则以法律强制的手段要求予以补偿。另外，对于封建遗留的诸如地主可以不受阻碍地在佃户租种的土地上进行狩猎的权限以及特定农户不得进行狩猎的限制，政府也通过一系列的法律予以取消并且赋予了佃户狩猎的权利。这些法律的实施使得农民的权益得到一定的保障。同时，为了打击大土地所有制、促进社会平等，政府从 19 世纪末期开始对土地征收遗产税，到 20 世纪初的时候，遗产税的税率已经上升到了 60%。

① 王斯德：《世界通史（第二编）工业文明的兴盛——16—19 世纪的世界史》，91 页，上海，华东师范大学出版社，2001。

沉重的遗产税以及政府对农场主的资助，极大地打击了土地高度集中之下的租佃制度，农场主的土地所有制得到了发展。直接经营土地的农场主在不同类型的持有地中拥有土地的占比从1887年的14.4%增长到1983年的70.4%。①

不过，管窥英国从大土地所有制之下的不平等的租佃制度到农场主的土地所有制的变迁，我们亦可以发现，在一个仍以农业为主(至少农业占相当比重)的社会里，单纯地依靠契约自由是远远不够的。政府在一定程度上的支持和干预对于垄断的形成具有极为重要的意义。因为地主始终处在一个较之农民具有优势的地位(而且这种优势的比例是极大的)，农民(佃户)往往会被迫接受所谓的"契约自由"。这种情况下，地主显然拥有很大的垄断性权力，而实际情况也的确是这样的。在这种所谓的契约自由之下，是永远不可能实现帕累托最优②的。而政府一定程度的干预，一方面限制了地主的权力，另一方面对农民给予了一定的支持和保障。这反而实现了农业效率的提高和农民权利的保护。

表3-4　19世纪晚期以来英国关于大土地所有权逐步受限和农民权利扩张的政策、法律

年份	政策、法律
1875	租佃结束时佃户有权要求地主对以往的仍将发挥作用的投资进行补偿，有权未经地主同意进行农场建设，但地主有权通过契约约定排除上述责任

① David Girgg, *English Agriculture: An Historical Perspective*, Oxford, B. Blackwell, 1989, p. 104.

② 帕累托最优(Pareto Optimality)，也称为帕累托效率(Pareto efficiency)，是指资源分配的一种理想状态，假定固有的一群人和可分配的资源，从一种分配状态到另一种状态的变化中，在没有使任何人境况变坏的前提下，使得至少一个人变得更好。

续表

年份	政策、法律
1883	《农业持有地法》：租佃结束时地主对佃户的农地改良有强制性补偿的义务，不得以契约排除之
1891	什一税从佃户身上转移到地主身上
1892	《小持有地法》：政府以财政资助小农场主购买土地
1895	《蔬菜农场主补偿法》：佃户可以要求对蔬菜农场的投资进行补偿
1895	征收遗产税
1906	《农业持有地法》：佃户自行决定种植何种谷物
1919	遗产税税率上升到40%
1928	国家建立农业抵押公司，为农场主提供无息贷款；设立农业信贷机构，以土地或房屋担保，对购买或改良土地、农场建设进行贷款优惠
1930	遗产税税率上升到50%
1939	遗产税税率上升到60%
1941	《农业法》：农场主可获得终身租期
1948	《农业法》：确认佃户的终身租佃安全，佃户可以毫无限制地自由耕作；限制地租随农场收入同步上涨
1957	《农业法》：农村基础设施的2/3花费由政府承担
1976	租期延长至农场主死后的两代人
1986	对租金每3年进行一次调整，防止租金过高

英国城市化发展的这一时期，大量人口涌入城市的同时，城市并没有做好接纳的准备，或者说城市尚未发展到那样一个程度，这就不可避免地导致了上述现象的发生。为解决上述问题，英国政府在第二次世界大战前后开始新的城市发展规划，

并于1946年通过《新城法》，拉开了英国新城运动的序幕。新城运动以埃比尼泽·霍华德(Ebenezer Howard)的“田园城市”理论为指导。他认为，人们在高密度、工业化和过分拥挤的大城市中大量聚集会造成非常严重的后果，应该让人们回到那种小规模的、开放性的、人与自然以及经济与社会平衡发展的城市模式中去。① 英国的新城运动“通过公共政策干预来抵消放任无序的工业化和城镇化所带来的不利影响”②。中央政府直接拨款成立新城开发公司并通过一系列法案引导城市化进程，政府甚至购买土地引导城市建设开发，城市的规划实践活动一度空前高涨。虽然从实施效果看，上述政策只是公共政策上的干预，而非直接满足基本生活需要的社会政策干预，因此效果有限。但不可否认的是，这些政策干预的实施，为农村移民权益的保障奠定了基础，同时也为缩小贫富差距和打破二元结构发挥了积极的作用，且减少了对农村环境以及利益的损害。不可忽略的是，社会组织对城市化过程中的农民权益保障发挥了极大作用，并在城市化后期形成了较为完善的制度。

3.2.2 美国——耕地占用与区划调整、税收调节

19世纪20年代，在英国的带动下美国开始了其工业化发展，并于19世纪末期以超过英国城市化发展的势头蓬勃发展。在工业化发展带动之下，美国的城市化迅猛发展。在这个过程中，美国成为世界经济发展中心，但也同样面临着土地和人口的双重问题。

---

① 赵煦：《英国“新城运动”述评》，载《宁德师专学报(哲学社会科学版)》，2006(2)。

② 张志前、王申：《进城圆梦：探寻中国特色城镇化之路》，167～168页，北京，社会科学文献出版社，2014。

3.2.2.1　耕地占用严重与农民自发迁移

人少地多是美国的典型特征。世界各国在城市化发展的过程中都面临着严重的土地不足的问题，而美国却恰恰相反。即使是在城市化进入发展高潮的20世纪初期，人均耕地的面积都曾达到1.13公顷。[①] 因此，不同于其他国家的城市化建设，美国的城市化实际上是一个“造新城”的过程，其很多城市都是从比较富庶的农村发展起来的。尤其是在城市化发展的初期，占用优质农地尤其是耕地进行城市建设是非常普遍的；而在耕地的占用中，同等条件下优质农地一般要比劣质土地更容易向城市流转。[②] 这不仅导致大量耕地数量的减少，而且使得周围的自然环境遭到严重的破坏。根据1975年美国农业部统计，每年大约有12.1万公顷的优质耕地流转至城市非农产业，流转的土地中有35%为耕地。根据加德纳(Gardner)2002年的研究，“从1950年到2000年这半个世纪期间，美国的耕地面积下降了20%之多，其中尤以亚特兰大地区最为严重，特拉华州、马里兰州、新泽西州、纽约州、宾夕法尼亚州和弗吉尼亚州这六个州的耕地面积下降50%”[③]。新的城市化发展中也包含了对农地的占用计划。斯坦(Stein)等于2005年提出的住宅发展计划到2030年这个分水岭将影响另外的1800万公顷的农村土地。更具体地说，阿利格和普兰丁格(Alig and Plantinga)计划在1997年至2030年将1000万公顷的森林土地转化为发展用地。诺瓦克和沃尔顿(Nowak and Walton)计划到2050年将5.3%的非城市森林土地纳入城市发展计划。[④] 这样看来，

---

① 刘志扬：《美国：耕地保护与城市化“齐头并进”》，载《粮油市场报》，2010-12-16。

② 张安录、杨钢桥：《美国城市化过程中农地城市流转与农地保护》，载《中国农村经济》，1998(11)。

③ 转引自徐建炜：《美国也为保护耕地头疼》，载《中国土地》，2009(11)。

④ 转引自窦希铭：《土地流转法律制度比较研究》，博士学位论文，中国政法大学，2011。

美国城市化发展这一路走来，始终伴随着对农村土地的占用。美国地广人稀，在城市化发展的时期内，不仅吸引了本国农村剩余劳动力，同时还有其独有的现象，即外国移民进入城市。据美国政府统计，“1820—1924 年迁入美国的移民达 3464 万人，相当于 1790 年美国人口的 9 倍”①。到 19 世纪后期美国的移民数量更是急剧增长。据 1900 年的调查，“外国移民构成了美国最大的 10 个城市人口的 40%，移民的第二代构成这些人口的 20%”②。

从农村剩余劳动力方面看，城市化过程中，美国农村剩余劳动力呈现了一个一边产生一边转移的过程。伴随着工业化发展下的美国城市化发展，在第一次工业革命时期出现了人口的大量转移。具体来讲，美国 1790 年第一次人口普查时，全国只有 3.35%的人口居住在 8000 人以上的城镇里；而到 1870 年时，大约 20%的人口属于这样的城镇居民；到了 19 世纪末，已有 33.5%的人口住在这样的城镇里；仅 1860 年到 1900 年的 40 年间，城市人口增加了 2000 万之多。③ 另据美国人口普查局数据显示，城市人口 1900 年比 1790 年增加了约 3001.3 万人，仅 1840 年到 1850 年这 10 年间就增长了 93.7 个百分点。④ 而农村人口增长缓慢，有的地区甚至因人口的大量流失而出现了负增长。以 1910 年、1920 年和 1940 年为例，农村人口占全

---

① Jonathan Hughes, *American Economic History*, Glenview, London, Scott, Foresman and Company, 1987, p. 167.

② 李庆余、周桂银等：《美国现代化道路》，96 页，北京，人民出版社，1994。

③ 王斯德：《世界通史（第二编）工业文明的兴盛——16—19 世纪的世界史》，349～350 页，上海，华东师范大学出版社，2001。

④ 贾彩彦：《近代美国城市化进程中城市土地管理制度的初步构建》，载《兰州学刊》，2011(5)。

国人口的比例分别为 54.3%、48.8%、43.5%①，下降幅度尤为明显。

从图 3-3 可以明显地看出，在美国城市化发展过程中，城市人口占全国总人口的比例逐年上升，而随着农业人口的转移，农村人口的占比逐年下降。尤其是在 1870 年到 1900 年的美国城市快速发展阶段，城市与农村人口占总人口比例的变化非常明显。

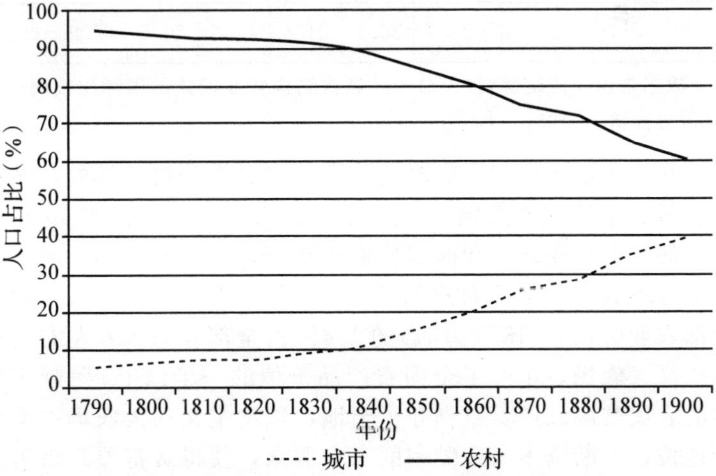

图 3-3 美国城市化过程中城市与农村人口占比变化

数据来源：U. S. Census Bureau，“Selected Historical Decennial Census Population and Housing Counts：Urban and Rural Populations，1790 to 1990”. 转引自贾彩彦：《近代美国城市化进程中城市土地管理制度的初步构建》，载《兰州学刊》，2011(5)。

人口的转移产生了劳动力就业结构的变化。从表 3-5 看，区别于英国的梯式转移模式，第一产业的剩余劳动力在城市化过程中直接分别转向了第二产业和第三产业，且以第三产业为主。

① 王旭、黄柯可：《城市社会的变迁——中美城市化及其比较》，140 页，北京，中国社会科学出版社，1998。

表 3-5 美国城市化过程中劳动力就业结构变化(%)

产业划分＼年份	1820	1850	1880	1900	1920	1950	1960	1977
第一产业	72.3	55.2	49.4	40.4	26.0	12.5	8.1	3.1
第二产业	12.3	20.8	25.5	28.2	32.7	37.0	29.0	27.1
第三产业	15.3	24.0	25.1	31.4	41.3	50.5	62.9	69.8

数据来源：伍晓鹰：《人口——经济结构转变模式的国际比较研究》，载《世界经济》，1987(5)。

在美国城市化发展的时期，即使移民多是自发性的，城市和农村的生活也如其他国家一样存在天壤之别。据 1910 年统计，佃农农户在北部和西部分别达到 26.5%、14.0%；陷入抵押债务的农民占全部农户的 1/3。农业工人达 338 万人，约占全部农业劳动者(1335 万人)的 1/4。占全部农户 1/6 左右的资本主义大农场，生产了全国农产品价值的一半以上。① 越来越多的农民贫困破产，被剥夺了土地，资本主义的大农场占据统治地位。垄断资本家残酷剥削工农群众，使得贫富差距极为悬殊，“在美国大城市里以及乡村里，存在着可怕的失业和贫困的现象，人的劳动白白地被掠夺；……亿万富翁……却过着空前未有的豪华生活”②。可以说，随着城市化对土地的占用，随着城市化的发展，农民的生活并没有得到很好的改善。相反地，一部分农民却因此陷入窘境。

3.2.2.2 立法、区划与税收

城市化的发展不能放慢，但对土地的破坏必须遏制。为防止优质农地的进一步流失，针对城市化过程中的耕地破坏问题，美

① 樊亢、宋则行、池元吉等：《主要资本主义国家经济简史》，131 页，北京，人民出版社，1973。

② 《列宁全集》第 20 卷，55 页，北京，人民出版社，1958。

国通过一系列法律、经济等手段进行耕地保护(见表 3-6)。首先，在法律层面，政府通过严格立法的手段保护土地尤其是重点保护优质耕地。从 20 世纪 30 年代起，美国政府就开始了对优质耕地的保护。它针对农地保护及利用，制定和颁布了诸多政策、法律，同时设立土地利用综合委员会，由其综合运用政策和法律以致力于耕地数量和质量的保护。各州也颁布和实施了较之联邦政府更为具体详细的耕地保护法，对耕地使用、城市用地进行规范，从而保护本州的优质耕地不被占用。此外，联邦和地方政府为适应城市化发展不同阶段的需求，适时地调整保护耕地的政策，从而既实现耕地的保护，又不妨碍城市化的建设和发展。其次，在经济层面，政府一方面制定农业区划，划定最好的农地确定保护范围；另一方面实施税收偏爱政策。政府通过综合考虑土壤质量和地块大小等因素，划分出最好的值得保护的土地范围，在该区域内实施土地保护秩序。并且，在最好的农地周围划定缓冲区，规定在农业用地区域内只能进行农业生产及农业相关活动，严格禁止使用农业用地建造住宅或其他的城市基础设施。就税收而言，政府对耕地经营采取优惠征税措施，通过递延征税和达成限制性协议等方式，降低农民经营城市周边耕地的成本，调动农民的积极性和耕地保护意识，阻止农地非农化。从 1956 年马里兰州率先实施农用地的优惠性税收计划至 2009 年，美国已有 48 个州直接对耕地实施税收优惠政策，而密歇根州和威斯康星州则对耕地税收提供优惠贷款。① 虽有研究表明优惠性税收政策对美国耕地的保护并没有发挥太多实质性的作用，但是耕地保护之理念和行为却值得学习。最后，在土地利用层面，科学合理地利用土地和制定耕地使用规划。为保证土地的合理利用和最大限度地挖掘土地潜力，美国科学家创立

① 徐建炜：《美国也为保护耕地头疼》，载《中国土地》，2009(11)。

了具有很大实用价值的土地能力分级标准，据此将土地划分为不同的等级以确定土地的使用限度。美国在全国范围内以该分级作为依据，合理安排和调整土地的利用。尤其对于优质耕地，更是制定了一系列具体而细致的标准进行科学划定并对利用情况进行监测，还专门成立编制土地保护规划的机构进行耕地边界划定，防止城市扩张对其占用。此外，土地开发权设定和鼓励公众参与耕地保护，对解决美国在城市化过程中的耕地破坏问题发挥了重要作用。

表 3-6 美国城市化过程中的土地保护立法及行为

年份	立法、行为	主要内容
1933	《水土保持和国土资源配给法》	开始对全国优质农地进行保护
1936	《土壤保护和国内配额法》	要求农场主少种消耗地力的农作物，并给专门种植增强地力的作物的农场主以补助
1955	设立土地利用综合委员会	致力于依靠综合政策和法律，保持优质耕地的数量及其应有的价值
1956	《土壤储备计划》	1. 耕地面积储备计划 2. 土壤保护储备计划
1966	《优质耕地牧地及林地保护法》	1. 城市扩展中必须保护优质耕地 2. 统筹评估和安排每个主要城市的建设用地规模，确保优质耕地、牧地及林地的基本拥有数量 3. 强调储备国家耕地、牧地及林地的必要性，并且提出储备总量的基本规模

续表

年份	立法、行为	主要内容
1966	《优质耕地牧地及林地保护法》	4. 联邦政府与各州地方政府及全国各大学合作，共同确定耕地的适当使用数量，坚决阻止不受限制地占用耕地 5. 政府各部门在制订城市各种功能的发展计划时，必须充分考虑优质耕地的保护计划，不能为单纯追求城市的规模和功能而超规划随意占用耕地等
1985	开展“耕地储备计划”活动	政府提供3390万美元对纳入保护计划的耕地的所有者给予补偿，而参与者领取补贴后在一定时期内不得将耕地出卖或挪作他用
1996	《联邦农业发展与改革法》	修订有关环境和耕地保护的条款，使耕地利用适应市场的变化

3.2.3 法国——农民迁移与农村支持

一直到19世纪初，法国农村都处于传统的农村社会状态。封建制度的根深蒂固使得18世纪初叶的法国社会依然保守落后。即使1789年法国大革命从形式上摧毁了法国的封建制度，但是由于国内政局的动荡和传统的封闭型经济结构并未从根本上受到冲击，法国的社会转型依然十分缓慢。小农经济的普遍存在及其不断强化的趋势，使得土地极端分散，农业生产规模化迟迟得不到发展。农业生产力的限制，使得法国的城市化难以前进。再加上法国大革命和拿破仑战争的延误，法国的城市化进程比英国晚了半个多世纪。直到1804年颁布《拿破仑法典》，这是一部典型的资产阶级社会化的法典，为法国工业的兴起创造了必要的条件。19世纪中叶以后，法国迎来了工业化的高潮，与之同步的城市化也开始了迅速发展。

3.2.3.1 农民大规模迁移并饱受压迫

在19世纪中叶以前，法国的乡村人口大部分生活在与外界联系甚少的农村公社，农民生活隔绝而孤立，很少流动和开放。在农村公社中土地集体所有，每个农民还有在集体土地上放牧，以及捡拾麦穗和柴草的权利。随着经济发展和农村变革，公有地逐渐减少公共权利逐渐削弱，资本主义的发展使其最终瓦解。“当农业纳入资本主义轨道之时，农村公社和自然经济形态经过一个世纪的抵抗后，终因彻底分解而告结束。”① 公有地和集体权益的丧失，使得农民所依赖的经济条件和平均主义的经济准则遭到破坏，加之资本主义的进入将一部分农民抛向破产。破产的农民只好背井离乡流向城市。以19世纪50年代为分界点，法国城市化过程中人口的迁移表现出两种不同的特点。

在城市化初期即19世纪前期，法国移民基本上是季节性移民。不过这一阶段的移民主要是在乡村人口压力和贫困导致的根据农忙和农闲情况而定的季节要求下进行的，而且季节性移民并没有改变传统社会的结构，所以一般认为这一时期的移民并不具有现代意义上的人口城市化的性质。19世纪五六十年代是法国从农业社会向工业社会转型的重要时期，同时伴随着法国的城市化发展趋势。城市化和工业化的发展伴随着乡村社会的衰落，农业剩余人口的增加促成了这一时期的移民。根据法国经济学家莱维-勒布瓦耶(Lévy-Leboyer)列举的关于法国移民的数据，城市化发展的初期即1931年到1941年的10年，移民数量达到47.3万人；而此后的10年移民数量比前10年增加近一倍；在城市化高速发展的1851年到1861年，城市移民数量达到最高值，为126.5万人，比1831年到1841年增加了两倍还多；此后一直到1911年，每10年中移民的数量虽未

---

① 转引自许平：《法国农村社会转型研究(19世纪～20世纪初)》，112页，北京，北京大学出版社，2001。

超过这一时期，但基本维持在 80 万到 110 万人左右。①

迅速发展的工业化和城市化吸收了大量的农业人口，同时城市和工业提供了更多的机会和前景，使得传统的季节性移民受到冲击。以往乡村中的季节性移民逐渐成为向城市定居的永久性移民，城乡间的往返运动也随之变成向城市的定向运动。经过城市化过程中人口的迁移所形成的城乡人口结构，以人口在 200 万人以上的居民聚居点为城市进行数据整理，法国城市化过程中城市人口和农村人口历年占全国人口的比例如图 3-4 所示。当然，全国农村地区的人口迁移并不是同步的。在 19 世纪五六十年代，靠近主要城市和工业中心以及铁路干线附近地区的乡村移民运动已经充分发展起来，而贫穷的高原地区和边远地区则一直到 20 世纪初才受到影响。

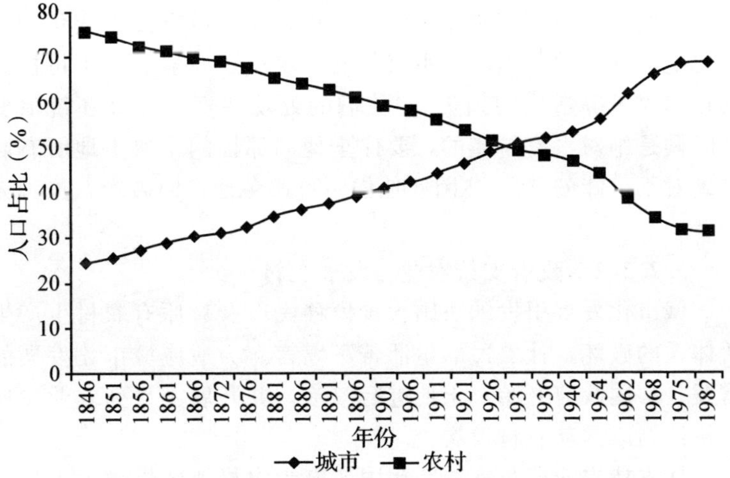

图 3-4　法国城市化过程中城市与农村人口占比变化

数据来源：转引自何志扬：《城市化道路国际比较研究》，博士学位论文，武汉大学，2009。

① 转引自许平：《法国农村社会转型研究(19 世纪～20 世纪初)》，116 页，北京，北京大学出版社，2001。

然而，城市化的发展、人口的大规模迁移并没有改善农民的生活状况。在城市化过程中，农民仍然没有摆脱苦难的命运。原有的公共放牧权、拾穗权等在 1892 年以后也基本丧失；而且随着资本主义的发展，原来公社所有的许多荒地也被一块块地蚕食或分掉了。农民在没有获得任何保障和救济的情况下曾经拥有的一些权利也丧失了；他们只有一小块土地可供耕种，却要承受非常沉重的苛捐杂税。这就意味着农民的收入在各种盘剥之后几乎所剩无几。“在十九世纪内，……农民的小块土地现在只是使资本家从土地上榨取利润、利息和地租，而让土地耕作者自己随便怎样去挣自己工资的一个借口。”①对农民而言，剥削只是从一种状态进入另一种状态，原来的封建领主由高利贷者代替，原来土地上的封建义务变成了抵押制，原来贵族的地产由资产阶级的资本取代。真正没有发生变化的是农民生活的窘迫与困境。不仅如此，农民还要遭受由不可控制的自然灾害等造成的损失。“他们的处境在资本主义还统治着的时候是绝对没有希望的，要保全他们那样的小块土地所有制是绝对不可能的”②，贫困使他们不可避免地走向破产，沦为无产者。

3.2.3.2 政府支持农业与发展农村③

城市化发展引发的法国大规模移民以及对原有农村生产生活体系的破坏，让农民的生活苦不堪言。为适应城市化发展的需要，法国政府开始对土地进行整治，并开展一系列农业发展支持计划以推动农村发展。

从支持农业的角度看，法国政府为农村地区提供了大量的

---

① 《马克思恩格斯全集》第 8 卷，220 页，北京，人民出版社，1961。

② 《马克思恩格斯全集》第 22 卷，583 页，北京，人民出版社，1965。

③ 学者王勇辉等在进行国际比较的研究中详细介绍了法国政府支持农业和发展农村的相关规定，为本书提供了参考材料。具体内容详见王勇辉等：《农村城镇化与城乡统筹的国际比较》，69～70 页，北京，中国社会科学出版社，2011。

财政和技术支援，以兴办农田水利设施和增加落后地区的基础设施供给。相关措施具体体现为：一是通过兼并推进规模经营，并对失去土地的农民给予赔偿和生活补贴；二是通过专业化的公私合营公司加强农田水利设施的兴建，并由政府制订计划和统一管理；三是促进农业合作和互助，由国家出资建立各种类型的农业合作社和互助组织，引导农民走向互助与合作；四是增加各类型补贴，如对农作物、畜产品和加工品的补贴，购买农业机械设备等的补贴，从而推动农业现代化发展。更为重要的是，法国政府通过建立一系列服务机构为农业和农民提供服务，使得农业之发展取得了显著的成效。从发展农村的角度看，法国政府不仅对农业给予了极大的支持，而且对第二、第三产业的发展也投入了极大的努力。为了吸引外来企业的投资，政府开辟一些“新工业区”用来建厂，同时通过以立法的方式设置“地区发展奖金”和减免部分税收等鼓励工业企业和其他行业去农村和人口出生率低的地区兴办工厂以推动农村工商业的发展。另外，受到城市化下人口迁移之影响而衰落的农村手工业又受到了政府的关注，在农村和乡镇及新兴城市附近发展手工企业得到了国家的鼓励，国家设立“手工业企业装备奖金”和“农业方向奖金”等以表彰手工业企业对农业和农村之发展做出的贡献。作为法国农民最主要的收入来源，畜牧业的发展是城市化发展的同时法国政府必须关注的问题。政府为农村畜牧业的现代化发展提供资金和技术支持等。此外，为保证社会稳定、缩小贫富差距、促进社会平等，法国进一步完善了包括医疗保险、养老金制、失业救济和家庭补贴等在内的社会福利体系，为农民在城市化发展之后的生活提供了更为可靠的保证。可以说，在城市化发展的同时，法国政府并没有忽略对农村的发展和建设，没有忽略对农民的保障。这对法国城市化发展后期的社会稳定和城市化持续健康发展起到了极为重要的作用。

3.2.4 日本——掠夺农民与新农村建设

日本的城市化起源于1868年的明治维新时期，工业化的发展带动了城市化的发展。城市化发展初期，日本对农地的占用现象非常严重。农地占用以及城市和工业的发展，产生了大量的农村剩余劳动力。但是，对于日本农民来说，土地是其命根子，他们并不愿意完全脱离土地进入城市或工厂，使得这一时期日本的农村兼业化现象非常普遍。农民的兼业化造成了农业生产老龄化和土地难以流转等现象，成为城市化初期日本亟待解决的重要问题。

3.2.4.1 农民兼业化与政府掠夺

日本人多地少、土地资源稀缺，在发达国家中人口密度最高。因此，日本的城市用地多是从农地转化而来的。尤其是在城市化发展的快速阶段，这种情况尤为严重。根据相关数据统计，日本城市化发展"1955年占用耕地5000公顷，到1973年达到68000公顷；耕地利用率在1960—1970年由133.9%下降到109%，种植面积的下降比耕地面积的下降更快，由1960年的81.29万公顷减少到1970年的58.1万公顷"①。而1975年城市化区域内用地农地转用面积为9347公顷。② 在1955—2005年的半个世纪之内，日本共减少耕地128.1万公顷，减少了21.35%。③ 总体来说，20世纪60年代以后，随着日本经济高速增长以及工业化、城市化迅速发展，农业用地被大量占用，农地总面积不断减少。从日本城市化过程中耕地面积的变动趋势图(见图3-5)我们也可以清楚地看出，在日本城市化发

① 郝寿义、王家庭、张换兆：《日本工业化、城市化与农地制度演进的历史考察》，载《日本学刊》，2007(1)。

② [日]关谷俊作：《日本的农地制度》，金洪云译，220页，北京，生活·读书·新知三联书店，2004。

③ 钟水映、李魁：《中国工业化和城市化过程中的农地非农化》，29页，济南，山东人民出版社，2009。

展的过程中，耕地面积在城市化发展的两个重要时期呈现出明显的减少趋势。在城市化建设的初期，耕地面积呈现急剧下降的态势。在城市化快速发展的阶段，日本政府虽然通过一系列措施保护耕地和扩大耕地面积，但没有改变城市占用耕地的现象。只是受到法律和其他政策措施的影响，这种占用呈现出较为平缓的趋势。可以说，日本的城市化建设对农地造成了极大的影响，而这又直接关系到农民。

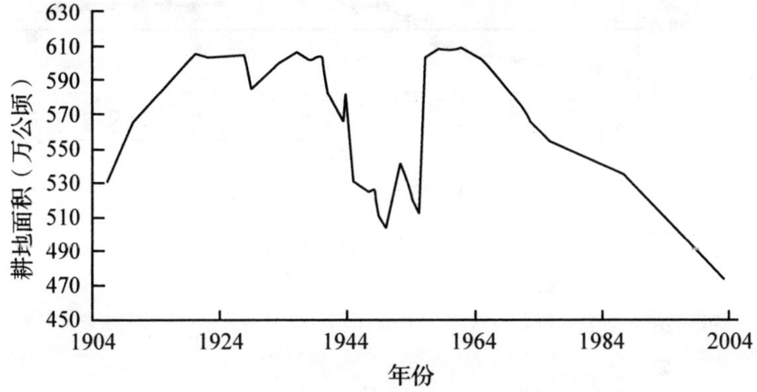

图 3-5　日本城市化过程中耕地面积变动情况

数据来源：转引自郝寿义、王家庭、张换兆：《日本工业化、城市化与农地制度演进的历史考察》，载《日本学刊》，2007(1)。

在农地大量转用的背景之下，多数农村青壮年劳动力离开农村进入城市谋生，城市人口在城市化快速发展的 20 年间(1950—1970 年)迅速增长，相应的农业劳动人口不断下降(见图 3-6)。据统计，在城市化快速发展的 20 年间，日本的农业劳动力减少了约 46 个百分点。① 不过这种下降并非急剧性下降而是呈现一个平缓的状态。

---

① 闽兴侠、戴媛媛：《日本农地制度的变迁对我国农地制度改革的启示》，载《经济师》，2010(10)。

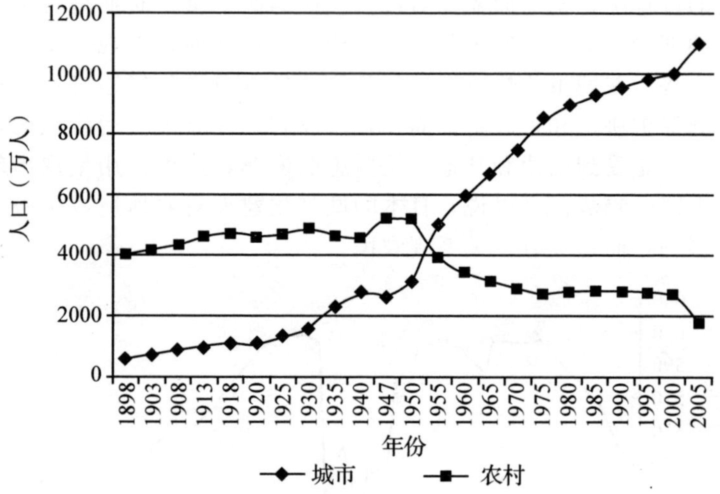

图 3-6 日本人口城乡分布情况

注：城市人口指市的人口，农村人口指町和村的人口。

数据来源：转引自何志扬：《城市化道路国际比较研究》，博士学位论文，武汉大学，2009。

农业人口总量下降平缓的原因在于农民并没有完全脱离农业。那些"留存下来的农户中有近 80％实现了兼业化"①。在第二次世界大战后日本城市化发展的黄金十年，日本农民兼业化严重，专业农户急剧减少(见表 3-7)。农户兼业化一方面导致了农业人口和农村劳动力的老龄化趋势，"一般认为日本农业人口的高龄化进程要比总人口超前约 20 年"②；另一方面导致了土地流转的相对滞后。农业人口转移的过程中，土地一般会分散在没有脱离农业的农户的手中，大部分农户选择兼业的方式提高家庭收入总额而非将自己所有的土地予以出售，使得土

① [日]晖峻众三：《日本农业 150 年(1850—2000 年)》，胡浩等译，131 页，北京，中国农业大学出版社，2011。

② 江瑞平：《日本农户兼业化的双重后果》，载《日本研究》，1988(4)。

地流转和集中相当的缓慢。“1960—1985 年……零散小农经营的基本状况并没有发生变化。”①

表 3-7 日本城市化过程中农户构成的变化(%)

年份			1955	1960	1965	1970	1975	1980	1985	1990	1995	1999
总农户数			100.0	100.2	93.7	88.4	82.0	77.1	72.4	63.4	56.9	53.5
农户构成	专业农户	总计	34.9	34.3	21.5	15.6	12.4	13.4	14.3	15.9	16.1	17.5
		高龄	—	—	—	—	3.4	4.2	5.4	5.2	7.1	8.9
	第一种兼业农户		37.6	33.6	36.7	33.7	25.4	21.5	17.7	17.5	18.8	14.5
	第二种兼业农户		27.5	32.1	41.8	50.7	62.1	65.1	68.0	66.5	65.1	68.0

注：总农户数以 1955 年的 100.0 为基数进行计算得出。“专业农户”是指家庭成员中没有一个人从事兼业的农户；“高龄专业农户”是指农业从事者年龄在 65 岁以上的农户；“第一种兼业农户”是指以自营农业为主的农户；“第二种兼业农户”是指以自营农业为辅的农户。

数据来源：[日]晖峻众三：《日本农业 150 年(1850—2000 年)》，胡浩等译，127 页，北京，中国农业大学出版社，2011。

日本的城市化发展在使得大部分农民兼业的同时，并没有给农民带来更多的好处。相反地，日本政府更是通过征收高额农业税等方法汲取农业剩余来实现经济发展和推动工业化进程。日本战后经济复兴的过程，更是一度成为对农户和农业进行掠夺的过程。第二次世界大战结束初期到 20 世纪 50 年代，“经济高增长”成为日本发展的唯一目标，政府采取“高增长、低福利”的发展战略，集中所有的人力、物力和财力进行工业化建设，走的是“挖乡补城、以农哺工”的工业化老路。

从表 3-8 可以看出，农民在战后日本经济复兴的过程中承受着各种负担(佃租、利息、税费)，而这些负担与农户纯收入的比例在 1947 年以后迅速上升并在很短的时间内达到了战前水平。

① 常伟：《日本近现代农村劳动力转移及其启示》，载《中国国情国力》，2011(4)。

而单看农户的各项负担则可以更加清楚地发现政府对农户的掠夺。第二次世界大战以后的各种税费已经取代甚至超越了战前的地租成为农民背负的更为沉重的负担。除却财政上的掠夺，低米价及强购政策也成为经济复兴过程中对农民的掠夺。政府甚至倚仗美国占领军的力量，通过颁布法令①强制农民进行交售。日本的城乡差距问题初步显现出来并在20世纪50年代成为当时日本严重的社会问题，城乡差距问题引起了农民和社会舆论的不满。

表3-8 第二次世界大战前后日本农户遭受经济掠夺的状况(%)

年份	政府收购米价与平均生产成本的比例	总负担与农户纯收入的比例	负担构成		
			佃租	利息	税费
1939	190～200	15.3	—	—	—
1940		14.2	—	—	—
1941		14.5	78.0	3.0	19.0
1946	111	7.9	10.0	0.0	90.0
1947	129	19.5	1.5	0.1	98.4
1948	124	14.8	1.0	0.6	98.4
1949	87	15.1	0.4	0.6	99.0

数据来源：[日]晖峻众三：《日本农业150年(1850—2000年)》，胡浩等译，92～93页，北京，中国农业大学出版社，2011。

3.2.4.2 造田、干预与新农村建设

城市化快速发展需要大量的耕地以满足城市经济的发展要求，但由于日本的人均土地面积极少，还要满足其农业生产的要求，因此，为缓解用地紧张局面，日本采取了多项措施。第一，通过开发山地、围海造田等方式扩大土地面积。在城市化发展的

① 1946年的《粮食紧急措施令》和1948年的《确保粮食临时措施法》。

过程中，日本的土地面积到后期不降反升主要是基于一系列的开发和保障措施。由于具有天然的山地优势，日本政府通过科学技术对山地和山区进行改造和开发，从而使得不少山地成为可用之耕地；另外，围海造田也为日本增加平坦的土地发挥了巨大作用。上述两种措施对解决城市化发展导致的土地紧张具有极为重要的意义，日本颁布了《国土综合开发法》《地方开发促进法》《山区振兴法》《国土利用计划法》等法律来保证这些措施的实施。第二，将农地详细分类，限制优质农地非农转化。首先，将农地划分为市街化(即城市化)调整区域以内的农地和市街化调整区域以外的农地。其次，市街化调整区域以内的农地分为甲、乙两种。甲种农地主要是高产良田，原则上不允许动用；乙种农地则在一定条件下可以动用。市街化调整区域以外的农地则分为三类，第一类为永久性农业用地，主要用于耕种和为农业服务，任何情况下都不得进行非农建设；第二类为规模较小、生产率较低的农地，是将来市街化发展需要占用的农地储备；第三类农地较为零散，地域内多为建筑物，是都市建设区内以及市街地内或之间的农地，政府鼓励并引导使用这类农地进行非农建设。当第三类农地不能满足建设需要的时候才可以使用第二类农地。第三，明确规定法律责任，防止农地非法转用。日本 1952 年颁布的《农地法》对所有者转用或转卖农地的行为进行了限制：2 公顷以下的需要得到都道府县知事批转；凡超过 2 公顷的则需要由国家农林水产大臣批准；不经批准擅自占用农地的需要承担 3 年以下有期徒刑和 100 万日元以下罚金的处罚。由此足见日本在城市化发展中对农地尤其是耕地保护之重视。而通过日本学者关谷俊作对日本农地制度的详细介绍，我们又更为深刻地了解到在日本城市化快速发展过程中的农地转用情况。如图 3-7 所示，日本农地的转用情况从 1975 年以后整体上趋于缓和，而农地转用后主要用于城市化区域用地的面积也随着城市化发展趋于稳定而逐渐减少。

对于人口转移所引发的兼业化和农业劳动力老龄化等问题的化解，日本政府进行了有效干预，走出了一条跳跃式转移

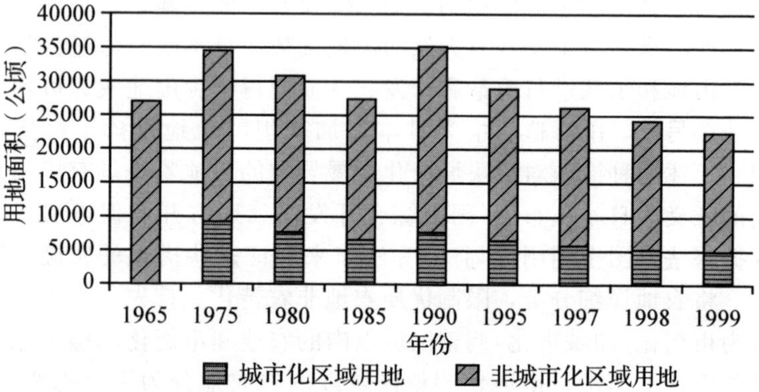

图 3-7　日本农地转用情况

数据来源：[日]关谷俊作：《日本的农地制度》，金洪云译，220 页，北京，生活·读书·新知三联书店，2004。

(劳动力一开始就较多地流向第三产业部门)和农村非农化转移相结合的道路。① 具体表现为：第一，通过政策引导和立法促进工业和农业、城市和农村的协调发展，鼓励小农户脱离农业转向非农产业。第二，发展中小企业特别是注重发展劳动密集型工业。工资低廉的中小企业难以吸引城市劳动力，使得农业剩余劳动力正好可以填补空缺。第三，重视农业教育，采取多种方式对农村劳动力尤其是农村青少年进行教育培训。这样，一方面为农村劳动力的顺利转移提供了人力资本保证；另一方面提高了农业经营者的素质，培养出生产率较高的农户。另外，海外移民也是日本解决农村剩余劳动力的一种重要方式。日本政府在 20 世纪初就开始了有组织地移民，并成立了专门的皇家移民公司。这也在一定程度上缓解了日本国内人多地少的矛盾。

对于城市化发展中的城乡差距问题，在城市化发展的同时日本就给予了高度重视。当日本经济进入高速发展时期，具备

① 揭新华：《日本农村劳动力的转移方式》，载《世界农业》，2002(10)。

了工业反哺农业的能力时，日本就开启了其缩小城乡差距，实现城乡一体发展的历史进程。1955 年 12 月，时任内阁农林大臣的河野一郎提出了“新农村建设构想”，并于 1956—1962 年和 1967—1979 年两次实施新农村建设。在新农村建设的过程中，日本政府积极推进农业立法，加大农业生产和农民生活的基础建设力度，大力推进农业和农村的现代化水平，积极完善农业社会化服务体系，全面缩小城乡差距。从家庭收入看，农户收入与城市收入之比从 1960 年的 0.70 上升到 1975 年的 1.03①；从消费支出看，从 1972 年起农户的生活费支出水平超过了非农户，到 1991 年时已经超过 10.80 个百分点。城乡收入和支出差距的缩小，表明日本城乡经济生活实现了平等化。

3.2.5 韩国——地价问题与“新村运动”

在几个发达国家中，韩国城市化起步最晚，但是发展速度最快。从 20 世纪 60 年代开始，仅仅用了 30 年左右的时间韩国就完成了城市化的高速发展，成为世界上城市化高度发达的国家之一。也正因为此，韩国在城市化发展中付出了较大的代价。地价上涨、土地投机、人口盲目向中心城市迁移，以及由此引发的城乡差距和城市病等社会问题成为阻碍其发展的严重问题。

3.2.5.1 地价上涨、人口中心集聚与社会问题

相较于日本的人多地少，韩国则是世界上人均耕地最少的国家。20 世纪 60 年代末，伴随韩国工业化速度的加快，城市化发展得以促进，而由此引发的土地稀缺使得韩国的土地价格急剧上升。

根据资料显示，自 20 世纪 60 年代开始进行地价统计以来，至 2000 年韩国地价除在 90 年代末期经历了一次小幅度的下跌以外始终保持着持续增长的态势，并在这一期间先后经历了多次大幅度波动，尤其是在城市化快速发展的 20 世纪 60 年代到 90 年

① 于培伟：《日本的城乡统筹共同发展》，载《宏观经济管理》，2007(9)。

代出现了 4 次较大幅度的地价上涨。考察主要城市尤其是大型城市和首尔等中心城市，地价的波动则更为剧烈。在 1969 年和 1978 年这两年，首尔的地价增长率分别是 84%、136%，其他主要大城市的增长率也分别达到了 81%、79%；1980 年以后，地价的增长趋势虽有缓解，但仍然出现了两次较大的波动，1983 年和 1989 年首尔地价增长率分别为 58%、34%，其他主要城市的增长率也基本在 32%左右。[①] 不仅城市的土地价格不断上涨，农村的土地价格也在城市化的需求之下呈增长态势，不过相对于城市地价的大幅度波动而言，农村地价的增长趋势较为平缓，年均增长率基本维持在 20%左右(见图 3-8)。

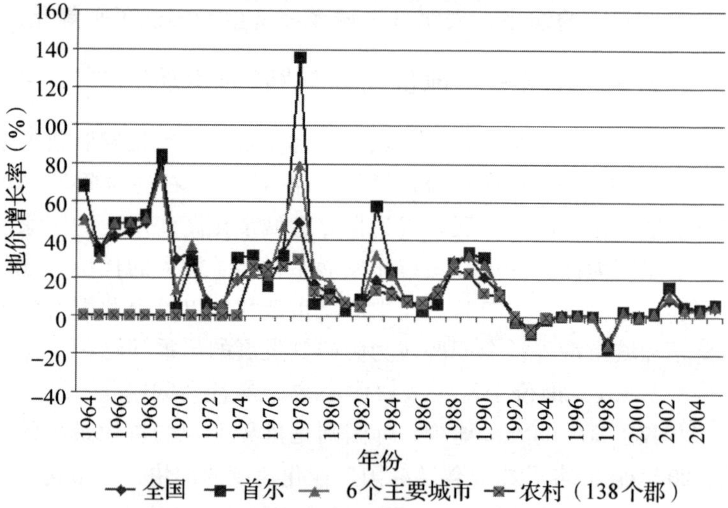

图 3-8　韩国城市化过程中的地价增长率

注：6 个主要城市是首尔、釜山、大邱、仁川、光州、大田。

数据来源：转引自李恩平：《韩国城市化的路径选择与发展绩效——一个后发经济体成败案例的考察》，139～140 页，北京，中国商务出版社，2006。

① 李恩平：《韩国城市化的路径选择与发展绩效——一个后发经济体成败案例的考察》，120 页，北京，中国商务出版社，2006。

城市化发展引发的土地需求的快速增长导致了地价的上涨。地价上涨较快使投资于土地获得的收益超过投资于生产所获收益，必然导致土地投机的盛行；而土地投机又使得市场对土地的需求增加和土地闲置，从而进一步促进了地价的上涨。据统计，仅1978年，由于不动产投机，韩国地价就比上一年增长了79.1个百分点(6个主要城市平均值)。① 事实上，20世纪60年代以来韩国地价的多次大幅度上涨几乎都是在土地投机的推动之下形成的。

韩国城市化过程中地价上涨和土地投机的另一个结果就是土地大面积闲置。原因在于土地投机的目的并不是获取土地的实际利用价值，而是将土地从生产中退出予以囤积，减少市场上土地的供给，促使土地价格更快上升以后抛出。因此，每一次土地价格的飞速上涨都意味着背后土地的大面积闲置。从位置上看，韩国闲置土地最严重的主要是城市边缘的林地、居住用地和农业用地；从土地类型上看，土地投机和闲置最活跃的是居住用地和农业用地。

1979—1987年是韩国城市化高速发展的时期。在这一时期，如表3-9所示，由于地价上涨、土地投机，每年产生的闲置土地平均有22048千坪②之多。其中地处城市边缘的林地闲置最为严重，均在50%以上；在1980年和1981年甚至超过73%。结合地价增长的时间趋势，我们可以发现，在地价飞速上涨的1979年和1983—1984年，韩国土地闲置总面积也最大，而受地价波动影响较大的闲置土地主要是居住用地和农业用地。可见，在韩国城市化发展中城市边缘的居住用地和农业用地是土地投机的主要类型，这也即意味着这些土地是城市发

---

① 柴强：《各国(地区)土地制度与政策》，149页，北京，北京经济学院出版社，1993。

② 坪：源于日本传统计量系统尺贯法的面积单位，主要用于计算房屋、建筑用地之面积。1坪约为3.3平方米。

展占用土地的主要目标。

表 3-9 韩国闲置土地的面积

年份	面积(千坪)	年份	面积(千坪)	年份	面积(千坪)
1979	28987	1982	17831	1985	16172
1980	17676	1983	38136	1986	16347
1981	21029	1984	26833	1987	15424

数据来源：转引自李恩平：《韩国城市化的路径选择与发展绩效——一个后发经济体成败案例的考察》，121～122 页，北京，中国商务出版社，2006。

韩国的城市化发展经过 30 年的短暂时间即取得与其他发达国家不尽相同的多样化特点。这个过程中，经济的高速发展和人口的迁移发挥了重要的作用。但从人口流动的角度看，与发展中国家的人口集聚现象一样，韩国的城市化主要是在短时间内大量人口进入城市而促成的。在韩国城市化发展的阶段，人口迁移表现出较强的农村人口向首都和首都圈转移的“离村向都”特征。20 世纪 60 年代到 80 年代末是韩国城市化迅速发展的时期，也是韩国人口“离村向都”最集中的时期。根据韩国农业统计年鉴，1965 年韩国的农业人口数为 18.81 万；而到 1990 年的时候，农业人口总数已经降为 6.66 万，仅为 1965 年的 32.7%。①

这种盲目的人口流动则主要体现为向大城市尤其是首都的集中。从图 3-9 我们可以看到，随着城市化的推进，首尔和首都圈的人口数量直线上升。但是，城市对大量农村人口的收容却是有限的。根据当时韩国的经济发展状况，直到 20 世纪 70 年代初城市雇佣的数量还是有限的，很多人很难在城市中找到

① ［韩］朴振焕：《韩国新村运动——20 世纪 70 年代韩国农村现代化之路》，潘伟光、［韩］郑靖吉、魏蔚等译，68 页，北京，中国农业出版社，2005。

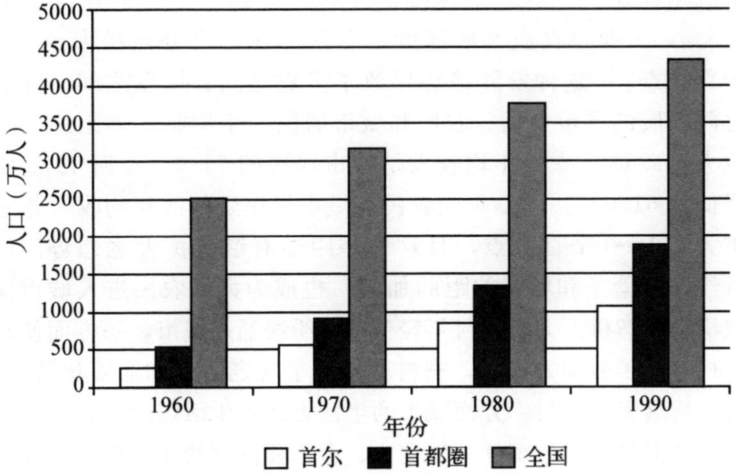

图 3-9 韩国首都、首都圈及全国人口变化比较

注：首都圈是指首都首尔及其周边地区随着经济、社会和城市的发展，各种要素不断集中而形成的广域大都市。由首尔、仁川和京畿道 3 个行政区组成。

数据来源：韩国统计局网站，http：//kosis. nso. 90. k，2015-03-25。

工作，城市中的失业人口数量也不断增加。

韩国仅用 30 年的时间就完成了其他国家几个世纪的城市化历程。由于时间短，人口转移量大，而且采取的是“赶超”型战略，在城市化发展中重视工业尤其是重工业的发展，因此韩国在人口转移的过程中忽视了农业的发展，造成了城乡发展不平衡、城市拥堵、住房紧张等一系列的社会问题。1962—1971 年，非农业部门的年均增长率为 17.9%，而农业部门仅为 3.7%。① 若单独看每一个发展阶段，这种趋势更加明显。第一个五年计划中工业发展速度为 7.8%，而农业发展速度仅为 5.3%；第二

① Ji Woong Cheong，*Promising Education for Community Development*：*Report of Multi-disciplinary Seminar on the Educational Components of the Saemaul Undong*，Seoul，Seoul National University Press，1987，p. iv，p. 82.

个五年计划中工业发展速度为10.5%，而农业发展速度只有2.5%，工业与农业发展速度之差从2.5个百分点扩大到8.0个百分点。[①] 这种发展趋势导致了工农之间、城乡之间、区域之间发展的严重失衡。农民和城市居民的年均收入差距进一步拉大，1962年农民年均收入是城市居民的71.0%，而1970年降低到61.0%。[②] 10年间农民与城市居民之间的年均收入差距扩大了10.0个百分点，且这种差距还有继续扩大之趋势。农村经济的萧条和城乡差距的加剧，也成为大量农民进入城市谋取机会的契机。大批农村年轻劳动力纷纷涌入城市，一方面使得农村青壮年劳动力锐减，农村劳动力呈现老龄化和弱质化特征，农业后继无人；另一方面城市的生活方式和生活观念随着人口的流动冲击着农村传统社会的文化、道德和伦理秩序；再加上农业机械化发展滞后等外因的影响，那个时期的韩国部分农村地区几近崩溃边缘，农村陷入了一个恶性循环中。农民大量、无序地进入城市，又给城市带来了诸多的城市问题和社会压力。1960年和1970年韩国城市人口在全国人口中分别占28.0%、57.3%，城市土地面积在全国土地面积中的占有率仅分别为2.8%、4.9%；到1980年韩国的城市人口密度高达每平方千米4587人。[③] 这使得韩国出现了过度城市化的问题。城市化的过度发展也带来了严重的城市住房、交通和环境问题等。这些成为韩国城市化发展过程中不得不面对的问题。

3.2.5.2 土地税制与“新村运动”

针对地价上涨和土地投机等问题，韩国政府颁布了一系列需求遏制和经济刺激的政策措施，其核心就在于稳定地价。其

---

① 李水山：《韩国新村运动及启示》，4页，南宁，广西教育出版社，2006。

② 王勇辉等：《农村城镇化与城乡统筹的国际比较》，194页，北京，中国社会科学出版社，2011。

③ 王勇辉等：《农村城镇化与城乡统筹的国际比较》，205页，北京，中国社会科学出版社，2011。

中最为重要的遏制土地价格上涨和土地投机盛行的手段是土地税制。20 世纪七八十年代，为了遏制土地投机现象抬头、稳定地价，韩国政府颁布了一系列政策文件。如表 3-10 所示，土地法律和政策对土地占有数量、土地税收、土地开发利用等都作了较为明确的规定和限制，这对遏制土地投机和控制地价具有重要的意义。

表 3-10 韩国遏制土地投机、稳定地价的主要法律、政策

年份	法律、政策	主要内容或目的
1949	《农地改革法》	每个农户拥有的农地不得超过 3 町步
1962	《土地征用法》	公共用地可以强制征用获得
	《城市规划法》	1. 大规模住房地块开发工程 2. 新城开发 3. 土地转化工程
	《韩国国家住房公司法》	韩国国家住房公司建立
1963	《综合国家土地开发规划法》	综合的国家土地开发规划
1966	《土地区划事业整理法》	通过土地再整理进行城市开发
1972	《国土利用管理法》 （1984 年进行较大修订）	1. 公地购买前的谈判 2. 土地利用范围的指定
	《住房建筑加速法》	实施住房建筑规划，加大住房供给
1973	《住房改善的临时法案》	住房再开发工程
1974	《土地金库法》	土地银行建立
1975	《公地获得和补偿的特别法》	通过谈判购买公地
1976	《城市再开发法》	CBD 再开发

续表

年份	法律、政策	主要内容或目的
1978	《为调控房地产投机及稳定地价的综合措施》	对投机旺盛或地价暴涨地区实施土地“交易批准制”和“申报制”
	《韩国土地开发公司法》	韩国土地开发公司建立
	《住房分配法令》	1. 住房相关储蓄计划 2. 住房价格控制
	《抑制不动产投机及谋求地价稳定的综合对策》	1. 把转让不动产时课征的转让所得税从30%增加到50% 2. 强化空闲地税 3. 实施土地交易审批制 4. 引入申报制，促进土地供给等
1980	《宅地开发促进法》	对居住用地的指定和开发工程
1988	《为调控房地产投机的近远期综合措施》	1. 加强转让所得税 2. 引进综合土地税
1990	《关于宅地所有上限的法律》	调控土地需求，提高社会公平度，扩大土地拥有者的范围
	《土地超过得利税法》	对居住用地私人所有的限制
	《开发收益回收法》	对开发利润的公共获得

注：町步为韩国土地计量单位。1町步约等于9917.4平方米。

为了防止人口向城市尤其是大城市集中，1969年以“大城市人口与设施的整顿对策”为开端，韩国实施了一系列的遏制政策。对于城市地区，国家通过区域划分，遏制工厂、机关、行政部门等的新建和增设来减少人口的流入；对于地方或农村，国家注重通过培养地方工业、行政权转移来减少地方人口的流出。同时，国家还采取税收手段，通过对向地方转移的工厂减免租税和对向首尔与首都圈入驻的工厂征收高额课税的政策，引导工业和经济实体的转移从而引导人口的流动。通过相应政策手段的作用，城市、农村之间的人口逐渐进入有序流动的状态，1970 年以后指向城市的人口纯移动数量有所减少。

为了缩小农村和城市之间日渐扩大的差距及解决由此引发的农村和城市社会问题，韩国政府于 1970 年发起了“新村运动”，要求社会各界积极支持新村建设工作；并在 1972 年开始实施的第三个五年计划中将“工农业均衡发展”放在经济发展的首位，政府投资 20 亿美元启动农村地区的综合开发。韩国“新村运动”的主要内容在于改善农村公路、住房条件，改进农民生产、生活方式，组织农民协会，以及兴建村民会馆等，旨在增加农民收入、提高农民的生活质量。此外，韩国建立和完善由国家财力支撑，由中央、各道和各市三级农业机构提供服务的农业服务体系；通过设立研修院等培养新型农民，使之成为农村建设的骨干力量；建立城乡基本统一的社会保障制度等。通过这些措施的大力实施，韩国城乡差距扩大的问题得到改善，韩国逐渐走上了城乡统筹发展的良性轨道。

3.3 发达国家城市化后期土地流转与农民权益保障制度之形成

发达国家在城市化早期通过剥夺农民土地、掠夺农民权益来促进自身城市化发展是不可否认的事实。但是，发达资本主义国家在进入快速城市化的时期后，就不仅仅关注如何实现城市化率的快速增长，相反地，各国通过实行各种应对措施，形成了独具特色的发达国家的城市化发展路径。面对城市化带来的各种“城市病”以及农民利益遭受巨大损害等问题，发达国家先后进行了土地制度改革，形成了较为完善的土地流转制度和农民权益保障制度，旨在避免上述问题。深入探究英国、美国、法国、日本、韩国几个城市化较为发达的国家的土地制度，可以发现各国基于特定的历史原因及城市化发展方式不同产生的土地制度虽各有差异，但在城市化过程中形成的土地流转制度乃至农民权益保障制度却具有诸多相似之处。

3.3.1 政府规范管理与支持

就发达国家在城市化发展中针对土地和农民问题采取的应对措施而言，政府发挥了积极的作用并形成了较为完善的制度。这主要体现在：政府一方面制定土地流转和农民权益保障的纲领性意见，另一方面通过立法、行政、财政等方式引导土地的流转和实现农民权益的保障。

3.3.1.1 法律层面——土地制度法律化

法律是土地制度的重要组成部分，法律通过其秩序价值规范土地流转、减少交易费用，从而提高土地资源的配置效率。纵观世界各经济发达的国家，无不以法律为手段规范社会各项秩序。经济发展得越好的国家，其法律体系就越完备，法律规范就越明确。在土地制度这一领域也无例外。随着城市化发展带来的土地问题越发严重，通过法律的手段进行控制和调整成为各城市化发展国家的必由之路。在土地制度方面，各国都通过健全土地法律制度和明确土地产权等来化解由城市化发展引发的问题。

第一，英国、美国、法国、日本、韩国等发达国家的土地流转和农民土地权益保障法律制度健全是城市化发展后期的重要共同点。上述各城市化发达的国家都对土地制度进行了相关立法，立法数量可观。英国从资产阶级革命以后就开始了土地流转市场的立法以规范和简化土地交易，促进土地市场的发展，并对农民的土地权益进行保障。英国在19世纪和20世纪先后颁布的诸项法律，尤其是土地授予法、信托法、财产法、土地登记法、土地负担法和土地管理法六项法律的通过，使得英国土地法律制度在促进土地产权交易、保障农民土地权益方面更为完善。美国从建国伊始就开始农业立法。美国关于土地流转和农民土地权益保障的立法主要有联邦宪法、土地优先购权法、宅地法、农地保护政策法、农业调整法、联邦农业完善和改革法、联邦土地政策和管理法以及各州宪法和法律中关于土地政策的规定。另外，针对城市化发展过程中对农地的破坏情况，美国政府专门通过立法限制农业用地向非农业用地转用和出售土地发展权，在此基础上形成了美国详细而完备的土地法律体系。法国先后颁布农业指导法和农业指导补充法，旨在改善农民的生产和生活条件、提高农民收入水平、加强农民社会保障。日本的土地法律体系是发达国家中非常完善的，其土地管理方面的立法就有 130 多项，在土地利用规划、土地市场管理方面的立法也不遗余力。而且这些法律规定明确、纵横交错、互相衔接，共同构成了具体、可操作性强的发达的土地管理法律体系。韩国作为新兴国家，在土地立法方面卓有成效。它通过制定一系列土地基本法律，管理土地利用规划和保护农地，以此实现对农民土地权益的保障。如前文所述，韩国还制定了诸多法律法规来遏制地价和土地投机，使得广大农民在城市化发展中的权益得到更进一步的保障。为规范城市化发展过程中的土地利用和保障农民的权益，各国立法都更加注重法律的可操作性。几乎每项法律、法规的条文规定都比较具体、明确，具有很强的针对性，从而确保了法律在执行中效力的发挥。

第二，各国通过法律制度明确土地的产权边界是土地流转有序进行和农民权益得以保障的基础。明晰的产权边界能够保护产权者的根本利益，形成有效的刺激机制，已经被人类发展的经济实践予以证实。上述发达国家均是实行土地私有制或以土地私有为主的国家。它们的发展经验表明，土地私有制能够形成最有效率的资源配置方式。之所以如此，原因就在于土地私有制之下土地产权边界最为清晰。在英美法系国家，财产权是神圣不可侵犯的，其与生命、自由同被作为人权的保护目标。英美财产法中有“restraint against alienation”(禁止转让)①

① 该原则是指在财产转让文书中规定受让人不得将标的物出售或再次转让的条款。这种限制大都由于违反公认的原则和法律关于土地可以自由转让的政策而不能生效。

的指导原则。作为最重要的财产，土地所有权是法律保护的首要目标并尽量避免对其附加不必要的限制。“有土斯有财，相较于动产(chattel，personal property)，土地或不动产在英美法里被称为‘真实’财产，其重要性于此可见一斑。”①在大陆法系国家，土地所有权之确立和保护与个人的自由紧密相关，财产权是个人自由发展的物质基础。德国法学家沃尔夫指出：“一个人拥有所有权，如房屋、汽车和帆船等，比穷光蛋能够更加自由的发展。”②足见产权之重要意义所在。而明晰的产权制度是建立在规范的土地登记制度基础之上的。发达国家不管是土地所有权还是土地权利之转移，都须经过登记程序方得确立并获得保障。以日本为例，不仅其《民法》规定土地作为不动产，其得失、变更需要进行登记；而且有专门的《不动产登记法》明确要求实行不动产登记制度。在日本，土地登记内容详尽，不仅有物理状态的登记，而且有权利变更的登记。土地登记簿中记载的土地情况，从物理状态看包括土地及其建筑物现状、土地所有者、土地的地点面积和用途等内容；从权利状态看包括土地权利的设定、保存、转移、变动、处分的限制、消灭，以及其他有关权利的设定状况等。此外，个人之间的土地交易还需要到不动产所在地管辖的法务部门进行登记、确认，获得同意方能发生效力。严格、健全的土地登记制度既明确了个人的产权，维护了土地财产关系的稳定性；又便利了土地交易，保护土地交易安全和降低土地交易成本。

从上述各国土地法律制度的分析中可以看出，各国虽在制度上存在不同，但是其保护农地免受城市化蚕食，保证农民土地上权益的宗旨却是显而易见的。我国虽不同于上述国家采用

① 蔡怀卿：《美国之土地使用法管制以及其宪法许可界限》，载《玄奘法律学报》，2004(2)。

② [德]M. 沃尔夫：《物权法》，吴越、李大雪译，23页，北京，法律出版社，2004。

土地私有制度，但是明晰的土地产权之功能应该是我们重点关注的内容。

3.3.1.2 行政层面——土地利用合理化

发达国家在城市化发展的过程中为应对城市发展对农村土地的占用和破坏，通过采取积极措施保护耕地并促进流转实现了土地的集约和节约。

第一，各国都积极采取措施保护耕地。综观发达国家城市化发展进程中农地面积的变化，城市化的发展与耕地数量的增减并不表现为明显的负相关关系。相反地，发达国家在城市化加速阶段及稳定阶段，耕地面积与城市化发展保持同步增长的状态。之所以能够形成这种良性发展的平衡态势，其根本原因在于政府通过行政干预和控制的手段，重点实施耕地保护和城市化发展中的土地利用规划。英国政府以立法的手段限制了土地私有权的滥用，任何土地只能保持原有使用类别的占有、使用、收益与处分权利，土地持有人或其他主体若想变更土地使用类别，须向政府“购买发展权”。美国政府则采取向耕地所有者购买土地发展权的办法。农民出售发展权后可以继续耕种这块土地，但是不得改变用途。如果城市规划已决定改变这块土地的用途，那么：农民从政府手里赎回发展权，或者自己开发，或者出售给开发者；政府购买这块土地的所有权，使之成为政府的土地，政府就可以自由地处置它。① 为了防止投机性地囤积土地，日本建立了空闲地制度②，并通过围海造田和开发山地的方式扩大耕地面积，对随意转用农地和擅自占用农地

---

① 柴强：《各国(地区)土地制度与政策》，107～108页，北京，北京经济学院出版社，1993。

② 日本的空闲地制度是指当某一土地符合空闲地条件后，由都府县一级地方政府向土地所有者(也可以是地上权者、租赁权者)发出空闲地的通知；土地所有者在接到通知后，应在6周的时间内向市町村一级地方政府提出对空闲地利用或处分的计划。

者则给予惩罚①。

第二，通过土地流转促进土地的集约利用。美国、英国、法国和日本的农地流转制度由于资源特点、人地关系、工农关系的不同，采取的政策也不同。但是，为避免土地流转可能引发的土地细碎化问题，各国的态度则较为一致，即通过土地流转来实现土地的集约利用。例如，美国为了防止土地因继承而被分割，规定家庭成员可拥有或继承农场的土地股份，但只允许内部转让，不能退股或将股份抵押。英国鼓励农场兼并，政府对意愿合并的小农场补贴所需费用的50%；愿意放弃经营的小农场主可获得2000英镑以下的补贴或领取终身养老金；政府还按照农场的播种面积和产量进行农产品价格补贴，农场规模越大，得到的补贴就越多。法国则鼓励农场合并，成立带有官方性质的"土地整治与农村安置公司"，让其购买农民手中的闲置土地，将土地整改后再卖给有经营能力的农民；扶持中型农场的发展，在土地购买、贷款和税收上给予优惠；鼓励老年农民退出农业生产，以腾出土地出租，而土地只能整体继承或转让；政府还设立土地银行和土地事务所作为农村土地流转的管理机构，土地银行购买小块土地再租给农民，土地事务所对小块土地有优先购买权，并经过整理后出售给有需要的农民。日本则实行"认定农业生产者"资格机制。认定农业生产者在购买土地时可以在政府补贴、税收优惠方面享有政策上的支持，这让他们在一定程度上实现了规模经营。这都从制度上确认了对土地的集约利用。除此之外，各国政府还通过合理规划土地的利用等来确保地尽其用。

3.3.1.3 财政层面——农民权益保障化

国家和政府的财政支持是发达国家城市化发展中农地保护

① 参见日本1952年《农地法》第4条和第92条，农地所有者将自己的农地改变用途，超过2公顷以上的由国家农林水产大臣批准；2公顷以下的由都道县知事批准。不经批准擅自占用农地的，处3年以下有期徒刑和100万日元以下的罚金。

和农民权益实现的物质基础和根本保障。发达国家在城市化发展中对农地和农民的保护，在财政制度方面主要表现为经济上的支持和社会保障体系的完善。

第一，各国加强经济支持力度，为农地保护和农民权益保障提供基础。农民土地权益的实现需要制度的支持，但制度的运行需要足够的财政予以保障。各国在城市化发展的过程中无不面临严重的土地和人口问题，这不但侵犯了农民权益，更是阻碍了城市化发展的进程。为此，各国在城市化发展后期土地城市流转的进程中逐步建立了以“公平”为目标的土地利益分配制度和财政支持制度，旨在保护土地流出主体(主要是农民)的利益。英国“对合并的小农场政府提供所需费用的50%，对愿意放弃经营的小农场主可以发给2000英镑以内的补助金，或者每年发给不超过275英镑的终生年金”①。美国政府从20世纪30年代开始通过各项计划直接补贴农业以保护耕地，到80年代中期，这种直接性的补贴达到了顶峰；并为失地农民提供就业和培训机会。在法国，政府对老农户发放终身养老金；对离开农业的农民进行就业培训；对退出农业转入工业、服务业的青年农民则进行奖励性赔偿或补助等。日本政府则建立了一整套的农业支持体系(包括资金扶持制度、技术支持制度、财政补贴制度、人才培养制度等)来推动农地产权交易的顺利进行。韩国在保持土地分散占有的前提下，对土地难以集中的地方通过大量拨款扶持或者直接组织各种公司组织机构来推动农业的规模经营；推出了农民退休支付计划；在第三个五年计划期间投资大量资金对农村地区进行综合开发；在“新村运动”中为增加农民收入更是对水稻价格予以财政补贴，并以“新村运动”的名义大量投资，扶持农村经济持续发展。各国具体的财政支持措施，对农民适应城市化发展、推动农村经济建设发挥

① 赖泽源等：《比较农地制度》，31页，北京，经济管理出版社，1996。

了极为重要的作用。

第二，各国注重完善社会保障体系，为农民解除后顾之忧。财政补贴的另一个重要表现就在于建立完善的社会保障体系，消除农民流转土地的后顾之忧，为土地流转创造良好的外部环境。英国在第二次世界大战后建立了系统庞大的社会保障体系，通过发放补助金、养老金等解决了农民的后顾之忧。美国也将农户纳入社会保障体系。日本则通过国民健康保险法、国民养老金法等建立起了完全覆盖农村地区，包括公共医疗、养老、护理等各类保险和公共福祉及老年保健等在内的农村社会保障体系；更为重要的是日本始终坚持“直接从事农业生产的劳动者的土地权利获得充分保障”这条宗旨，并将其贯穿于农业制度的不同历史阶段。① 可以说，完善的社会保障体系不但消除了农民城市化过程中的顾虑，更是城乡一体化发展的重要标志和内容所在。

3.3.2 土地流转市场开放且独立

市场作为合理配置资源的有效手段，能够为土地的流转创造更为高效的外部环境。发达国家在发展商品经济的过程中，不但将土地视为最基本的生产资料，作为“人类栖息之场所，人类一切物质之库藏”②；更将土地视为一种商品，如同其他商品一样允许其自由地在市场中交换。作为商品的土地，其价值的体现与增值，只有在自由、开放的市场环境中才能实现。而发达国家之市场为土地的流转创造了这一环境，使得土地价值及土地所有者的利益能在自由交易中得以充分实现。市场对土地流转的调节与促进作用主要通过主体间的自由交易和中介组

① 林卿：《农民土地权益流失与保护研究——基于中国经济发展进程》，366页，北京，中国社会科学出版社，2013。

② 转引自孔庆山：《美国早期土地制度研究》，1页，中山大学出版社，2002。

织的力量得以发挥。

3.3.2.1 土地流转市场开放化

如前所述，发达国家的土地所有权有着明确的产权界限，土地所有者的土地权利能够通过法律得到稳定而持久的保障，这为土地流转提供了足够的自由空间，使之能够得到很好的市场调节。因此，在整个土地流转过程中，土地的买卖、租赁等土地交易行为均由市场主导。以英美为例，英国的土地市场高度发达，而政府也比较重视通过指导性计划、经济政策等手段来调控和干预土地市场从而保障土地市场的销量，而一系列法律的制定也为土地市场的发展创造了良好的环境。土地市场交易呈现规范性和简化性的特点，这一方面避免了市场本身存在的风险；另一方面为农民土地流转带来极大的便利，从而保障了农民的土地权益。美国的土地市场是在完全的市场经济条件下发展起来的，土地市场是一种“准完全竞争”的市场，政府仅仅通过经济手段和法律手段进行管理。土地流转中，双方协商交易价格或聘请私人估价公司，通过签订经济契约的方式实现土地使用权和经营权的有偿转让，土地收益分配和处分完全不受干扰和侵犯。政府只对土地投机等行为进行必要的监管。美国土地市场完备，土地市场已经成为整个市场经济体系中不可分割的重要组成部分。美国的土地市场有专门的土地产权交易所，土地供求双方需在土地市场上完成交易。[①]

3.3.2.2 市场中介组织独立化

中介组织是介于政府与企事业单位、个人之间起桥梁与纽带作用，为经济社会活动提供服务的非营利性的自治组织或机构。在发达国家城市化发展过程中，为适应土地交易市场的需求，实现土地交易过程中信息的全面与对等，土地市场中介组织应运而生并逐渐发展为独立于政府的自治的组织或机构。美

---

① 林卿：《农民土地权益流失与保护研究——基于中国经济发展进程》，348页，北京，中国社会科学出版社，2013。

国、法国、日本等发达国家的市场中介组织在土地流转过程中发挥了巨大的作用。英国土地"交易的大部分环节都有法规或行规可循，专业问题有各专业团体提供质优价廉的服务，租赁双方在很多问题上并无信息不足问题，采用变动地租制产生的交易成本量不大且较为固定"①。在美国，农场局是土地流转过程中维护农户和农场主利益的重要非政府组织，是农民和农场主自己的组织，联结全美的大部分农场。农场局表达农民利益、为农民服务，依据农场主的利益需求调整自己的政策倾向。"如果需要支持或反对联邦的某一项有利于或不利于农场主的法案，农场局一方面派出它强大的游说员队伍去游说国会和政府决策人物，另一方面动员它的340多万名成员，对他们所选出的议员施加压力，使其支持或反对某项法案通过。"②此外，美国有近5万个农村合作组织遍布全国，构成了农业服务网络，是农地产权交易中重要的中介组织，为土地流转和规模化经营提供重要力量。法国法律规定，"土地转让或租契必须经过管理机构。不获其批准，土地转让无效"③。法国建立了由28个土地管理和农业设施机构组成的非营利、非政府但受政府监督的土地治理和乡村建设组织(SAFER)。在土地流转市场中，SAFER起到了类似于土地流转中介的作用。当公共设施的修建或者以公共利益之名对土地造成侵占时，SAFER可以予以保护；在可能导致土地被分割而流转的情形中，SAFER可以进行干预等。另外，SAFER还享有土地的优先购买权。同时，法国建有土地市场管理机构——土地事务所，并建有土地银行。土地事务所对小块土地有买卖权，可以将其整治并合并后卖给有经营前途

---

① 曹军建：《靠什么历久不衰——英国土地租赁制度的启示》，载《中国土地》，2001(2)。

② 李竹转：《美国农地制度对我国农地制度改革的启示》，载《生产力研究》，2003(2)。

③ 赖泽源等：《比较农地制度》，36页，北京，经济管理出版社，1996。

的农民。此外，法国政府建立了不以营利为目的的土地整治与农村安置公司，专门购买土地，在合并、整治、改良和规划以后再转让给有需要的农民，从而实现土地的有效利用和对土地的规划管理。日本最著名的土地流转中介组织就是农地保有合理化法人。农地保有合理化法人是沟通农地租借转让的一座桥梁，它先接收欲出租的农地，再将这部分农地租给欲租者。① 农地保有合理化法人通过农地权利转移，实现农地的中间保有和再分配职能。为促进农地流转，日本还建立了合作经济组织。这些组织接收要租出的农地，再将这些农地租给有需要的农民。而作为各国农民组织发展的一个典型例子的日本农协，不但促进着农民之间的合作，更在一定程度上成为农地流转中最重要的媒介，加快了农地流转的速度，保证了农地流转的成功率，为农民提供了有效的保障。不仅中介组织的积极作用促进了土地高效率的流转；而且中介组织在发挥作用过程中所采取的措施也往往会考虑农民的土地权益。

可以说，各发达国家政府在农地流转制度的发展过程中，起着不可忽视的保障作用。政府通过行政、立法等手段，为城市化过程中的土地流转培育了良好的政策和法制环境，同时又为农地正常流转创造了一个自由而良好的市场氛围。

3.3.3 农民权利自主和选择自由

农民的自主性是发达国家城市化后期尤为关注的重点内容之一。在这几个城市化发展较快的国家中，农民的自主性主要体现在土地流转与自由迁徙方面。

3.3.3.1 土地流转的自主性

土地流转的自主性表征了农民在城市化发展过程中权利的保障和实现。上述各国在城市化发展后期越发强调农民的主体

---

① 孙雅辉：《日本的农地流转制度及其对我国的启示》，载《北方经贸》，2007(11)。

地位和权利自主，对土地流转的自由方面具有一致的态度。“土地应该可以自由转让是英国财产法制度的一个基本观念。”①在英国和美国，法律极其反对限制转让的规定或限制将来进行转让的条款。“限制转让被视为会阻碍实现土地利用的最大化。”②事实上，美国城市发展所需要的绝大部分用地的获得是由私人之间的自愿交易完成的。只要在区划和法律许可的范围内，政府很少干涉。③ 在美国，各级政府实行的是一套自下而上的自治体制，在不违背宪法的情况下，公民拥有相当大的自主权。“美国对于农场主所拥有的私有土地(无论是购买的还是获赠的)有着明确的产权界限，土地私有所有权稳定而有保障……”④这使得土地的流转具有极大的自由性，买卖或出租的价格由交易双方协商确定。“土地无论公私，在交易中地位、利益平等”⑤；并且“私人土地的买卖，政府一般不予干涉。凡法律承认的私人土地，在县政府都有登记。当土地买卖双方达成协议后，只要到县政府办理变更登记，所有权便实现转移”⑥。而对于土地价值来说，“私人土地的买卖价格完全由买卖双方根据土地的经济价值进行估价，或由私人估价公司帮助双方达成协

① [美]约翰·G. 斯普兰克林：《美国财产法精解》，钟书峰译，118页，北京，北京大学出版社，2009。

② [美]约翰·G. 斯普兰克林：《美国财产法精解》，钟书峰译，118页，北京，北京大学出版社，2009。

③ 文贯中、许迎春：《市场制度和法治框架下的美国农地征收、征用经验》，见中国社会科学院农村发展研究所宏观经济研究室：《农村土地制度改革：国际比较研究》，41页，北京，社会科学文献出版社，2009。

④ 吴玲：《发达国家土地流转制度对我国的启示》，载《宿州学院学报》，2012(1)。

⑤ 李明：《美国土地管理制度考察与借鉴》，载《黑龙江水利科技》，2010(3)。

⑥ 柴强：《各国(地区)土地制度与政策》，136页，北京，北京经济学院出版社，1993。

议。一旦土地买卖发生争议，都应通过法律解决”①。可见，私有土地的买卖完全是私人之间的事情，交易过程中双方地位、利益平等。英国也不例外，土地买卖也完全按照意思自治原则进行，由双方当事人自主确定交易价格。租用保有权“通过合同或协议确定土地权利和内容，而且在租赁期内，确定的土地权利和内容不能随意更改，自由保有权人不能随意干涉”②。在日本，农地法明确将土地所有权赋予农民，并通过一系列的农地改革和法律修订，明确界定了农民的土地权利，取消了农户之间租借、买卖土地的限制，允许农地产权通过市场进行买卖和租借，扩大了农民对土地使用、收益和处分的权利。可以说，农民对土地流转的自主性权利确保了城市化发展用地中农民的主体性地位，避免了政府和相关主体对土地市场的垄断进而保证了农民利益的实现，这是在土地流转中落实农民权益的极为重要的内容。

3.3.3.2 人口转移的自由性

如前文所述，城市化的发展不可避免地带来了各国人口的大面积流动。就一般情况来说，在发达国家，人口的流动往往具有较大的自由性。乡村人口向城市转移并无制度性的障碍；城市人口无户籍管制；城市居民对从农村迁来的居民也甚少有歧视观念；政府没有“城市偏向”(urban bias)③的政策。在城市化进程中，城乡劳动力呈现出自由流动的良性循环状态。

英国在城市化初期有人口迁移的限制，不过后来也予以取

---

① 柴强：《各国(地区)土地制度与政策》，136页，北京，北京经济学院出版社，1993。

② 朱怡、杨新海：《借鉴英国经验完善中国土地产权流转》，载《国际城市规划》，2007(2)。

③ 利普顿于1968年提出“城市偏向”理论。参见[印度]苏布拉塔·贾塔克：《发展经济学》，卢中原、王晓东、朱邦宁等译，12页，北京，商务印书馆，1989。

消。而美国城市化过程中一个最重要的特点就是人口要素的自由流动，而且这种流动呈双向性特征。在集中城市化阶段，人口主要从农村向城市迁移；而在郊区化阶段，人口又从大都市向郊区迁移。这种迁移，一方面源于制度上的无限制性；另一方面在于铁路网、公路网以及各种交通工具的便捷及普及。韩国政府从一开始就没有采取禁止农村向城市移民的行政措施，即使政府希望减少农村向城市的移民，也没有像在其他方面那样采取行政措施，而是通过“新村运动”在农村创造出大量的就业机会，从而使农村向城市移民的速度放慢。① 即使是在韩国城市化快速发展的20世纪60—90年代，城市和农村之间的人口也存在互相迁移的现象。

人口的自由迁徙为城市化发展所需要素的自由流动和配置奠定了基础。农民有了自由进入和退出城市的机制，也在一定程度上使他们解除了后顾之忧。

本章小结

“他山之石，可以攻玉。”英国、美国、法国、日本和韩国代表了当前世界上城市化发展的几种典型并已经取得了较大的成功。各国在城市化发展过程中所面临的问题在我国的城市化发展过程中恰有体现，而各国在城市化发展的中后期对制度的不断完善也成为我国在城市化发展过程中需要关注和进行参考借鉴的内容。梳理各国城市化发展的轨迹，各国无不遭遇了土地和人口的严峻问题。城市化发展初期，土地的集中、耕地的破坏、土地价格的猛涨等问题成为城市化发展用地的“后遗症”。农民在这一过程中也并未获得更多的利益，相反地，越来越多的农民失去土地、失去赖以生存和发展的根基流落城

---

① 陈颐：《中韩城市化比较研究》，载《江海学刊》，2001(6)。

市，进入城市的农民并未能分享城市化发展的成果，而是在严重的社会问题中进退两难。面对如此严峻的城市化问题，各国在城市化发展的中后期开始着手制度的完善以期实现城市化的有序发展和农民权益的落实。各国在立法中不断健全土地法律体系，明确土地的产权界限，为城市化发展用地提供合法性路径；政府不断创新举措，规范和合理利用土地，以确保耕地数量，避免土地闲置及地价飞涨；更为重要的是政府不断为农民和农村提供财政上的支持，以确保城市化发展和新农村建设同步进行，确保农民能够共享城市化发展的成果。而市场的开放性以及农民权利的自主性也是确保城市化发展中土地流转有序进行和农民权益得以实现的重要内容，这同样得到了各国立法的支持。也正是因为各国在城市化发展的中后期不断完善上述制度，才使得城市化的发展取得了现有的成果。

我国城市化发展已经进入快速发展的阶段，各国在城市化发展中所遭遇的问题虽有不同但亦有共性，这恰是城市化发展的内在规律。梳理和分析各国城市化发展的轨迹、问题和解决措施，是我国吸取教训、借鉴经验，更快、更好地推进城市化建设的有效路径之一。

4 土地流转与农民的财产性土地权益

对于大多数农民来说，土地仍然是其最主要的财产形式，保护农民的土地权益，首先就是要保护其财产性土地权益。卢梭认为，财产、自由和生命是人类生存的三个最基本的要素，财产权是所有公民权中最神圣的权利，“它在某些方面，甚至比自由还更重要”①。土地流转将农民所拥有的对土地的使用权进行转移，也就意味着农民丧失了对土地的占有。土地上所承载的农民的经济权利和利益也就面临着受损的风险，因此必须重视土地流转中农民财产性土地权益的保障。

4.1 土地流转中农民的财产性土地权益

所谓财产性权益是旨在使持有者获得物质利益的权利。土地具有经济属性，农民依法占有和使用土地并获得收益是农民土地财产权益的重要形式。

4.1.1 土地的属性决定了农民的财产性土地权益

土地属性是土地本身所固有的性质，土地的属性包括自然

① [法]卢梭：《论政治经济学》，王运成译，25页，北京，商务印书馆，1962。

属性(又称物质属性)和社会经济属性两个方面。土地的自然属性是其作为自然物质所具有的本质特征，而其社会经济属性则是其为人类社会改造、利用后呈现出的经济特征。土地的这两种属性，恰是农民享有财产性土地权益的基础。

从土地自然属性的角度看，土地是物之存在，这就决定了依法占有和使用土地就是农民财产性土地权益的内容所在。从社会经济属性的角度看，它是土地为人类社会改造、利用后呈现出来的经济特征。根据马克思主义的价值理论，价值是劳动的产物。土地之所以具有价值是基于在土地上的劳动，是劳动决定了土地的价值。在人类整个历史发展过程中对土地所投入的各种劳动，"无论是物化的还是活劳动，像土地内含的其他任何组成部分一样，都已经构成土地整体的一个不可分割的有机成分"①，从而使得土地本身具有了价值属性。土地自然属性上表现出来的土地资源的稀缺性、土地使用的永续性以及上地面积的有限性等特征在人类社会对土地的利用和改造中不断增强了土地的价值。从资源的稀缺性而言，土地只能开发和再开发，不能再生。加之土地面积的有限性，随着对土地的占用，这种稀缺性和有限性就会越发明显，尤其是城市化发展对土地的开发率和利用率越高，土地资源就越稀缺，其价值自然也就会越发提高；那么城市化发展对农村土地的需求就决定了农民所占有和使用的土地具有了更强的稀缺性和有限性。从土地使用的永续性而言，农民依法占有和使用土地并不会折损土地的价值；相反地，根据价值理论，农民对土地投入的劳动越多，其所占有的土地的价值就越高。从这个角度看，农民基于土地这一物之自然属性，享有了对土地的所有权和使用权等；农民对土地的使用创造了收益并使土地在一定程度上增值。土地的自然属性和社会属性共同构成了农民土地上的财产性权益体系。

① 段正梁、张维然、叶振飞：《论土地价值的内涵、来源及其特殊性》，载《同济大学学报(社会科学版)》，2004(1)。

同时，随着城市化的发展，土地不再拘泥于原有的使用，基于城市发展对土地的需求，土地的商品特征逐渐显现出来。“社会主义土地具有商品经济属性，主要是指社会主义条件下，本来没有价值、不是商品的土地仍然要通过地租、地价等商品化的形式进行交换、经营，并在一定程度上受商品经济规律制约的这种客观必然性。”①土地流转其实就是这一特性得以体现的重要方面。

综上可见，土地的属性决定了农民对土地享有的财产性权益内容；城市化的发展更是强化了土地上农民财产性权益的内容。农民依法占有和使用土地，是农民基于土地的自然属性所享有的权益；通过使用而获得土地上收益和通过流转行使土地上的处分权及收益权，则又是土地的社会经济属性的根本体现。

4.1.2 农民财产性土地权益的内容

前文已述，农村土地所有权是一项集体权利，农民对本集体经济组织所有的土地享有的权利恰是来源于这一集体权利。集体成员对集体所有的土地享有自益权，是集体成员为实现自己在集体所有权上的利益而行使的权利。集体成员为实现个体利益而对集体财产的管理、使用和收益等，具有财产权的性质。这种财产性土地权益具体应包括所有权、使用权、收益权和处分权。

4.1.2.1 农民对集体土地的所有权

建立在我国以公有制为基础的经济体制之上，我国农村土地亦采取国家所有和集体所有形式。《中华人民共和国宪法》第10条规定：“城市的土地属于国家所有。农村和城市郊区的土地，除由法律规定属于国家所有的以外，属于集体所有；宅基地和自留地、自留山，也属于集体所有。国家为了公共利益的需要，可以依照法律规定对土地实行征收或者征用并给予补

① 郝寿义：《论社会主义土地的经济属性》，载《南开经济研究》，1987(4)。

偿。任何组织或者个人不得侵占、买卖或者以其他形式非法转让土地。”《中华人民共和国土地管理法》规定：“城市市区的土地属于国家所有。农村和城市郊区的土地，除法律规定属于国家所有的以外，属于农民集体所有；宅基地和自留地、自留山，属于农民集体所有。”此外，《中华人民共和国物权法》也对我国农村集体土地的所有权进行了规定(见表 4-1)。

表 4-1 关于农村土地所有权归属的主要法律规定

法律	主要内容
《中华人民共和国宪法》	农村和城市郊区的土地，除由法律规定属于国家所有的以外，属于集体所有；宅基地和自留地、自留山，也属于集体所有
《中华人民共和国土地管理法》	1. 农村和城市郊区的土地，除由法律规定属于国家所有的以外，属于农民集体所有；宅基地和自留地、自留山，属于农民集体所有 2. 农民集体所有的土地依法属于村农民集体所有的，由村集体经济组织或者村民委员会经营、管理；已经分别属于村内两个以上农村集体经济组织的农民集体所有的，由村内各该农村集体经济组织或者村民小组经营、管理；已经属于乡(镇)农民集体所有的，由乡(镇)农村集体经济组织经营、管理
《中华人民共和国物权法》	1. 农民集体所有的不动产和动产，属于本集体成员集体所有 2. 对于集体所有的土地和森林、山岭、草原、荒地、滩涂等，依照下列规定行使所有权：属于村农民集体所有的，由村集体经济组织或者村民委员会代表集体行使所有权；分别属于村内两个以上农民集体所有的，由村内各该集体经济组织或者村民小组代表集体行使所有权；属于乡镇农民集体所有的，由乡镇集体经济组织代表集体行使所有权

根据表 4-1 所列，《中华人民共和国宪法》从根本法的角度确认了农村土地“集体所有”的基本形式；《中华人民共和国土地管理法》在进一步确认农村土地归集体所有的基础上明确了集体土地经营、管理主体，但是对于“集体”的组织形式并没有予以规定。相较而言，《中华人民共和国物权法》更为详尽，其确认了农村土地农村集体所有的基本形式，并对集体成员权作出了初步规定。然而，我们可以发现的是，不同的法律文本对农村土地集体所有的公有制形式之表述各不相同。这就造成了法律规定上的内部混乱。这对农村集体土地所有权的确定性造成了一定的困扰而且不利于实践。2017 年《中华人民共和国民法总则》第 99 条规定农村集体经济组织为特殊法人，这在一定程度上使得集体土地的所有权主体走向了明细化。然而，不管当前法律如何规定，作为农村集体经济组织的成员，农民对集体所有的土地享有成员权这在理论界已经基本达成共识，接下来就是按照《中华人民共和国民法总则》的规定细化农村集体经济组织的法人构成。基于此，农民对农村集体所有的土地依照其成员之身份享有所有权，在法律规定的范围内对集体所有的土地占有、使用、收益和处分。因此，土地所有权属于农民土地财产权的范畴。

4.1.2.2 农民对集体土地的使用权

土地所有权包括对土地的占有、使用、收益和处分的权利。在我国，土地所有权的权利属性具有较高的稳定性，除法律规定的“基于公共利益的需要”可以对集体土地进行征收以外，土地的所有权归属是不发生改变的。随着近代物权由“所有为中心”向“利用为中心”的转移，为了实现土地的高效利用，法律将土地的使用权从所有权中分离出来，使之成为一种独立的物权形态。根据现有法律的规定，农民对农村集体土地享有如下内容之使用权。

第一，土地承包经营权。土地承包经营权是基于我国国情，颇具中国特色的土地制度。根据现有法律的规定，农村土地承包经营权是指农村土地承包人对其依法承包的土地享有占有、使用、收益和一定处分的权利。这是建立在土地所有权和家庭承包经营权基础之上的。在很长一段时间内保障了农村土地使用的稳定性。随着土地流转的大范围推进，2013 年，习近平在中央农村工作会议上提出了“三权分置”概念，在这一制度的基础上，土地承包权人对承包土地依法享有占有、使用和收益的权利。此后，国家对这一概念予以了肯定，2016 年中共中央办公厅、国务院办公厅印发了《关于完善农村土地所有权承包权经营权分置办法的意见》，在原有集体土地所有权和农民家庭承包经营权二权分离的基础上，将农民家庭承包经营权分解为承包权和经营权，从而实行所有权、承包权、经营权三权分置并行。2017 年，中央一号文件提出“落实农村土地集体所有权、农户承包权、土地经营权‘三权分置’办法”。党的十九大报告明确提出要深化农村土地制度改革，完善承包地“三权分置”制度。按照“三权分置”的理论，承包农户有权占有、使用承包地，依法依规建设必要的农业生产、附属、配套设施，自主组织生产经营和处置产品并获得收益；有权通过转让、互换、出租(转包)、入股或其他方式流转承包土地的经营权并获得收益，有权依法依规就承包土地经营权设定抵押、自愿有偿退出承包地，具备条件的可以因保护承包地获得相关补贴。土地经营权人对流转土地依法享有在一定期限内占有、耕作并取得相应收益的权利。不管是作为土地的承包者还是经营者，其对土地的占有和使用就是其获得财产性权益的途径。

第二，宅基地使用权。宅基地使用权是依法审批的由农村集体经济组织分配给其内部成员用于建造住宅的、没有使用期限限制的集体土地使用权。宅基地使用权的主体只能是农村集体经济组织的成员，根据《中华人民共和国土地管理法》的规定实行严格的“一户一宅”制。因为宅基地的初始取得是无偿的，具有一定的福利性质，所以宅基地使用权的转让受到了严格的法律限制，即只能向本集体经济组织成员转让，且转让后不得再申请。宅基地本身所具有的福利和保障性质，使得宅基地使用权本身就是一项具有财产性内容的权利。在宅基地制度改革中强调要“在充分保障农户宅基地用益物权、防止外部资本侵占控制的前提下，落实宅基地集体所有权，维护农户依法取得的宅基地占有和使用权”，足见党和国家对农民宅基地使用权之肯定和重视。

第三，经营性建设用地使用权。农村集体的经营性建设用地，是指具有生产经营性质的农村建设用地，是农村集体经济组织根据乡(镇)土地利用总体规划所确定的建设用地兴办企业或者与其他单位、个人以土地使用权入股、联营等形式共同举办企业所使用的农村集体建设用地。经营性建设用地使用权是经审批的，由农村集体经济组织通过投资的方式向符合条件的从事非农生产经营性活动的用地者提供的集体土地的使用权。

农民基于对土地的使用，通过承包和经营土地获得生存经济来源和职业保障，通过行使宅基地使用权获得住房保障，而行使经营性建设用地使用权更是较之其他两者较快获得经济利益。另外，根据土地的用途分类，农村土地还包括非农公益用地。然而，非农公益用地使用权是依法审批的，由农村集体经济组织或者其依法设立的公益性组织，对用于集体经济组织内部公益事业的非农用地所享有的集体土地使用权。非农公益用地使用权人不得擅自改变土地用途，不得擅自将土地用于经营活动，不得将土地使用权转让、出租或抵押。因此，它不作为本书之讨论对象。

4.1.2.3 农民对集体土地的收益权

土地收益权是指土地所有权人或使用权人依法获取土地所产生的自然或法定孳息和利益的权利。收益权是所有权在经济上的实现形式。所有权的存在以实现经济利益和价值增值为目的，这最终体现在收益权上。马克思指出，不支付地租就使用土地，意味着土地所有权的取消。① 这就是说，土地收益是土地所有和使用的核心内容。因此，从经济学的意义上看，所有权只是一个法律上的符号或归属，对经济资源的配置并不重要，重要的是谁拥有产权，或者说谁拥有该物品的控制权利。②农民对集体土地享有的土地所有权和使用权使得农民才是真正土地事实上的主人，也就是说，农村土地的实际产权主体是农民本身。收益权可以说是土地产权的核心，资产的名义所有者有得到该宗资产产生的收入的权利。③ 所以，对农民而言，占有和使用土地是其实现土地收益权的形式，而获得收益才是目的。根据现有法律，农民在集体土地上享有土地承包经营权、宅基地使用权和建设用地使用权等法定的用益物权内容。就土地承包经营权而言，一方面它可以使农民获得土地产出收益；另一方面我国法律确认了农民对土地承包经营权的流转权，即农民可以通过转让、出租等流转形式获得土地流转的各种形式的收益。此外，宅基地使用权本身就具有福利的性质，而允许农民在本集体经济组织内部对宅基地进行转让也使其获得了一定内容的收益；尤其是随着社会经济的发展和受城市化推进的人口流动的因素的影响，农村住宅流转带动下的宅基地的流转也越发活跃，宅基地的经济属性逐渐凸显出来。通过出租、出售、继承、置换、拆迁等形式以及改变房屋用途而形成的土地收益越发增加。2013 年通过的《中共中央关于全面深化改革若干重大问题的决定》指出，要建立城乡统一的建设用地市场。其目的是允许农村集体经营性建设用地出让、租赁、入股，实行与国有土地同等入市、同权同价，从而扩大国有土地有偿使

---

① 马克思：《资本论》第 3 卷，846 页，北京，人民出版社，1975。

② 刘凤芹：《农民土地权利的保护与“三农”问题》，载《经济社会体制比较》，2005(1)。

③ [美]Y. 巴泽尔：《产权的经济分析》，费方域、段毅才译，3～8 页，上海，生活·读书·新知三联书店上海分店、上海人民出版社，1997。

用范围，减少非公益性用地划拨；建立起兼顾国家、集体、个人的土地增值收益分配机制，合理提高个人收益。可以说，制度设计确认和不断丰富着农民在集体土地上的收益权。而这种收益权内容的增加又恰恰主要是以土地流转的方式形成的。

4.1.2.4 农民对集体土地的处分权

《中华人民共和国宪法》第 10 条和《中华人民共和国土地管理法》第 2 条明确禁止任何组织或者个人侵占、买卖或者以其他形式非法转让土地。也就是说根据我国现行法律，任何组织和个人不得处分土地的所有权。我国宪法和土地相关法律也明确了"土地的使用权可以依照法律的规定转让"这一内容。因此，对土地的处分权限于使用权。而根据前文对土地流转之界定，在我国法律意义上农民对集体所有土地所享有的处分权应该表现为有限制的土地流转的权利。

对农村土地流转的法律、法规与政策进行梳理可以看出，我国农村土地使用权之流转历经制度变迁终获法律认可，近几年有关制度更是受到了国家层面的支持和鼓励，政策文件一再强调推进土地流转，各地土地流转的实践亦搞得风生水起。不过，在我国，土地流转依然是有限制的流转，在法律上还有一定的限制。一方面宅基地使用权流转方面的禁止性规定明显却又态度暧昧①；另一方面对于集体经营性建设用地使用权中流转的内容，虽目前法律制度尚未明确规定，但在政策中早有体现。近期《中华人民共和国土地管理法》修改中涉及对集体经营性建设用地流转的规定，这一权能在立法中予以确认应该不会太久。因此可以说，现阶段我国农村土地使用权流转制度仅为

---

① 根据我国现有法律的规定，宅基地使用权之流转在法律层面受到较为严格的限制。根据一般的理解，宅基地使用权人无权转让宅基地使用权。但是宅基地上房屋的转让、抵押从未受到法律的禁止。根据"房随地走"的原则，宅基地使用权在事实上已经随着房屋的流转而发生了实际流转。从这样的制度设计看，目前针对宅基地使用权流转问题依然采取一种较为暧昧的态度。

有限流转制度。不过，尽管是以有限的土地流转的方式实现农民对农村土地的处分权，农民也可以从中获得一定的土地收益。而随着制度的完善和实践的推进，事实上，农民土地上的财产权益更多的是通过土地流转来实现的。可以说，农民对集体土地的所有权是其获得土地财产收益的根本保证；农民对集体土地的使用权是其获得土地上财产权益的重要内容，而土地的处分权(也就是有限的土地流转)是其当前获得土地上财产收益的主要途径；收益权则是农民作为农村集体成员享有土地上权益的终极目标。

4.1.3 土地流转中的财产性权益本质

在市场经济为主导的现代社会发展框架之下，经济主体的财产权无疑是非常重要的一项权利。而财产权在现代私法体系之中的重要地位又是不言而喻的。“一言以蔽之，财产权是宪政的基石、人权的屏障、市场经济的核心、社会繁荣的枢纽，是人类谋求生存与发展的基本权利，也是维系人类自由与尊严的根基，财产权堪称孕育人类物质文明、精神文明和政治文明的温床。”①我们必须善待财产权，充分保护财产权。相较于公民权，对于农民而言，更重要的莫过于能得到收益。从法律权利的角度看，公民的财产权既包括对个人财产的所有权，也包括对合法取得的公共财产的使用权。农民对农村集体土地的使用权便是典型的对合法取得的公共财产的使用权之一。那么农民追求的其实就是土地财产权的实现。土地财产权是指“农村集体经济组织内的农民对农村集体土地所依法享有的各种财产性权利”②。秘鲁经济学家索托在《资本的秘密》一书中指出：

---

① 刘武俊：《为私有财产权申辩——解读对私有财产的“傲慢与偏见”》，载《社会科学论坛》，2003(5)。

② 张金明、陈利根：《论农民土地财产权的体系重构》，载《中国土地科学》，2012(3)。

"在发达国家，人们能够把大多数资产分割成股份，每一份都可以由不同的人拥有，享有不同的权利，发挥不同的作用……而许多发展中国家的农民则没有这样的选择，他们必须不断地把农场再分成小块交给下一代，只(直)到地小得无法再继续耕种来产生利润——这时，他们只有两种选择：饿死或者去盗窃。"①这阐释的就是将资产互换以形成利润或增值的道理，土地作为一种资产亦是如此。土地流转恰是对土地进行交易和对土地使用权之创新。通过交换(即土地流转)呈现土地作为"资本"的属性，实现土地的价值。土地流转能将土地的资源性与财产性予以贯彻，让农民真正得到实惠。因此，可以说土地财产权是农民土地权益结构中最为重要的内容，是农民土地权益的本质所在。农民的土地财产权以土地收益的形式实现。"农民的土地收益权是土地财产权的实质，由于土地是有价物品，因此土地使用人和承包人可以而且应当通过处置土地和转让土地使用权而获得收益。"②在土地流转中，农民可以通过以下三种收益形式实现其土地财产权。

4.1.3.1　土地流转形成土地流转收益

《中华人民共和国物权法》将农民对集体所有土地的使用权界定为物权之内容——用益物权，即农民对土地享有占有、使用、收益和处分之权能，也即意味着农民对其占有的土地享有一定的支配权。而物权中的支配既包括对特定的动产和不动产的使用价值的支配，也包括对物的交换价值的支配。③ 物权具有的对世性、支配性、排他性、优先性、追及性、物上请求

---

①　[秘鲁]赫尔南多·德·索托：《资本的秘密》，王晓冬译，49页，南京，江苏人民出版社，2001。

②　于建嵘：《农民是如何失去土地所有权的》，载《经济管理文摘》，2007(24)。

③　谢在全：《民法物权论(上册)》，20～24页，北京，中国政法大学出版社，1999。

性、公开性等特征①，使得权利人有权排除他人干预地独立支配物之使用，在该权利受到威胁和侵犯时依法获得保护或救济。作为一种用益物权，农村土地的使用权就应当向其他物权一样，具有排他性收益权和转让权，在市场机制的作用下成为具有交换价值的资本，通过交换为权利所有者带来更大收益。农民对其占有的土地排他性支配或转让，是其权利实现的路径。农民通过出租、互换、转让等形式，行使对土地的流转处分权，从而获得合法的对价利益，这是农民土地财产权实现的重要形式。另外，《中华人民共和国农业法》第71条②规定征用集体所有的土地应保护农民合法权益，给予补偿并不得截留与挪用；《农村土地承包经营权流转管理办法》第7条③也规定土地承包经营权的流转收益归承包方所有。这其实确立了农民获得土地流转收益的合法性地位。

4.1.3.2 土地流转促进土地增值收益

土地流转的收益包括一般收益和增值收益。所谓土地增值是指土地价格的增加值。土地增值按照不同的原因可以分为人为增值(Man-Made Increment)和自然增值(Unearned Increment)两种。人为增值又称改良增值，是土地占有者努力的结

① 于海涌、丁南：《物权法》，2～16页，广州，中山大学出版社，2007。该书对物权的几个属性作了分别说明。对世性：权利人以外的一切人均负有不得侵害其权利行使的义务。支配性：权利人可以按照自己的意志独立行使权利。排他性：一个客体之上如果已经存在一个物权，则此权利具有排除其他物权再行成立的法律效力。优先性：物权的效力优先于债权。追及性：物权成立后，除法律另有规定外，权利人均可追及客体之所在而支配客体的效力。物上请求性：权利在面临侵害或有被侵害之危险时，权利人能够请求恢复原状态以防止侵害。公开性：公开展示权利变动情况，从而使第三人知晓。

② 《中华人民共和国农业法》第71条："国家依法征收农民集体所有的土地，应当保护农民和农村集体经济组织的合法权益，依法给予农民和农村集体经济组织征地补偿，任何单位和个人不得截留、挪用征地补偿费用。"

③ 《农村土地承包经营权流转管理办法》第7条："农村土地承包经营权流转收益归承包方所有，任何组织和个人不得侵占、截留、扣缴。"

果；自然增值是由社会文明进步、经济发展等因素而非个人投以资本、劳动力改良引起的增值。土地的人为增值是占有者自身劳动价值的体现，本应属于劳动者本人。因此，此处我们所说的土地流转增值收益仅为土地的自然增值收益部分。土地的自然增值源自四个方面的作用：一是随着社会、经济发展，土地价值的整体提升；二是土地用途转变带来的土地价值的提升；三是土地配置转变形成的土地价值的提升；四是基础设施完善带来的个别建设用地土地价值的提升。城市化发展带动了部分地区经济和社会的发展，城市基础设施的完善，这有利于提升土地的价值；城市化发展的同时出于对土地的需求而促进的土地流转可以优化土地的资源配置方式或者在符合规划的前提下改变土地用途，从而提升土地的价值。

学者张晓山指出："农民对土地的财产权利的实现过程，也就是土地要素逐步市场化的过程。"①这就是说允许土地进入市场以资本的形式进行交易，能最终实现土地的财产性属性。事实上，波斯纳在《法律的经济分析》一书中就曾指出财产权制度普遍性（universality）、排他性（exclusivity）和可转让性（transferability）的三个基本特征，认为"如果任何有价值的（意味着既稀缺又有需求的）资源为人们所有（普遍性），所有权意味着排除他人使用资源（排他性）和使用所有权本身的绝对权，并且所有权是可以自由转让的，或像法学学者说的是可以让渡的（可转让性），那么，资源价值就能最大化"②。意思就是通过自由转让可以实现资源的价值最大化，其根本也就是实现财产的增值。土地作为一种资产，土地流转能实现土地资源价值的最大化也符合这一理论。此外，"土地本身就是生产力。就物质

① 张晓山：《中国农村土地制度变革的回顾和展望》，载《学习与探索》，2006(5)。

② ［美］理查德·A.波斯纳：《法律的经济分析（上）》，蒋兆康译，42页，北京，中国大百科全书出版社，1997。

内容讲，土地是生产资料，是生产力的构成要素，而且是生产力的第一源泉。就价值方面，土地是商品，是一种资本，在运动中能实现增值”①。正如资本的运行能创造财富一样，土地作为一种资本，通过运行能够创造新的财富，从而实现增值。

4.1.3.3 土地流转获得其他形式收益

土地流转尤其是承包地经营权的流转能够形成一定程度的规模经营，推进农业产业化和提高农业生产能力，这极大地提高了农民的经营性收益，是农民增收的主要渠道。另外，土地流转能够将农村大量的剩余劳动力释放出来，土地流转出去的农民将有机会进入乡镇企业、实现规模经营的农场工作，甚至一部分农民直接进入城市寻求就业机会。这样一来农民就可以获得工资性收益。很多情况下，农民其实可以通过土地流转获得多种收益。例如，通过土地股份制合作的流转模式，农民在保留长期稳定的土地使用权的同时，可以获得土地资金、土地经营性收益以及工资性收益等。这就意味着农民既可以分享土地流转带来的土地收益，又可以通过务工劳动获得工资收益。从这个意义上讲，土地流转能够给农民带来多重收益的结合，增加农民土地权益的总量。而多重收益也会广泛调动农民群众的积极性进而达到帕累托最优，促进经济持续发展，深化农民增值收益。

4.2 土地流转中农民财产性土地权益的流失

土地流转是当前农民获得土地收益的重要途径之一，然而现实并非如此。在当前实践中，土地流转引发农民土地财产性权益流失的案例比比皆是。这种流失表现为不同的形式和内容，而多方主体的参与则成为农民权益流失的一个重要根源。

---

① 陈学法：《土地地租理论与我国土地管理制度变革》，载《马克思主义研究》，2011(2)。

4.2.1 土地流转中农民财产性土地权益的流失形式

土地流转中农民财产性土地权益在制度层面的保障不足，直接在实践中予以表现。在土地流转的实践中，农民的土地权益流失表现得更为明显。

4.2.1.1 土地多样化流转形式下农民财产性土地权益的流失

不同类型的土地在流转过程中所采用的形式各有不同。我国的法律和政策对此也各有规定。我国现有法律允许承包地的流转。在政策上，对于土地承包经营权的流转，中央倡导发展多种形式的适度规模经营，各省市积极推动土地承包经营权流转，实践中已经探索出多种适应实际情况的新的流转方式，土地流转形式从单一化向多样化转变。农村土地承包经营权的流转方式除了法律和政策规定的转包、出租、转让、互换、股份合作等几种以外，实践中还出现了委托代耕、入股、反租倒包、公司＋农户、土地信托、抵押、土地承包经营权换社保、土地银行等多样化形式(见表 4-2)。结合学者刘润秋[①]的研究结果，笔者对实践中的各种土地流转形式加以补充完善。

表 4-2 农村土地承包经营权流转的主要创新模式

创新模式	运作方式	实施地区
反租倒包	农村集体经济组织将承包到户的农地反租回集体，进行统一规划和改造后，将土地的使用权通过公开发包方式倒包给本集体经济组织的农民或本集体以外的农业经营大户及农业企业	黑龙江省克山县新兴村、贵州省雷山县方祥乡雀鸟村、贵州省遵义市凤冈县新建乡、新疆维吾尔自治区阜康市九运街镇等

① 刘润秋：《中国农村土地流转制度研究——基于利益协调的视角》，62 页，北京，经济管理出版社，2012。

续表

创新模式	运作方式	实施地区
“两权”抵押	金融机构联合地方政府推动试点改革，农户或龙头企业以土地承包经营权或农村房屋（含宅基地使用权）为抵押物，通过中介机构进行担保，向银行申请贷款	福建省三明市、四川省成都市、重庆市、湖北省天门市
“两田制”	把集体土地分为“口粮田”和“责任田”（各地叫法不同）：口粮田承担社会保障功能，按人口平均分配，用以满足农民基本生活需要；责任田实行公开竞标招租，向种田能手集中	山东省平度市、湖北省大同湖农场、海南省南海农场、辽宁省盘山县甜水农场等
“股田制”	在土地集体所有和承包经营权稳定不变的前提下，农民以土地承包经营权入股成立土地股份制合作社或新型股份合作制公司，以此实现土地的规模经营	广东省佛山市南海区、浙江省余姚市、重庆市江津区牌坊村、重庆市长寿区麒麟村、四川省宜宾市南溪区、湖南省浏阳市等
土地换保障	农民通过放弃自己的土地承包经营权，换取社会保障和相应的补偿	天津市、浙江省嘉兴市、重庆市等
土地银行	农民把承包的土地“存入”合作社，并获取“利息”；合作社寻找到业主以后，以出租的方式把土地成片“贷”给业主，业主交付租金	山东省诸城市、四川省彭州市、河南省信阳市江湾村、宁夏回族自治区平罗县等

续表

创新模式	运作方式	实施地区
托管	由农户组建的农业生产合作社(或称土地合作社)为无暇或无力耕种土地的农户管理和耕种土地，由被代耕的农户向合作社缴纳一定的管理及生产费用	湖北省个别地方
委托代耕	基于没有劳动力或在外打工，或认为经营小块耕地无收益等原因，暂时不能或不愿经营承包地的农户，经自行协商临时把承包地交由别人(大多是同族或亲友)代耕，时间、条件一般由双方口头约定，原承包合同不变	四川省蓬溪县、安徽省池州市、重庆市彭水苗族土家族自治县龙射镇、四川省资阳市保和镇等
土地信托	土地所有权人(委托人)为有效利用土地，提高不动产的开发与经营效率，而将土地通过信托方式交付给受托人，由受托人利用其专业规划与管理，将开发经营的利润作为信托受益分配金交付给受益人	福建省沙县、浙江省绍兴市、湖南省益阳市谢林港镇、湖南省沅江市草尾镇、安徽省宿州市等

在多种土地流转模式创新的情况下，传统的转包、出租和互换模式仍然在现阶段农村土地流转过程中居于主导地位。如图 4-1 所示，笔者 2013 年 7 月—8 月的调研统计数据显示，在农民进行土地流转的方式中，转包形式占比 27.05%、出租形式占比 19.84%、互换占比 38.48%，剩余 14.63%为其他形式。可以看出，传统的土地流转模式占比高达 80%以上，而新型流转模式则极其少见。这种情况并非山西省特有，学者杨光调研所得数据显示，全国大部分地区通过转包形式流转的农村土地占到流转面积

的50%左右，以出租形式流转的比例在30%左右。① 截至2013年底，以福建尤溪为例，以出租和转包形式流转的土地共占总数的90%以上。② 学者丁关良早些年统计的关于浙江、广东、上海、重庆、湖南、云南等省份的土地流转形式也大抵如此。③

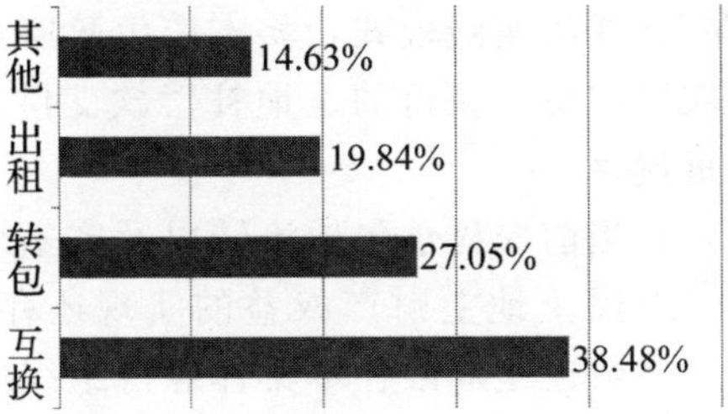

图 4-1 农村集体土地流转形式的占比(%)

我国农村宅基地根据法律只可以在集体经济组织内部进行流转，不允许城镇居民购买农村宅基地。但是，随着城市化的推进，宅基地及其上附房屋的流动已经不可避免，尤其是城市近郊的农村宅基地及房屋，事实上的流转行为越来越活跃。农民以较低于城市的价格将房屋出租给在城市或近郊就业的外来人口尤为多见。而这种出租形式的流转虽然使出租者获得了一定的经济收益，但是增加了当地人口的密度和复杂程度，导致当地治安、卫生等生活质量显著下降，事实上这种收益也并不是非常高。更有一些城市居民基于对生活品质的追求或者基于远郊较低的房价而购买农村宅基地上所建房屋。"小产权房"的问题就此生成。这种现象有其现实道理和依据，是通过自发力量进行的制度安排。然而小产权房交易本身存在较多的风险。

① 杨光：《全国土地流转面积和流转率同创新高》，载《农药市场信息》，2011(1)。

② 陈淑琴、张秉润：《尤溪县农村土地承包经营权流转的调查与思考》，载《当代农村财经》，2015(1)。

③ 丁关良：《土地承包经营权流转法律制度研究》，96～97页，北京，中国人民大学出版社，2011。

一方面它的存在本身就是违反现行法律的，另一方面也会发生部分地区一夜暴富、部分地区却无法惠及的现象，导致新的社会矛盾，危及社会稳定。这种“交易的非法性和内在的风险多被买卖双方乐观的预期所低估”①。更为重要的是，实践中还存在“土地换社保”这样的实践模式，将本应由政府承担的社会保障的义务转由农民本身应获得的土地补偿款支付。这更是农民双重权益的严重侵害。

可以看到，在当前农村承包地流转以及宅基地大部分非法流转的过程中，农民土地上财产权益的实现还存在较大阻碍。承包地流转绝大多数还是局限在本集体经济组织内部甚至是熟人之间，有限范围内的流转自然难以形成规模效益，农民通过土地流转获得土地收益的能力也随之降低。而宅基地的流转尚未得到法律的支持和规范，更容易形成各种隐患进而侵害农民的财产权益。所以，在当前的土地流转中，农民的土地财产性权益并未得到真正的实现。

4.2.1.2 土地流转价格形成中农民财产性土地权益的流失

从流转价格的角度看，土地流转是土地获得更高收益的主要形式。然而实践中并非如此。我国法律并未对承包地流转的价格作出具体规定，致使在承包地的流转中也并未形成具有统一形式和标准的交易价格。近年来学者们在各地调研的结果表明，承包地流转的交易价格主要有三种形式：一是无偿流转土地；二是转入方向转出方支付一定的现金作为流转价格；三是转入方向转出方支付一定数量的农产品作为流转价格。早些年的调研结果显示，甚至有转出方向转入方倒贴一定数额的现金来流转承包地的奇怪现象。② 由于制度上的缺陷以及实践操作

---

① 王海卉、张倩：《苏南乡村空间集约化政策分析》，22页，南京，东南大学出版社，2015。

② 蔡贤恩：《农村土地承包经营权流转的研究——以福建省三明市为例》，载《福建论坛(人文社会科学版)》，2004(12)。

中小范围的土地流转现状，农民在土地流转中并未获得预期的收益。这主要表现在三个方面。

第一，土地流转价格偏低。早些年学者们的调研数据显示，越是经济不发达的地区，土地流转租金越低；东、西部地区在流转租金上的差异非常明显。这一现实也得到了国务院发展研究中心课题组调研结果的证实。“农地圈”这一互联网平台对不同省份土地流转价格的整理汇总更是明显体现了这一差距（见图 4-2）。而局限于现阶段土地流转的范围和方式，这种现状想要得到缓解是很难的。这么低的土地流转租金显然是无法实现土地的价值的，那么农民想要通过土地流转获得土地收益也变得不现实。这种小范围、低收益的流转情况在全国范围内普遍存在，显然是对农民土地权益的严重损害。

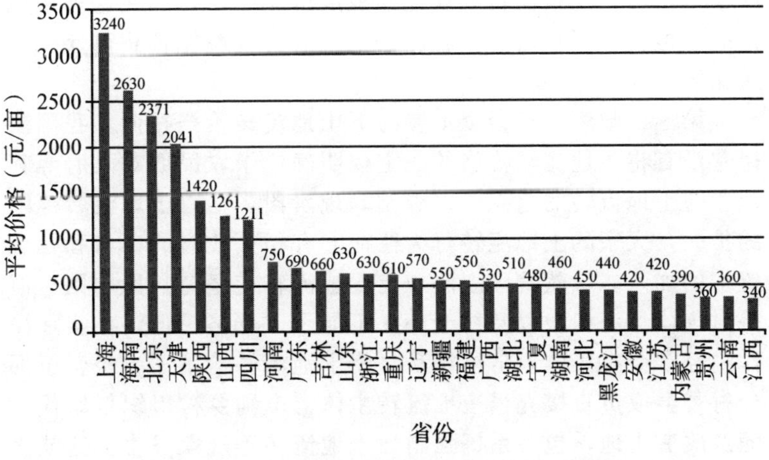

图 4-2 2016 年不同省份土地流转平均价格

数据来源：《2017 年，全国各地土地流转的价格是多少?》，http：//www.sohu.com/a/135243570 _ 354859，2017-05-02。

第二，土地流转金额定价的随意性较强，缺乏规范性。根据实践所得的数据显示，我国农村的土地流转缺乏规范性，表现得较为随意。这自然使得土地流转的租金不会很高。更为重要的是，土地流转收益取得缺乏保障，存在较强的随机性。而这也很容易导致在土地流转中形成纠纷，加深农民对土地流转的抗拒心理。笔者在山西省部分地区的农村进行调研的时候发现，很多农民之间进行土地流转，关于土地流转的形式为何、时间长短、租金多少等多以口头形式达成。华中师范大学中国农村研究院“百村观察”2012 年寒假调研的数据也凸显了这一状况。根据这一调研，在土地租入和租出的流转中，没有签订合同的占比分别高达 72.84%、64.36%，有中间人为证的分别为 1.53%、4.35%，而签订合同的分别只有 25.63%、31.29%。[①] 从数据可以看出，没有签订合同和签订了合同进行承包地流转的比例差距非常之大。就算是签订了土地流转合同，其内容之规范性也并不高，相关条款的缺乏更是使得即使出现纠纷也无法根据合同予以归责。土地流转的规范性程度可见一斑，而在这种非规范的土地流转形式之下，农民的土地流转收益能否获得保障可想而知。

第三，政府、社会资本参与下土地流转价格扭曲。我国法律并没有将土地流转价格的决定权明确赋予农民或对政府等其他参与土地流转的组织予以限制。现阶段，随着土地流转范围的扩大，大宗的土地流转行为往往会有相关政府的参与和社会资本的加入。虽然我国立法规定土地流转应坚持自愿原则，但是村集体经济组织以及村干部并不能予以严格贯彻，在实际操作中经常会有集体经济组织私自将土地流转给第三方经营、部分村委会成员直接充当土地流转主体、个别乡村组织越俎代庖随意改变土地承包关系搞强制性土地流转等现象发生。这就直接导致了土地流转定价的扭曲。从土地流转定价而言，土地的大宗流转往往是由地方政府或者村集体中的所谓代表人来决定的，并不受市场价格的影响，地方政府和租地企业通常可利用

① 徐勇、邓大才等：《中国农民状况发展报告 2012（经济卷）》，26 页，北京，北京大学出版社，2013。

农民对相关法律、经济知识的缺乏等压低土地流转价格，甚至订立对农民不利的合同，等农民意识到权益受到侵害的时候往往已经无能为力了。在这样扭曲的土地流转定价和价格标准之下，农户实际上很难从土地流转中获得收益。并且，土地流转的参与主体并非只有农户，尤其是在多方主体参与的模式之下，农户处在土地流转收益分配的末梢，与租赁公司（大户）、政府等其他主体之间未能建立起合理的利益分配机制，从而出现“农户得利过小、租赁公司（大户）得利过大”①，甚至政府瓜分土地流转收益的格局。

土地流转价格决定了农民土地上财产性收入的多少。而在上述的土地流转过程中，土地的价值并没有在流转中让农民获得更多的收益；相反地，由于大规模的流转，农民基于土地流转的财产性权益可能遭遇更为严重的威胁。

4.2.1.3　土地流转收益分配中农民财产性土地权益的流失

费孝通先生在进行中国乡土社会研究时就曾指出：“说人类行为有动机的包含着两个意思，一是人类对于自己的行为是可以控制的，要这样做就这样做，不要这样做就不这样做，也就是所谓意志；一是人类在取舍之间有所根据，这根据就是欲望。欲望规定了人类行为的方向……”②这种文化特征在所有的人类行为过程中都有所体现。尤其是在面对利益的时候，第二类基于欲望的行为就表现得特别明显。在经济发展和城市化进程中，土地流转的各参与主体对利益的追求过程就是其欲望的满足过程，这就决定了各参与主体在土地流转中的行为必然以实现其利益目标为取向而忽略甚至挤压其他参与主体可获之利益。根据前文对农村土地流转中各参与主体行为特征的分析，我们可以清楚地看到，各参与主体不同的发展目标决定了他们不同的利益诉求，进而表现为不同的行为特征。同时，又“因

---

① 张云华：《进一步夯实农民的土地财产权利》，载《东方城乡报》，2013-10-08。

② 费孝通：《乡土中国》，122页，北京，北京出版社，2009。

地权主体(在土地流转中即表现为各参与主体)的社会关系强弱不同，围绕集体地权的利益争夺造成乡村社会结构的新变化”①。这种新的变化即为各参与主体之间利益博弈以后形成的新的利益分配格局。但是，各参与主体在土地流转过程中的行为和目标并不是孤立的，为了达成自身的或者彼此之间互利的目标，各参与主体在目标实现和利益分享中又形成了“共谋”。

多方参与主体行为引发的潜在风险就直接表现为多方参与主体与民争利的现实。在农村土地征收和流转的过程中，随着参与土地交易的主体多元化趋势加大，由于缺乏公开的土地交易市场，难以形成有效的利益共享机制，多方利益主体在追求自身利益最大化的过程中难以遵循既定标准进行利益分配。土地价值估算是一项复杂的、极具专业性的工作，农民不具备评估的能力。在缺乏公开、健全的市场机制的情形下，土地交易价格主要靠交易双方协商达成。农民由于自身认知和信息获取方面的弱势，在谈判中难以占据优势；尤其是在地方政府主导或参与交易的模式下，更容易导致利益分配上的不对称，在多重因素的作用下形成地方政府、企业大户等与民争利的局面。如前文所述，地方政府在土地征收中提取比例之高可见一斑；在土地流转中亦是如此，如在苏南某市，土地流转实行年租制，按照规定，政府、集体经济组织与农民按照2∶4∶4的比例原则分配土地流转收益。② 笔者在调研中就多次了解到农民希望集体土地的增值收益能够全部归农民所有，至少能够全部用在农村和农业发展上，这也从一个侧面反映出现实中集体土地的增值收益存在着被其他利益主体侵占的问题。而我国土地

① 臧得顺：《臧村“关系地权”的实践逻辑——一个地权研究分析框架的构建》，载《社会学研究》，2012(1)。

② 徐元明：《土地流转与农民权益保障机制的创新——江苏省农村土地流转的调查》，载《现代经济探讨》，2008(1)。

法律和政策多次强调农民是土地交易的市场主体，增值收益归农民所有，任何组织和个人都不得截留和扣缴。从更深层次去理解农民的这一心声，则会发现农民对自身所拥有的土地各项权能并不了解，对土地利益应如何分配并不了解，这便成为其土地利益被瓜分的一个重要原因。

从前文可以看到，我国农村土地流转过程中农民的财产性权益实际上受损严重，农民真正获得的土地权益仅为土地流转链条末梢上的一小部分利益。而真正通过土地流转实现的土地价值往往以各种形式流向其他方向。这恰恰是我们寻找的农民财产性土地权益流失的实践根源。

4.2.2 土地流转中农民财产性土地权益流失的内容

土地流转已经以不可阻挡之势发生着，“截至 2015 年底，全国家庭承包经营耕地流转面积 4.43 亿亩，占比达 33.3%”①。这意味着已经有超过三成的土地发生了流转。而在土地流转中，农民不可避免地丧失了对土地的现实占有。与之相随的是，农民面临着失地与失业的现实危险，如果土地流转程序不规范、流转补偿不到位，则同时意味着农民实际利益的损失。现实中，土地流转确实在三个方面给农民的财产性收益造成了损失，即土地流转之后农民丧失了对土地占有之使用权、在土地上解决就业的机会以及土地流转收益的获得。

4.2.2.1 土地流转后土地使用权的丧失

由于土地的有限性特征，城市化发展过程中城市建设用地需求带来的土地流转，在一定程度上造成了农民可使用土地的不断减少。农用地非农化转用即意味着农民对土地使用权的丧失。尤其是“以租代征”的流转形式，虽然“租”的形式意味着农民仍旧保有土地使用权，但是“以租代征”行为本身具有违法性

---

① 贺雪峰：《不宜过分强调土地经营权》，载《第一财经日报》，2016-11-11。1 亩约等于 666.67 平方米。

特征、缺乏征地保障的法律确认、租用土地使用权期限不明等问题的存在实际上剥夺了农民的土地使用权，而付给农民的补偿金(或称租金)根本无法弥补农民经营土地的收入所得。另外，农民无法收回土地使用权的时候无从获得救济更使农民的土地使用权存在丧失的巨大风险和挑战。将土地向工商业流转而导致的农用地破坏等也使农民丧失了对土地的使用。

不仅如此，农民在失去土地(或不占有、不经营土地)时需要寻求其他的谋生方式。学者郭焕东 2014 年在 S 省 W 县的调查结果反映，除个体经营之外的其他谋生手段如当建筑工、做工厂工人等与年龄、性别、身体健康状况都有很大的关系，导致村民收入有着不稳定的风险。① 先天的弱势性以及知识、文化和技术水平的不足，使得农民在除了经营土地以外的其他工作岗位上承担着各种不确定的潜在风险的威胁。随之而来的农民生存权、保障权和发展权都在不可预期的流失中。而农民拥有土地使用权恰是农民在受到这种威胁时的最后救济手段。笔者在调研中发现，土地流转之后，原本以种地为生的农民失去了对土地的使用权，为了减少生活的开支，在山地上开荒种植蔬菜的并不少见。

4.2.2.2 土地流转后土地上就业的丧失

当政策制定者和学者的思考还停留在如何实现农民土地流转收益的时候，一个更为严重的问题正在凸显，那就是农地非农化以后农民的失业问题。在土地使用权尚保留在农民手中的时候，农民依靠土地和务工收入维持生活是基本没有问题的，但农地转用以后，农民面临的问题已经不仅仅是没有土地的问题，更为重要的是，大部分农民可能无事可做了。当然这种无事可做有两方面的因素，一是客观方面，完全依靠土地为生的农民就此失去了其职业。这个时候，问题来了，农民不是有补

---

① 郭焕东：《“以租代征”中的农民权利问题初探——基于对 S 省 W 县城郊村征地状况的调查》，载《中南财经政法大学研究生学报》，2014(2)。

偿款吗？这正是农民无事可做的第二个因素，也即主观上的原因。突如其来的巨额补偿让农民主观上也失业了。

原因正在于此，相较于按照每年每亩地给予固定数额补偿的方式而言，农民更倾向于一次性支付补偿款的方式。这个时候，新的问题出现了。农民并不善于甚至可以说并不懂得理财，面对突然而来的几十万元甚至上百万元补偿款，大部分农民并不知该如何合理使用。实践中，农民在得到补偿款①后，基本上没有了(暂时的)生活之忧，无计划地购房、买车以及其他挥霍性消费，使得所获补偿款在很短时间内所剩无几。此外，没有土地耕种的农民无所事事，很容易引发黄、赌、毒等现象的抬头。在这样的情形之下，用不了多久农民通过土地流转换得的补偿款即耗尽，他们再次陷入贫困且几乎失去脱贫能力。他们的下一代、下下一代更是失去了生存和发展的根本。陈章良在“2014 城市中国计划年会——中国城镇化”论坛期间依据其参与地方改革的经历就曾指出这种情况，笔者在调研中也不乏见到类似情形。

以笔者在山西省调研中走访的一户大家庭为例。该户由父辈和两个儿子各自组成的家庭构成，原居住在地处资源型地区的寺沟村。村集体通过招商引资吸引广东投资商入村进行资源开采，全村整体搬离。该户全部搬到距离该村较近的县城居住，分别购买了房屋和汽车等，过起了“城市人”的生活。

按照表 4-3 所示情况，我们可以明显看到，用不了多久 A1 家庭将会陷入经济危机而难以为继。而 A1 家庭之模式恰恰反映的是多数农户的情况。对于 A2 家庭而言，土地或者补偿款仅有锦上添花之效，并不会对其收入产生消极影响；而 A 家庭虽与 A1 家庭情况相似，但不需要养老育幼，加上农民养老保

① 事实上，很大程度上补偿款的数额并非不大，如果按照非规模经营条件下农民依靠土地所得年收入计算的话，补偿款多能达到农地年均收入的 10 到 20 年总和之多。

险足够维持较好生活水平。据此，笔者认为，我们在追求土地流转对农民权益实现的同时，更需要关注的是对农民土地权益的二次损害。我国当前对农民缺少系统的职业培训，土地之外不具有生存、就业技能的农民大有人在，他们失去土地即失去最主要的就业方式。

表 4-3 典型家庭土地流转前后的生活情况

	家庭结构	文化程度（成人）	主要收入来源		补偿总额（万元）	补偿款使用情况
			流转前	流转后		
A	夫＋妻	文盲/小学	种地、放羊	补偿款及利息	60	购房、生活支出
A1	夫＋妻＋子＋女	初中/初中	种地、务工	补偿款及利息、务工（非主要收入）	120	购房、买车、子女上学费用、生活支出
A2	夫＋妻＋子	本科/硕士	双职工工资	双职工工资、存款及利息、投资收益	90	买车、子女上学费用、生活支出

注：1. A 为大家长家庭，A1 和 A2 分别为两个儿子各自组成的家庭。

2. 土地流转补偿不分年龄、性别，按家庭人口数计每人一次性补偿 30 万元。

3. 此处生活支出包括吃、穿、住、行以及文化消费等各项支出。

4.2.2.3 土地流转后土地上收益的丧失

令农民无奈的不仅如此，可以说法律对农民土地使用权的有限限制，在一定程度上限制了农民通过改变土地用途获得财产性收益的可能性。在国家支持农业发展的保护体系尚未有效建立的情况下，却要规定农民只能将土地用于农业，无异于强迫农民维持贫困的生活。① 事实也的确如此。虽然从改革开放到1995年这个时期，法律和政策强调农村土地的集体所有性质，农民不得任意占用进行建设，但是农地转为宅基地的制度通道还是有的。对于农地转为集体经营性建设用地如乡村工业用地，由于国家正处于经济发展时期，政策上还是允许的。而20世纪90年代末期以来，随着国家城市化进程的加速，大量的农地转为城市建设用地，形成了土地升值的巨大空间。然而，这种升值并没有惠及农民。因为，在中国，农地非农化的城市建设用地供给途径，实际上走的是某种程度的“集体土地非集体化”的路径。虽然2004年《国务院关于深化改革严格土地管理的决定》指出“在符合规划的前提下，村庄、集镇、建制镇中的农民集体所有建设用地使用权可以依法流转”，但是现实中，问题的核心却是土地所有权的市场配置及利益分配，而非土地使用权的“依法流转”。这并非我们所讲的土地流转的应有之义。事实上，土地增值的主要途径还在于土地用途转变。然而在这个过程中，一方面农民没有转变土地用途增加收益的权利；另一方面土地转用创造的巨大收益却通过所有权的转变从集体流失，农民没能获得分毫。

土地流转后农民土地上收益的丧失还体现在土地流转收益的分配过程中。各地在管理办法中都对建设用地流转收益分配作出了规定，笔者在先前的研究中对广东、江苏、山东、浙江、安徽、湖南、福建等几个影响较大的省份的集体建设用地流转管理办法进行了整理，分析了其土地流转收益的分配办法。在研究中发现，地方政府都直接或间接地参与了流转收益的分配，其中多数政府在建设用地流转收益分配中占有较大比例。从权利主体的角度看，地方政府既不是土地所有者，也不是土地使用者，其分享集体建设用地流转收益本身就无权利之

---

① 洪朝辉：《论中国农民土地财产权利的贫困》，载《当代中国研究》，2004(1)。

基础。相反地，实践中集体建设用地的流转很多都是由地方政府尤其是基层地方政府操控，允许其参与收益分配，也即意味着赋予了它在非权利主体的状态下流转主导者和收益受益者的地位。这种地方政府职能的错位，很容易导致土地供给失控和土地市场秩序混乱。而从最根本的角度看，这就会造成对农民土地权益的侵蚀。同时，多数地方政府认同集体经济组织作为所有权主体在集体建设用地首次流转中的主体地位，认为集体经济组织有权获取相应的租金、价款等收益；对于再次流转则仅作了原则性规定，并未予以规范。这在一定程度上为村干部违法占有和使用集体建设用地创造了空间。当然，也有地方政府几乎剥夺了土地所有者的自主权，流转收益标准由政府部门规定并与土地所有者一同分享。这不仅使得土地所有权人失去了对集体建设用地的处分权，而且很大程度上损失了本应由集体成员共享的土地流转收益。具体到操作过程中，由于缺乏相应的估价机构等，农村集体经济组织的土地基准价得不到保证，许多土地使用者往往尽量压低地价，甚至拖欠、少交或不交租金，严重损害了集体土地的收益。参与不足导致农民几乎丧失了对集体建设用地流转的监督和对流转收益分配的监督。流转收益“谁来分配、分配多少、由谁分享”在一定程度上成为村干部和土地使用者的事情，忽视了集体成员的利益。集体土地流转收益的使用存在较为严重的不当情形，也在一定程度上造成了农民利益的损失。对于农村集体收益，完善的民主决策机制的缺乏致使法律对收益之使用处于完全不予干预的状态，权力往往操控在几个村干部的手中，而村干部在寻求自身利益之外，并不善于资产使用和投资。在这种情形下，农民集体收益固化成“死资本”，不利于通过资本流动而增收。

综上所述，土地流转之后农民可能永久性地失去土地财产权，失去利用土地就业的机会，也失去获得基本生活保障的机会。目前对于大多数农民来说，失地即意味着失业，意味着失去最基本的财产保障，由此带来各方面权利和利益的损害。

4.3 土地流转中农民财产性土地权益的落实

财产性土地权益是农民在土地上享有的最直接，也是最根本的权益内容。农民土地上财产性权益的实现，是确保农民生存和发展的根本。土地流转能够形成多种形式的收益内容，却在实践中受多种因素的影响而难以真正成为农民的发展福利。笔者认为，土地上权利体系和内容的不明确以及行政权能的错位是根本原因所在，需主要从两个方面予以矫正，以确保农民在土地流转中的财产性土地权益的落实。

4.3.1 农民的土地上权利体系的完善

《中华人民共和国宪法》和《中华人民共和国土地管理法》规定农村土地归“集体”所有。但“集体”本身在乡镇农民集体、村农民集体和村民小组之间的所有权界限并不清晰。造成的结果是农民土地产权幻觉和不同主体对土地行使权利产生的纠纷难解。

学者陈胜祥在其研究中提出中国农民的土地产权幻觉，他认为农民实际上没有(或拥有)土地的法律产权，却误以为自己拥有(或不拥有)该土地产权的一种认知错觉现象。[①] 事实上，这种现象普遍存在，尤其是农民在很大程度上认为占有土地即为对土地拥有所有权。笔者在 2013 年、2014 年以及 2016—2017 年的三次调研中都遇到同样的情况。调研结果显示，36.7%的农户认为土地应该属于国家所有，17.6%的农户认为土地应该属于村集体所有，7.3%的农户认为土地应该属于村集体和个人所有，38.4%的农户认为承包地即为自己的土地(见图 4-3)。原农业部产业政策与法规司 2013 年对河北省 8 个乡

① 陈胜祥：《中国农民土地产权幻觉研究》，北京，中国社会科学出版社，2015。

镇16个村219名农民进行的问卷调查也显示类似的结果。国务院发展研究中心课题组对我国17个省份2749个村的调研也表明，不仅农民，即使是村干部对集体土地产权的认识也是非常模糊的。而集体土地所有权"权利主体的虚位，是集体土地所有权弱化的原因与表现"①。此外，即使根据立法明确了我国农民在土地上享有的使用、收益和处分的权利，但是这些权利多是纸面上的而并不能落到实处。这样就不难理解基于土地所有权原因所导致的农民土地权益流失现象。

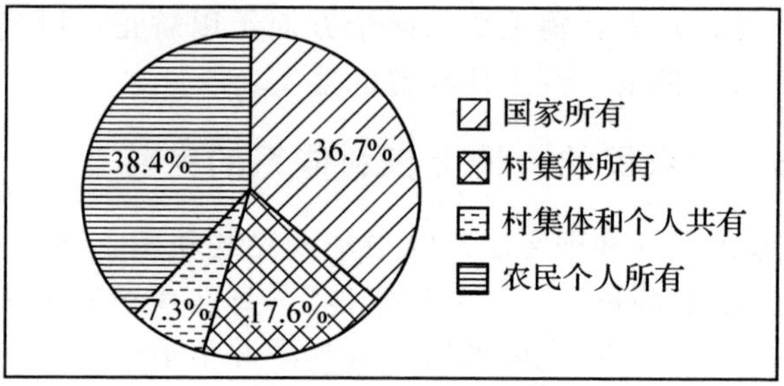

图4-3 农民的农村土地权属意识

要解决因为所有权归属而产生的问题，就必须将土地上各项权利的归属予以明晰，明确各权利之主体。基于此，我们需要研究如何将农村集体土地的所有权具体化为一项农民可以切实分享的权利，并由此实现对土地使用、收益和处分的权利。当前我国农村开展的土地确权就是这方面的积极努力。2014年中共中央办公厅、国务院办公厅印发的《关于引导农村土地经营权有序流转发展农业适度规模经营的意见》指出，要坚持农村土地集体所有，实现所有权、承包权、经营权"三权分置"，引导土地经营权有序流转。这是我国农村土地权利制度体系的一大创新。然而，对于所有权之主体，仍然遵循《中华人民共

① 黄涛：《论集体土地所有权制度之完善——兼评物权法草案第八十八条》，载《甘肃政法学院学报》，2001(6)。

和国宪法》和《中华人民共和国土地管理法》的规定，只是要依法明确农村集体土地所有权主体代表，这并没有实质性的突破。笔者认为这依然是实践之问题所在，并不能从根本上解决农村土地所有权的问题。因此，在符合我国宪法和基本法律的基础上，在遵循"三权分置"原则的同时，国家须对农村土地的权利归属予以进一步明确。

第一，逐步完善农村集体经济组织的法人结构，使得农民集体土地所有权明晰化。农村集体经济组织的法人资格在学界多有讨论，2017 年 10 月 1 日起施行的《中华人民共和国民法总则》第 99 条确认了农村集体经济组织的法人资格；第 101 条规定未设立村集体经济组织的，村民委员会可以依法代行村集体经济组织的职能。这对农村集体土地所有权的明确化具有重要的理论和实践意义。然而，这还需要进一步细化才具有实践中的可操作性，目前我国立法与此相关的细化性规定尚未出台。笔者认为，对于农村集体经济组织的法人结构，可按照如下思路建构：法人成员由农村集体成员组成，根据出生或户籍加入而取得法人成员的身份。为确保法人的治理机制应建立相应的权力机关、决策机关和监督机关。笔者认为应由集体法人的全体成员构成权力机关，行使决策权，"在这个层次上，全体集体成员通过民主决策，形成集体的共同意志，尽可能地把集体成员的意志和要求表达出来，并决定执行机构和监督机构的组成和运作规程"①。集体法人行使所有权的程序则主要包括：成员会议召集程序；成员会议表决程序；决议执行程序；通知、公告程序；不当行为救济程序。② 当然，具体的选择还是应该根据各地具体情况进行设置。对此，国家法律应该进行引导和

---

① 杨鹭、钟涨宝：《论集体土地所有权的性质、主体及其内容的实现》，载《生态经济》，2009(9)。

② 祝之舟：《论集体土地所有权行使程序的缺失与完善——以法教义学的分析为视角》，载《中国土地科学》，2010(8)。

支持，地方性法规和规章则应予以细化。

第二，在民法体系内完善农民在土地上的权利内容，切实保障立法中的权利转变为实践中的权益。“农民土地财产权作为一种权利范畴，是指农村集体经济组织内的农民对农村集体土地所依法享有的各种财产性权利。”①完整而明确的土地上财产权利体系“可以使农民享有完整的土地财产权利，农民真正成为市场经济中平等交易的主体，从土地交易、增值中直接获取或分享到更多的收益；明确了农民排他性的土地财产权利，可以使农民的土地收益内部化，阻止乡村权势阶层攫取土地收益，切断基层政府和集体组织与土地的利益联系，有利于防止土地利用中的寻租行为和腐败现象”②。足见农民土地财产权利在农民土地权益体系中的重要地位。国家对此也有非常清楚的认识。2011 年 12 月，温家宝在中央农村工作会议上指出：“在任何情况下都要尊重和保护农民以土地为核心的财产权利……土地承包经营权、宅基地使用权、集体收益分配权等，是法律赋予农民的财产权利……任何人都无权剥夺。”③2013 年党的十八届三中全会指出要赋予农民更多的财产性权利。2015 年中央一号文件更是提出“中国要富，农民必须富”。党的十八大以来，以习近平同志为核心的党中央针对稳定和完善农村基本经营制度、深化农村集体土地制度改革提出了一系列方针政策。党的十九大报告明确提出第二轮土地承包到期后再延长 30 年。可见，党和国家对进一步完善农民在土地上的权利、实现农民对土地使用的稳定性高度重视。因此，我们要从民法体系内对此予以完善。在民法体系内完善农民土地财产权利体系，要遵

① 张金明、陈利根：《论农民土地财产权的体系重构》，载《中国土地科学》，2012(3)。

② 陈明：《农地产权制度创新与农民土地财产权利保护》，178 页，武汉，湖北人民出版社，2006。

③ 温家宝：《中国农业和农村的发展道路》，载《求是》，2012(2)。

循民事权利体系。民事权利体系建构的标准是权利内容，是权利主体“因享有权利而受到保护的利益”[①]。在物权法体系内，权利主体对物的法律关系包括归属和利用。从归属角度看，农村集体土地所有权为农民集体所有，农民基于成员权拥有分享所有权的内容；从利用角度看，根据《中华人民共和国物权法》，农民享有对土地的用益物权即土地承包经营权、宅基地使用权和建设用地使用权。此外，“物权中的支配既包括对特定的动产和不动产的使用价值的支配，也包括对物的交换价值的支配”[②]。土地交换价值的实现是通过流转实现的，那么流转利益理应为土地财产权的内容之一。而从权利实现的时间上看，“期待权作为‘发展中的权利和将来的权利’，仍然是可以实际取得的”[③]，因此基于发展权所能产生的利益也应有属于农民的部分。

因此，农民的土地财产权利的具体内容应该包括集体土地所有权和土地使用权以及基于此而产生的土地流转收益权和土地上的未来权益。这些权利的内容应在民事立法中明确地体现出来，从而得到确认和保障。另外，国家应该对《中共中央关于全面深化改革若干重大问题的决定》中所呼吁的赋予农民诸如集体资产股份占有、收益、有偿退出及抵押、担保、继承权等内容予以法律确认。国家要让农民的土地财产变成能够流通的财产从而使其获得收益。

4.3.2　行政权在土地流转中职责的回归

前文已经分析，目前土地流转中行政权存在较严重的错

① 谢怀栻：《论民事权利体系》，载《法学研究》，1996(2)。

② 谢在全：《民法物权论(上册)》，24页，北京，中国政法大学出版社，1999。

③ 转引自张金明：《农民土地财产权研究——基于农民土地权利的财产法构造》，138页，北京，中国大地出版社，2014。

位，侵犯了农民在土地流转中的收益。中央和地方各级政府直接或间接地参与土地流转，尤其是基层地方政府往往以一方主体的身份参与到农村土地流转行为当中去。地方政府不仅仅是土地资源和土地流转行为的管理者，很多时候更是流转利益的分享者。同时，所有权履行主体不明确，为乡镇地方政府提供了巨大的权力寻租空间。更为严重的是，地方政府的一些官员成为直接侵犯农民土地权益的主体。原国土资源部、原监察部的相关统计数据显示，仅 2006 年 10 月到 2007 年初就有近 1500 名国家公务人员因土地违法行为而受到处罚。[①] 行政权在土地流转中的职能偏离，是农民财产性土地权益在土地流转中流失的重要原因，必须予以矫正。那么，国家首先就应对行政权在土地流转中的角色予以定位，同时明确政府的具体职能，使得行政机关在土地流转中的职责得以回归。

第一，"有限政府"是行政权在土地流转中应保持的态度。正如我国当前土地流转中存在的诸多政府参与土地流转收益分割的案例表明的那样，当面对一定的利益时，政府也并不必然地能够保持中立，如果没有准确的定位和相应的约束机制，政府的行为必然会超出其应有的界限。发展经济学家 W. 阿瑟·刘易斯也指出，"政府的失败既可能是由于它们做得太少，也可能是由于它们做得太多"[②]。因此，政府的行为要有一定的限度，只有这样才能避免政府基于自身利益和权力占有走向偏差。现代"有限政府"是对政府权力进行制约的政府。根据有限政府理论，保护包括财产权在内的公民的各种权利是政府存在的正当理由；为公民私有财产提供充分的法律保障，是政府义不容辞的职责。因此，从一定意义上讲，政府应当对公民的私

① 《土地制度酝酿变革：官商民的三种涉土地冲动》，http：//www.chinanews.com/gn/news/2018/01-02/1120422.shtml，2018-07-03.

② ［美］W. 阿瑟·刘易斯：《经济增长理论》，梁小民译，476 页，上海，生活·读书·新知三联书店上海分店，1990。

有财产持一种尊重乃至敬畏的态度。这就决定了要对政府进行控权，确保其权力不能逾越。

第二，税收调节是行政权在土地流转中的重要职能。根据恩格斯的观点，“国家是承认：这个社会陷入了不可解决的自我矛盾，分裂为不可调和的对立面而又无力摆脱这些对立面。而为了使这些对立面，这些经济利益互相冲突的阶级，不致在无谓的斗争中把自己和社会消灭，就需要有一种表面上凌驾于社会之上的力量，这种力量应当缓和冲突，把冲突保持在‘秩序’的范围以内；这种从社会中产生但又自居于社会之上并且日益同社会相异化的力量，就是国家”①。当前我国土地流转所能形成的经济收益在不同的主体之间已经形成紧张的利益分配格局，在这一收益分配格局中，政府也占有一席之地，不过却多是以直接参与主体的身份。这显然不符合市场经济发展的规律和政府存在的本质。而农民却因为主观和客观上的原因，在利益分配格局中占据弱势地位。根据马克思主义关于“国家”的本质和作用的观点，税收调节是国家的治理基础而非获益方式。具体到土地流转中，应通过税收实现土地增值收益的公平分配。我国采取的路径应是：集体土地的自然增值部分按照6∶4的比例分别由国家和地方进行征收，以保证农业基础建设的资金，并对不能实现土地交易的地区进行分配从而实现广义上的公平。

第三，财政支持是行政权在土地流转中的补充功能。我们知道，农村发展和农民保护需要财政支持。农村发展是农民发展的基础；农民土地权益的实现不仅要靠自身的努力，而且离不开国家财政的支持。在土地交易中要保证农民的土地权益不受侵害，我国应加大对农业发展和农村基础建设的财政投资力度，实现农村的现代化发展；应强化对农民的财政补贴力度，

---

① 《马克思恩格斯选集》第4卷，170页，北京，人民出版社，1995。

对积极从事农业生产的农民予以资金补贴和奖励；增加农村社会保障和农业保险的财政投入，解决农民土地流转和农业经营的后顾之忧。对此，麦克米伦从经济学角度分析土地市场并给出证明。他认为，“财政部门应当支持政府干预土地市场，土地可在公开市场进行自由交易，但是在交易过程中会发生市场失效，造成土地利用的动荡，因此，财政部门应支持政府干预市场，以弥补市场缺陷”①。

本章小结

财产性权益是保证农民生存和发展的根本。土地流转是农民财产性土地权益实现的重要途径。随着国家对土地流转和农民土地权益保护的关注和推进，近年来我国承包地经营权流转速度和规模不断扩大，集体建设用地入市流转亦得到国家的鼓励。列宁曾指出：“实践先于理论，实践高于认识”②。笔者在结合自身实地调查和众多学者全国各地调研的基础上，对我国农村土地流转中农民财产性土地权益保护的现实情况进行了考察分析。研究结果表明，土地流转的运行从宏观上促进了土地资源的优化配置，一定程度上解决了城市化发展的用地需求；从微观上为农民带来了流转利益、土地增值收益和工资等多重收益，在解放农民、提高农民生活水平方面发挥了巨大作用。但是，不管农用地流转还是建设用地流转，不管农民自发形成的流转还是行政主导的流转，其中都还存在着财产性权益流失的现象。农民在土地流转中财产性权益的流失主要有土地多样流转形式下财产性权益的流失、土地流转价格形成中财产性权

---

① D. C. Macmillan, “An Economic Case for Land Reform,” *Land Use Policy*, 2000(1).

② 转引自北京师范学院政教系资料室：《三十年哲学问题论争》，17 页，西宁，青海人民出版社，1980。

益的流失和土地流转收益分配中财产性权益的流失三种形式。具体内容则表现为土地流转后农民对土地使用权的丧失、土地上就业的丧失和土地收益的丧失。

农民财产性土地权益流失的重要原因，一方面在于立法上关于农民土地权利体系的内容存在漏洞，另一方面在于多方主体与民争利的情况下行政权能的错位。基于此，我们认为，至少应从两个方面着手保障农民财产性土地权益的落实。一是完善农民在土地上的权利体系，完善农民集体的法人结构，使得农民集体土地所有权明晰化；在民法体系内完善农民在土地上的权利内容，切实保障立法中的权利转变为实践中的权益。二是确保行政权在土地流转中职责的回归，保持行政权在土地流转中的“有限政府”态度；将行政权从直接参与土地流转收益分配中抽离出来，通过税收调节实现土地流转收益的公平分配；通过对农村和农民提供财政支持实现农村的现代化发展，强化对农村社会保障和农业保险的财政投入，解决农民土地流转和农业经营的后顾之忧。当然，对土地流转(尤其是承包地经营权流转)中第三方主体的权利确认和保障也是极为重要的。经营者权利的保障是农民权益得以持续性保障的前提。这样，才能一定程度上使农民真正享有基于城市化发展而产生的土地红利，确保农民财产性土地权益的落实。

5 土地流转与农民的非财产性土地权益

温家宝曾指出：农村综合改革“贯穿一条红线，就是保障农民的物质利益，维护农民的民主权利”①。党的十七大报告将我国基层群众自治制度第一次纳入中国特色政治制度范畴，即要坚持中国特色社会主义政治发展道路，坚持党的领导、人民当家作主、依法治国有机统一，坚持和完善人民代表大会制度、中国共产党领导的多党合作和政治协商制度、民族区域自治制度及基层群众自治制度，扩大基层群众自治范围，增强基层群众自治功能，完善政务公开、村务公开。这标志着我们党对我国社会主义政治制度建设认识的新发展，更是对农民自主权利的再次强调。土地流转事关农村土地使用权制度的大变革，更直接关系农民的生存与发展问题。土地流转中既要确保农民获得应有的物质利益，即土地上的财产性权益能够得到保障；也要维护农民的非财产性土地权益，确保农民土地流转中自愿原则的贯彻。

5.1 土地流转中农民的非财产性土地权益

与财产性权益相对，非财产性权益虽然不能直接给权利人

① 温家宝：《不失时机推进农村综合改革 为社会主义新农村建设提供体制保障》，载《求是》，2006(18)。

带来物质利益，却是权利人获得物质利益的基本保证。农民是土地流转中最重要的主体，土地流转的任何一个环节都无法绕开农民而进行。农民在土地流转中最基本的非财产性权利就是民主权利，是农民通过民主地参与土地流转、对土地流转事项作出决策并进行监督的权利。此外，根据权利救济理论，没有救济就没有权利。农民在土地流转中的权利需要有相应的救济程序进行保驾护航。因此，损害救济权亦是农民在土地流转中非常重要的非财产性土地权益的内容。

5.1.1 农民是土地流转的主体

从现有的法律表述来看，适格的农民集体成员有两类：一为农民个体；二为农民家庭，即农户。[①] 农户的存在意义是能够作为一定条件下的利益获得单位而使利益最终安然置落在农民个体手中，个体农民才是最终意义上的利益当事人。[②] 在农村土地流转中，农民应是土地流转最重要的主体，居于首要地位。党的十七届三中全会通过的《中共中央关于推进农村改革发展若干重大问题的决定》要求在土地流转过程中坚持农户自愿的原则，确保农户在流转中的主体地位。

首先，农村集体所有土地的产权理论决定了农民的首要主体地位。根据我国宪法和土地相关法，农村和城市郊区的土地属于农民集体所有。农民作为农民集体的成员，基于成员权依法享有对集体所有土地的产权。“农民土地产权是指农民通过社会认可的途径对集体土地享有的一系列产权的集合，包括土地所有权、管理权、经营权、使用权、转让权、发展权、收益权等。”[③]

---

① 侯德斌：《农民集体成员权利研究》，博士学位论文，吉林大学，2011。

② 唐欣瑜：《我国农村集体土地收益权主体制度研究》，载《西北大学学报（哲学社会科学版）》，2014(2)。

③ 刘刚：《农民土地产权残缺与不公平农地收益分配制度研究》，载《经济纵横》，2008(11)。

根据土地产权理论，农民是土地的直接占有和使用主体；土地流转是对农村集体所有土地的使用权的流转，是农民土地使用权的内容所在。另据我国土地相关法律规定，土地流转要建立在农民自愿的原则之上，这是农民拥有长期而有保障的土地使用权的具体体现。因此，农民自然应在土地流转中居于主体地位。

其次，土地流转的相关立法和政策确认了农民的主体地位。从我国法律和政策发展的角度看，其根本思想也是要确认和保护农民在土地流转中的主体地位。《中华人民共和国农村土地承包法》第10条和第34条规定土地承包经营权流转的主体是承包方，承包方有权依法自主决定土地承包经营权是否流转和流转的方式，国家对此予以保护。如果承包方是本集体经济组织的农户，那么农民当然地成为土地流转的主体。《农村土地承包经营权流转管理办法》第2条也明确规定土地流转要遵循自愿原则。除此之外，如本书附录中所列多项政策性规定也都指出了土地流转中农民的自愿原则。这就体现了我国在土地流转中坚持农民主体地位的态度。2010年中央提出对农村集体土地所有权确权就是为了强化农民对土地的权利，还权赋能以从根本上保障农民的土地权益。而农民对土地的权利增强就意味着农民有权自己来决定土地的流转。农民在土地流转中的主体地位不言自明。

最后，农民在土地流转中的主体地位是土地流转的应有之义。为什么要进行土地流转？从现实发展和国家层面而言，它是城市化发展的需要，是现阶段实现城乡统筹、土地规模经营、资源优化利用的主要途径。而提高城市化水平、统筹城乡发展之根本目的在于实现农民的权益、提高农民的生活水平。中国农民与土地的关系非常紧密。历史上很长一段时间内土地是农民唯一的经济来源，即使到现在仍然是不少农民的坚强后盾。因此不管是从土地流转的出发点还是落脚点来看，农民都应在其中居于主体地位。

正如原农业部有关领导表示的那样："我们提倡有序流转土地，就是依法、自愿、有偿。最主要的原则是保障农民权益，土地流转不流转、以什么价格流转、流转多少时间都应由农民说了算，流转的主体是农民而不是干部，这一点必须明确。"①

5.1.2 农民非财产性土地权益的内容

与财产性权利内容相对应，非财产性权利亦是农民在土地流转中应享有的重要权利内容。作为土地流转的主体之一，农民理应有权参与到土地流转的具体环节中去，同时为保障农民享有权利之实现，对其受损权利进行救济也是至关重要的。概言之，农民在土地流转中的非财产性权利内容，包括农民参与土地流转的权利和救济受损权益的权利。

5.1.2.1 农民参与土地流转的权利

农民作为土地流转的主体，不仅应该从土地流转中获得经济上的土地收益，更重要的是能够直接参与到土地流转的过程中来，对土地流转相关事项起到决定性作用。这种参与的权利也正是农民切实获得土地权益的根本保障。根据法律的规定，农民在土地流转中的参与至少应包括知情权、决策权和监督权。

第一，农民在土地流转中的知情权。土地流转中的知情权是农民对与土地流转相关的、与农民自身利益和集体共同利益相连的一切重要事项及时、全面、客观、准确地了解的权利。这种知情至少应该包括对土地流转信息，农民集体成员（或代表）召开会议的时间、地点、讨论事项，土地流转决策，土地流转收益及分配，集体在土地流转收益方面的管理、收支状况等的及时、全面、客观、准确的了解。在农村集体经济组织内部，成员（即本集体经济组织的农民）享有的知情权是其法定的

---

① 冯华：《粮食生产十连增 农民增收十连快》，载《人民日报》，2014-03-07。

权利。《中华人民共和国物权法》第62条规定，“集体经济组织或者村民委员会、村民小组应当依照法律、行政法规以及章程、村规民约向本集体成员公布集体财产的状况”。《中华人民共和国土地管理法》第49条规定，“被征地的农村集体经济组织应当将征收土地的补偿费用的收支状况向本集体经济组织的成员公布，接受监督”。《中华人民共和国农业法》规定，农村集体经济组织和村民委员会对涉及农民利益的重要事项，应当向农民公开，并定期公布财务账目，接受农民的监督。另外，《中共中央办公厅、国务院办公厅关于在农村普遍实行村务公开和民主管理制度的通知》规定，在村务公开方面主要涉及五个方面：其一，村务公开要从农民群众普遍关心的和涉及群众切身利益的实际问题入手，凡属群众关心的热点问题以及村里的重大问题都应向村民公开；其二，村务公开的重点是财务公开；其三，公开的内容要简洁、明了，便于群众了解；其四，公开的时间要及时；其五，要善于运用村务公开这种有效形式，切实加强民主监督。可见，立法确认和保护农民享有知情权。具体到土地流转中，农民的知情权更是一项不可或缺的重要权利。从私法的角度看，农民对土地享有基于集体成员权的所有权，而“所有权具有的占有、使用、收益、处分、排除、防止等权能，都要以权利人对其权利的知情为前提”①。从公法的角度看，农民基于公民身份的参政权和财产权要求农民必须享有知情权。知情权是农民的一项民主性的权利，是农民参与和决策的前提。土地流转是农民土地所有权和使用权的具体内容，农民享有知情权的内容和范围决定着其能否融入以及多大程度上参与土地流转，这是私法上的要求。同时，作为一项民主权利，土地流转中的农民知情权是保障农民财产权实现、维护土地流转市场秩序的重要方式，对于促进农村民主进程有重要意义，这是公法上的要求。因此可

① 林诚二：《民法总则(上册)》，104页，北京，法律出版社，2008。

以说，土地流转中的农民知情权是一项基础性的权利，是农民土地上权利的应有内容，是农民参与土地流转并作出决策的前提，也是实现农民土地上财产性权利的保证。

第二，农民在土地流转中的决策权。意思自治是民法中的一个基本原则。从这个层面上理解所谓权利，其实就是主体的意思自治所能企及的范围。农民土地上的权利属于物权，是民事权利的一种，应遵守意思自治的原则。土地流转是民事行为的一种，理应遵守民法的基本原则。那么在土地流转中，农民的意思自治就应予以保护。具体而言，就是农民在土地流转中享有决策的权利。我国立法对此予以肯定(见表 5-1)。

表 5-1 全国性立法中关于农民自主决策权的规定

名称	内容	分析
《中华人民共和国宪法》	第 17 条第 2 款："集体经济组织实行民主管理，依照法律规定……决定经营管理的重大问题。"	集体事务民主管理对农村土地流转中农民自主决策的肯定
	第 111 条："村民委员会是基层群众性自治组织。"	基层自治对土地流转中的自主权的肯定
《中华人民共和国物权法》	第 59 条："农民集体所有的不动产和动产，属于本集体成员集体所有。下列事项应当依照法定程序经本集体成员决定：(一)土地承包方案以及将土地发包给本集体以外的单位或者个人承包；(二)个别土地承包经营权人之间承包地的调整；(三)土地补偿费等费用的使用、分配办法；(四)集体出资的企业的所有权变动等事项；(五)法律规定的其他事项。"	农民对集体土地承包的决策权内容

续表

名称	内容	分析
《中华人民共和国农村土地承包法》	第 18 条："土地承包应当遵循以下原则：……(三)承包方案应当按照本法第十二条的规定，依法经本集体经济组织成员的村民会议三分之二以上成员或者三分之二以上村民代表的同意……"	土地承包中农民的决策权内容
	第 27 条："承包期内，发包方不得调整承包地。承包期内，因自然灾害严重毁损承包地等特殊情形对个别农户之间承包的耕地和草地需要适当调整的，必须经本集体经济组织成员的村民会议三分之二以上成员或者三分之二以上村民代表的同意，并报乡(镇)人民政府和县级人民政府农业等行政主管部门批准。承包合同中约定不得调整的，按照其约定。"	
	第 48 条第 1 款："发包方将农村土地发包给本集体经济组织以外的单位或者个人承包，应当事先经本集体经济组织成员的村民会议三分之二以上成员或者三分之二以上村民代表的同意，并报乡(镇)人民政府批准。"	
《中华人民共和国土地管理法》	第 14 条第 2 款："在土地承包经营期限内，对个别承包经营者之间承包的土地进行适当调整的，必须经村民会议三分之二以上成员或者三分之二以上村民代表的同意，并报乡(镇)人民政府和县级人民政府农业行政主管部门批准。"	承包地调整中农民的决策权
	第 15 条第 2 款："农民集体所有的土地由本集体经济组织以外的单位或者个人承包经营的，必须经村民会议三分之二以上成员或者三分之二以上村民代表的同意，并报乡(镇)人民政府批准。"	农民对集体土地承包给本集体经济组织以外的单位和个人的决策权

续表

名称	内容	分析
《农村土地承包经营权流转管理办法》	第 6 条："承包方有权依法自主决定承包土地是否流转、流转的对象和方式。任何单位和个人不得强迫或者阻碍承包方依法流转其承包土地。"	农民对承包地流转的自主决策权
《中华人民共和国村民委员会组织法》	第 24 条："涉及村民利益的下列事项，经村民会议讨论决定方可办理：(一)本村享受误工补贴的人员及补贴标准；(二)从村集体经济所得收益的使用；(三)本村公益事业的兴办和筹资筹劳方案及建设承包方案；(四)土地承包经营方案；(五)村集体经济项目的立项、承包方案；(六)宅基地的使用方案；(七)征地补偿费的使用、分配方案；(八)以借贷、租赁或者其他方式处分村集体财产；(九)村民会议认为应当由村民会议讨论决定的涉及村民利益的其他事项。村民会议可以授权村民代表会议讨论决定前款规定的事项。法律对讨论决定村集体经济组织财产和成员权益的事项另有规定的，依照其规定。"	农村基层进行自治的法律依据；为保障村民民主自治、参加民主决策、实现自我管理奠定了法律基础
《农村土地经营权流转交易市场运行规范(试行)》	农村集体经济组织未发包的土地经营权在流转时需提交"农村集体经济组织成员的村民会议三分之二以上成员或者三分之二以上村民代表签署同意流转土地的书面证明"	农民参与并决策土地流转的可操作性规定

土地流转中农民的自主决策权是指在农村集体土地的流转中，只要不违反法律法规，农民有权自主决定土地流转的相关事项，即农民有权利按照自己的意愿决定是否流转，有权利按照自己的意愿选择流转的方式、对象以及价格等，其他个人和组织不得干涉。前文已经分析过，农民在集体土地上的所有权是其成员权的具体体现，农民对集体土地享有使用、收益和处分的权利。这是民事权利的具体内容，应遵循民法上的意思自治原则。《中华人民共和国宪法》明确规定集体经济组织实行民主管理，作为集体成员的农民，依法享有对集体土地流转的民主性权利。《中华人民共和国村民委员会组织法》规定，涉及村民利益的事项，需经村民会议讨论决定。土地流转直接关涉农民的生存和发展之依赖，理所应当经过村民会议讨论方可决定。此外，《中华人民共和国农村土地承包法》、《中华人民共和国土地管理法》和《农村土地承包经营权流转管理办法》等法律、法规对于承包地的使用和流转都规定了农民的自主性权利。《中华人民共和国物权法》更是明确土地收益之分配和使用需依法定程序经本集体成员决定。从上述法律规定中可见，立法确认和保护农民在集体经济组织中民主自治和民主决策的权利。由此可以得出结论，农民在集体土地流转中的民主决策权是我国宪法中的民主管理原则和民法中的意思自治原则的要求，是土地相关法律的具体规定。当然，农民在土地流转中自主决策权的实现，离不开其他主体的配合，尤其是政府部门的支持。这就要求政府明确自身地位，转变自身职能，在开展农村土地流转工作时，积极主动地向农民介绍和推广与土地流转有关的法律法规和制度政策，积极地帮助、引导、辅助农民的流转活动，保障其权益不受侵害并发展其经济利益。

第三，农民在土地流转中的监督权。监督权是指公民有监督一切国家机关及其工作人员的公务活动的权利。具体到土地流转中，它主要是指农民对土地流转过程和结果进行监督的权利，监督对象是参与到土地流转中的国家机关及其工作人员。

《中华人民共和国农业法》规定，农村集体经济组织和村民委员会对涉及农民利益的重要事项，应当向民众公开，并定期公布财务账目，接受农民的监督。土地流转直接关涉农民对农村集体经济组织土地的占有、使用和收益等权利，必然涉及农民的利益。因此，《中华人民共和国农业法》的这一规定是农民监督的法律依据之一。行政机关对涉及公民、法人或者其他组织切身利益的信息应当主动公开，这是我国政府信息公开的重要内容。信息公开有利于破除权力运行过程中的隐蔽性，避免权力的滥用和腐败。村委会和乡镇政府往往直接参与土地流转。前文已述，村委会和地方政府在土地流转中都有自身的利益目标，由于村委会成员身份的不稳定和地方政府的经济利益追求，其行为容易受到干扰。通过信息公开的方式让农民监督是保证农民权益，避免权力寻租滋生腐败的重要手段。

总体来说，农民作为土地流转的主体，有权了解和掌握土地流转的相关信息，并在土地流转中以主人翁的态度参与决策；只有这样的土地流转，才能充分尊重农民在土地流转中的自愿原则和自主性。作为直接关涉农民切身利益的土地流转行为，必须在过程和结果中接受来自农民的直接监督；只有这样的土地流转，才能确保农民在土地流转中的利益不受侵害。

5.1.2.2 农民救济受损权益的权利

有权利就必然需要救济。权利的归属、运行的整个过程，都离不开及时、有效的救济。“人类的权利自始就是与救济相联系的。当人类脱离了盲动或依附而获得了一定的权利时，也必有与之相适应的救济手段相随。”①目前我国法律对农民土地权益的救济在实体法和程序法上都有规定，并从民事、刑事、行政三个角度予以救济(见表 5-2)。

---

① 程燎原、王人博：《赢得神圣——权利及其救济通论》，368 页，济南，山东人民出版社，1998。

表 5-2　土地流转中关于农民权利保障与救济的规定

法律/政策	主要内容	比较分析
《中华人民共和国宪法》	由于国家机关和国家工作人员侵犯公民权利而受到损失的人，有依照法律规定取得赔偿的权利	农民权利受损寻求救济的宪法依据
《中华人民共和国农村土地承包法》	1. 发包方强迫或者阻碍承包方进行土地承包经营权流转的，假借少数服从多数强迫承包方放弃或者变更土地承包经营权而进行土地承包经营权流转的应当承担民事责任 2. 任何组织和个人强迫承包方进行土地承包经营权流转的，该流转无效 3. 任何组织和个人擅自截留、扣缴土地承包经营权流转收益的，应当退还 4. 国家机关及其工作人员有利用职权干涉农村土地承包，强迫、阻碍承包方进行土地承包经营权流转等，给承包方造成损失的，应当承担损害赔偿等责任；情节严重的，由上级机关或者所在单位给予直接责任人员行政处分；构成犯罪的，依法追究刑事责任 5. 农村土地承包应当坚持公开、公平、公正的原则，正确处理国家、集体、个人三者的利益关系 6. 国家保护集体土地所有者的合法权益，保护承包方的土地承包经营权，任何组织和个人不得侵犯	对承包地流转的系统性规定

续表

法律/政策	主要内容	比较分析
《中华人民共和国农村土地承包经营纠纷调解仲裁法》	因农村土地承包经营权转包、出租、互换、转让、入股等流转发生的纠纷可调解和仲裁	纠纷解决方式
《农村土地承包经营权流转管理办法》	农村土地承包经营权流转发生争议或者纠纷，当事人应当依法协商解决；当事人协商不成的，可以请求村民委员会、乡（镇）人民政府调解；当事人不愿协商或者调解不成的，可以向农村土地承包仲裁机构申请仲裁，也可以直接向人民法院起诉	
《最高人民法院关于审理涉及农村土地承包纠纷案件适用法律问题的解释》	1. 人民法院应当依法受理承包经营权流转纠纷 2. 土地承包经营权流转中，本集体经济组织成员在流转价款、流转期限等主要内容相同的条件下主张优先权的，应予支持 3. 发包方强迫承包方将土地承包经营权流转给第三人，承包方请求确认其与第三人签订的流转合同无效的，应予支持；发包方阻碍承包方依法流转土地承包经营权，承包方请求排除妨碍、赔偿损失的，应予支持 4. 承包方未经发包方同意，采取转让方式流转其土地承包经营权的，转让合同无效；但发包方无法定理由不同意或者拖延表态的除外 5. 承包方依法采取转包、出租、互换或者其他方式流转土地承包经营权，发包方仅以该土地承包经营权流转合同未报其备案为由，请求确认合同无效的，不予支持	

续表

法律/政策	主要内容	比较分析
《最高人民法院关于审理涉及农村土地承包纠纷案件适用法律问题的解释》	6. 因承包方不收取流转价款或者因向对方支付费用的约定产生纠纷，当事人协商变更无法达成一致，且继续履行又显失公平的，人民法院可以根据发生变更的客观情况，按照公平原则处理 7. 发包方或者其他组织、个人擅自截留、扣缴承包收益或者土地承包经营权流转收益，承包方请求返还的，应予支持；发包方或者其他组织、个人主张抵销的，不予支持 8. 承包方未依法登记取得土地承包经营权证等证书，即以转让、出租、入股、抵押等方式流转土地承包经营权，发包方请求确认该流转无效的，应予支持；但非因承包方原因未登记取得土地承包经营权证等证书的除外	纠纷解决方式
《中共中央办公厅、国务院办公厅关于进一步稳定和完善农村土地承包关系的通知》	少数经济发达地区，农民自愿将部分“责任田”的使用权有偿转让或交给集体实行适度规模经营，这属于土地使用权正常流转的范围，应当允许；但必须明确农户对集体土地承包的权利不变，使用权的流转要建立在农民自愿、有偿的基础之上，不得搞强迫命令和平调	农民流转的自愿性
《中华人民共和国物权法》	1. 集体经济组织或者村民委员会、村民小组应当依照法律、行政法规以及章程、村规民约向本集体成员公布集体财产的状况 2. 集体所有的财产受法律保护，禁止任何单位和个人侵占、哄抢、私分、破坏；集体经济组织、村民委员会或者其负责人作出的决定侵害集体成员合法权益的，受侵害的集体成员可以请求人民法院予以撤销	对集体权力的限制

续表

法律/政策	主要内容	比较分析
《中华人民共和国土地管理法》	1. 农民的土地承包经营权受法律保护 2. 土地权属(包括所有权和使用权)争议可以通过协商、交由人民政府处理或向人民法院起诉等方式解决 3. 占用耕地建窑、建坟或者擅自在耕地上建房、挖沙、采石、采矿、取土等,破坏种植条件的,或者因开发土地造成土地荒漠化、盐渍化的土地违法行为应当给予行政处罚;构成犯罪的,应当依法追究刑事责任	权利确认和救济途径;毁坏土地的法律责任
《中共中央国务院关于2009年促进农业稳定发展农民持续增收的若干意见》	1. 土地承包经营权流转,不得改变土地集体所有性质,不得改变土地用途,不得损害农民土地承包权益 2. 依法坚持自愿有偿原则,尊重农民的土地流转主体地位,任何组织和个人不得强迫流转,也不能妨碍自主流转	农民的流转自主权
《中共中央关于农业和农村工作若干重大问题的决定》	要切实保障农户的土地承包权、生产自主权和经营收益权,使之成为独立的市场主体	农民的主体地位
《土地权属争议调查处理办法》	对土地使用权归属争议问题作出规定	纠纷解决和权利救济

从法律规范的角度看，由于土地并非完全是私人权利的客体之存在，因此对它的处理不可能完全按照民事法律关系之自由意志，有必要进行适当限制，以防止土地权利的滥用。同时，土地权利毕竟具有较强的私权利的属性，所以民事法律救济仍属救济之核心，行政和刑事救济手段仅起到辅助的作用。

农民在对农村集体所有土地的占有和使用的过程中实现了土地权益。相比较而言，从整体水平上讲，经过改革开放以来中国政治、经济的发展，农民享有的土地权益越来越丰富。尤其是对土地流转的支持鼓励和对其限制的逐渐解除，更是使农民的土地权益大大增强。但是我们要追求的并非农民土地权益的增加，而是实际效果的取得。制度层面的规范能否落实、是否落实得好，仍旧是我们应该重点关注的问题。

邓小平说过："任何一个经济建设的事业，没有广大人民自愿地积极地参加，都是得不到结果的。"①土地流转是我国当前城市化发展建设中一个非常重要的环节。土地流转直接关涉城市化发展进程和国家经济、社会格局的转变。在这个过程中，如果没有农民的积极参与，城市化就很难快速推进；如果没有农民的自愿参与，土地流转就存在违法之嫌疑。城市化的发展是全国人民的共同事业，以土地流转为基点的我国城市化建设离不开广大农民群众的参与和支持，更不能以牺牲农民的利益为代价。农民的财产性土地权利得到保障是其生存发展的基础，而农民的非财产性权利内容也是这一进程中不容忽视的重要内容。李克强在谈到农村改革的问题时也强调，当前要"给各地、给农民足够的自主权"②。因此可以说，农民在土地流转中的非财产性权利是根本法确认和相关法律予以保护的重要权利内容，更是农民在涉及自身利益的时候必须享有的权利内容。

---

① 《邓小平文选》第1卷，85页，北京，人民出版社，1994。

② 李欣、梁犇：《李克强谈农村改革：给足农民自主权》，http://www.szhgh.com/Article/news/leaders/2015-02-25/77069.html，2016-11-25。

5.2 土地流转中农民非财产性土地权益的现状

土地流转中的财产性土地权益与农民的生存和发展息息相关，在实践中受到了更多的关注。土地流转中所涉及的农民的非财产性土地权益虽与农民的生计无直接关联，但很大程度上决定了财产性权益内容的实现。更为重要的是，由于认识上的不重视，非财产性土地权益的被侵害状态已经异常严重，成为农民在土地流转中处于不利位置的主要因素之一。

5.2.1 意识层面土地流转中农民主体性的不足

正如学者徐勇所分析的那样，“与西方地方自治是经过长期自然生成而得到国家法律认可的路径不同，中国的农村村民自治一开始就有国家立法以授权的性质”①。在这一性质的影响之下，主体性意识并未在中国农民的意识中生根发芽，加上传统思想的束缚和局限，我国农民在土地流转中很难发挥其主体性作用。

5.2.1.1 农民法律意识淡薄

在21世纪全国积极推进法治化的大背景下，尽管我国法律内容不断充实，法律体系渐趋完善，但是根据笔者调研的情况和对其他学者调研结果的分析可知，我国大多数农民法律意识非常淡薄，对权利的感知甚少，对法律的信任度极低。这主要体现在三个方面：一是法律知识严重不足；二是权利意识淡薄；三是民主监督缺失。具体到与农民权益密切相关的土地法律制度中来，这种表现尤为明显，成为农民土地权益流失难以救济的一个重要原因。

首先，我国农民普遍缺乏法律知识，他们对现有的土地流

① 徐勇：《村民自治的成长：行政放权与社会发育——1990年代以来中国村民自治发展困境的反思》，载《开放导报》，2004(6)。

转法律制度和政策的了解实际上并不多。笔者 2016 年 12 月—2017 年 1 月调研的结果显示(见图 5-1)，很多农民对国家加强土地流转的政策和精神并不了解。被调研人群中，了解相关法律制度和政策的人数仅占被调研人数的 20%左右，大部分农民多是知道土地流转但对制度并不了解和熟悉。而且越是在经济、交通等不发达的区域，人们对制度的了解程度越低；年轻人比中老年人、文化程度高的人比文化程度低的人了解程度又高一些。但问题是，在农村，现在大多是中老年人和土地打交道，越是年轻的人，和土地之间的联系越少，甚至已经缺少了对土地的热爱。

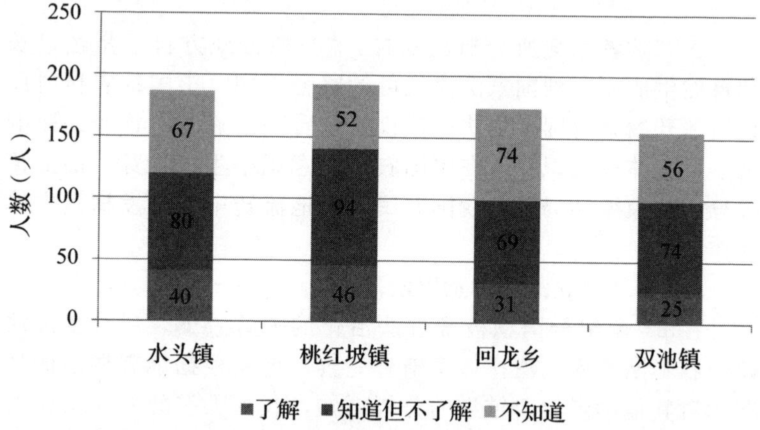

图 5-1 农民对土地流转法律制度和政策的了解情况

农民对土地流转法律制度和政策即使有了解也更多地来自一种直观的感觉而绝非是对法律的了解与掌握。法律观念或者说是法律知识严重匮乏，直接导致了农民在土地流转过程中在完全不知其有何权利的情形下盲目地接受或者抗争。一个有趣实例可以在一定程度上说明这个问题的严重性，学者余作国等对福建省尤溪县新阳镇的调研显示，随着沿海地区制造业的快速发展，全镇有半数劳动力外出务工，而“很多农民对土地流转政策不了解，认为土地一流转就会失去土地承包经营权。于是，劳动力的大量转移又导致农村耕地大量撂荒”①。而且对法律知识认识度较低，直接导致了农民根本没有办法了解自身在土地流转过程中所享有的权利内容，即使在权利被侵犯之时甚至都可能不予觉察；就算是确实感受到了所谓“不公平”对待，也没有形成良好的用法能力，不能通过法律的途径去救济自己的权益，要么以情代法，要么暴力抗争。因此，农民群体中普遍表现出只知道遵守法律却无法将法律用于保护自身权益之现象。

其次，我国农民权利意识淡薄，不知道维权也是其权益屡遭侵犯的重要原因。农民的土地权益在土地流转过程中因巨大增值收益而诱惑许多市场主体甚至包括行政主体的参与。在这个过程中，利益的争夺与瓜分在所难免。农民作为最弱势的一方主体，其土地权益很容易受到侵犯。但是事实上农民本身存在较强的义务观念，绝大多数农民缺乏对自身权利的理解和认知，自然难以形成强烈的维权意识。他们对自身权益的保护一般没有直接的诉求，仅当其物质利益受到损害的时候才会有意识地寻求救济；更不懂得如何通过法定的途径来行使自己的权利，受到侵害的时候往往容易表现得较为极端。笔者在 2013 年的调研结果显示，当农民发生土地权利纠纷的时候，仅有 1.05%的人会选择去法院通过诉讼的方式解决；选择村委会调解的占较大比重，为 67.28%；而 20.00%左右的人愿意通过和解方式解决；也有部分农民选择通过上访等途径来解决。2016 年的调研结果亦表现出同样的特征，当村民不满意土地流转的收益分配时，选择村集体内部协调的约占 53%，选择乡镇政府出面协调的约为 18%，选择上访的占 26%，而愿意通过法院解决的仅占 3%左右。这正在一定程度上成为土地流转市

---

① 余作国、翁发林、黄敏秋：《福建农村土地流转与农民权益保护研究》，载《重庆科技学院学报(社会科学版)》，2010(7)。

场中强势主体敢恣意侵犯农民权益之理由。

最后，民主参与的缺失也是农民土地权益不断流失的重要原因。农民参与土地流转，民主决策土地流转，对流转过程中地方政府、集体经济组织和村委会干部的行为进行监督，是保障农民利益不被恶意侵蚀的重要途径。但是实践中，一方面，部分农民往往认为集体土地流转是国家至少是村委会的事情而与自己无关，所以缺乏积极参与的意识；另一方面，由于地方政府的过度干预和村委会干部的强权作用，农民即使有心也难参与。笔者在调研中发现，农民参与相关村民会议并积极发表意见，但多是从自己利益出发来发表意见，很难达成一致，最终往往是以村委会最后提出的方案作为投票表决的内容，且多数能被通过。如图 5-2 所示，在调研中，大部分村民表示会部分采纳群众的意见，不存在完全采纳的情况，完全不采纳这种极端情况也占少数。不过值得注意的是，有近 1/3 的村民并不清楚对村民意见的采纳情况，这从一个侧面反映了部分村民对关涉切身利益之大事的漠不关心。参与不足导致农民几乎丧失了对集体建设用地流转和收益分配的监督权。农民参与实质上是农民在流转及收益分配方面监督权的具体体现，缺乏监督的土地流转必然导致农民土地权益的流失。一方面，农民在土地流转中参与不足，这使得农村集体建设用地流转中究竟将土地流转给谁、如何流转、流转价格如何等问题基本上都由村委会成员一手操控，以至于一些村委会成员在土地流转过程中存在暗箱操作、滥用权力、为已牟利等行为。另一方面，农民在集体建设用地流转中缺乏参与，自然导致流转收益分配参与的不足。流转收益“谁来分配、分配多少、由谁分享”在一定程度上成为村干部和土地使用者的事情，集体成员的利益因而被忽视。农民在土地流转中参与的严重不足，为其他市场主体恣意侵蚀农民土地权益大开方便之门。

农民之所以在自身土地权益面前表现出意识淡薄、参与消极等，其根本原因在于受教育程度较低。理论研究表明，受教

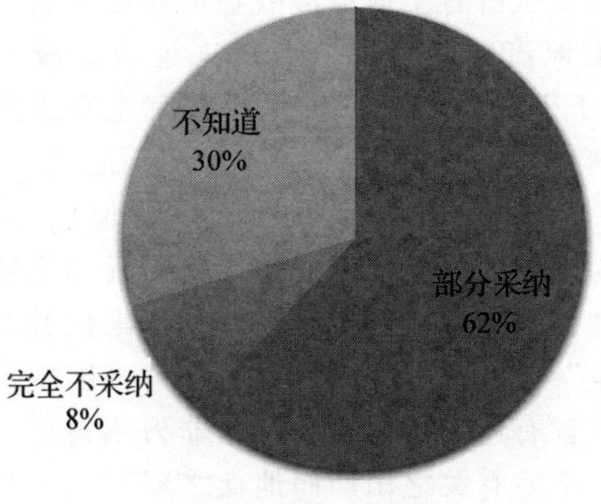

图 5-2 村民对土地流转意见的采纳情况

育程度与人的参与积极性成正比。农民素质是农民参与土地流转、监督土地收益分配和保障土地权益实现的一个重要因素。然而，我国农民受教育程度普遍较低是不得不承认的事实。农民文化水平不高、生活环境闭塞等原因导致的农民法律观念的不足，不仅使得农民自身可得利益落空，而且在一定程度上损害了土地资源的利用效益。此外，地方政府的随意执法行为以及法律运行机制中存在的问题，也会在一定程度上导致农民法律观念和意识上的偏差。而这样的偏差就成为农民土地权益流失的源头。

5.2.1.2 农民传统思想的局限

从传统思想的影响角度看，我国农民对土地流转和权利维护之意识与观念是其受到长久思想禁锢的结果。这种思想局限一方面源自封闭的乡土环境使农民对土地产生的依恋；另一方面则源自乡土社会“惧法厌讼”的落后思想。

首先，我国农业社会从发展的历史来看就具有较强的封闭性。这种封闭性根植于乡村社会固有的社会文化意识形态，根深蒂固的天然恋土情节使得农民对土地有着不同寻常的感情。对于农民来说，土地的占有或者说“保有”具有十分重要的意义。这不仅仅是从占有土地经济收益的角度而言，即使是从心理的角度，土地流转对大部分农民来说也是极不情愿的。今天，“农民对于土地的依赖不仅是视作其生存之根本，更是一种心理上的情感”①。费孝通先生就曾深刻地指出，“从基层上看去，中国社会是乡土性的……‘土’是他们（乡下人）的命根……以农为生的人，世代定居是常态，迁移是变态……乡土社会在地方性的限制下成了生于斯、死于斯的社会。常态的生活是终老还乡”②。陈寅恪先生也认为，“吾国中古士人，其祖坟住宅及田产皆有连带关系……其家非万不得已，决无舍弃其祖茔旧宅并与茔宅有关之田产而他徙之理”③。足见土地对农民之意义和农民不愿离开土地之社会根由。农民对于土地的那种深刻眷恋，使其即使在不能或不愿身处农村或从事农业的情况下，依然愿意保有一定的土地作为其心灵的归属。在乡土社会中，没有土地也即丧失了在该环境中的身份意义。④ 如果以宅基地的流转看，这种传统心理更是明显。农村素有“生看阳宅、死看阴宅”之说法，每家每户尤其是老一辈的房屋在建造的时候多是经过风水师傅相过的，通过祖制继承而得的房屋，即使没人居住也在很大程度上不愿意流转出去，以免失去祖产且不能延续其好的运势。

其次，我国自古就有中庸、无为等传统思想。在这种文化

---

① 柴荣、王小芳：《农村承包地流转障碍的法理分析——以山西省吕梁市交口县为研究对象》，载《西北大学学报（哲学社会科学版）》，2014(2)。

② 费孝通：《乡土中国》，1～7页，北京，北京出版社，2009。

③ 陈寅恪：《金明馆丛稿二编》，2页，北京，生活·读书·新知三联书店，2001。

④ 一位在县政府上班的公职人员和笔者探讨时说：“我全家现在在县城居住，也不需要耕种，但是我不能把我家的承包地永久地流转出去。这样我在村子里就没法立足了，别人会骂我卖掉祖产，连老祖宗也不要了！”即使是离开乡土社会的农村人，由于习俗、心理等原因，也会保留其在农村的土地，作为其在该环境中的身份象征。

思想的深刻影响之下，中国古代素来就有“厌讼”“恶讼”之说。打官司不仅是件劳神伤财的事情，更是道德败坏之行为。因此，民众本身就有着在纠纷面前息事宁人的消极回避态度。实践中，农民土地权益受到侵害的相当一部分原因在于行政力量的作用发挥不当，农民在利益受到侵害的时候进行维权即意味着对行政权力的挑战。“民告官”自古就与所谓伦理道德相违背，因果报应、抑恶扬善的超自然因果观念以及潜意识中根深蒂固的“顺民”思想在很大程度上影响着农民在土地权益遭到侵害的时候选择忍让或回避的委曲求全态度。

此外，农村普遍存在的“搭便车心理”“从众心理”也是一个不容忽视的原因，这样的心理主要是“畏官畏法”的思想残余。这种心态的普遍存在，极大地影响了农民独立思考的能力，减弱了农民单独行动的能力，滋生了农民消极忍让的惰性心理。即使是部分想要参与土地流转的农民也在大众不参与的环境中被迫放弃。

对乡土的依恋使得农民不愿意放弃对土地的保有从而影响土地流转效率和流转利益创收；根深蒂固的残余思想更是加深了农民消极维权的态度。而农民本身缺乏独立决策的能力，法律也并没有给予有效的组织制度来实现其权利。因此，不管是基于何种原因导致的农民自身方面的土地维权难，多已经成为城市化发展和中国社会发展的沉重包袱，亟须予以破除。

5.2.2　制度层面土地流转中权利救济的缺失

我国农民本身对法律、对制度的不热衷，加剧了其土地流转中参与的不足；而实践中我们知道，对农民土地利益蚕食的情况并不鲜见，权利救济的需求极为迫切。然而问题在于，制度上设置的权利救济渠道并不完善，对农民土地流转权益受损的救济难以提供应有的保障。众所周知，西方的经典法谚“无救济便无权利”表明如果没有一种在权利受到侵害的时候能够通过司法的渠道获得补救的制度，那么该权利的存在就是没有意义的。托克维尔(Tocqueville)精辟地指出："司法工作的最大目的，是用权利观念代替暴力观念，在国家管理与物质力量使用之间设立中间屏障。"①我国农民土地权益受损的根本原因不在于立法上没有赋予、行政上给予压制，而在于司法上难以得到应有的救济。

5.2.2.1 行政诉讼障碍

农民土地权益之救济可通过调解、仲裁、复议、上访、诉讼等多种途径实现。然而在一个奉行法治的社会，诉讼应是权利救济的最终手段。但是我国农民土地权益受到损害尤其是受到行政机关侵害的时候，意欲通过行政诉讼的方式得到救济举步维艰已是不争的事实。主要原因在于以下几个方面。

首先，司法权对行政权的依附导致农民土地权益救济不足。在农地流转的实践中，农户利益受到侵犯而得不到及时救济的事件往往与地方政府的权力介入不当分不开。从现行体制看，由于人事、财政等因素的限制，司法权往往被绑在行政权上，在一定程度上成为行政活动的一部分；从制度运行看，在法律制度的运行中司法权有被冷冻之嫌，被撇在一边。更有甚者，一些地区的司法人员直接就是行政侵权人员。② 2010年北京市颁布的《关于建立制止和查处违法用地违法建设联动工作机制的意见》规定，北京市各区县政府可以直接强制拆除违章建筑，不再需要经过法院裁决执行，还可采取停水、断电等办法督促拆除。前文研究也已表明，行政力量是侵犯农民土地权益最为严重也是最强大的力量。"在司法不独立的情形下，通

---

① [法]托克维尔：《论美国的民主》上卷，董果良译，156页，北京，商务印书馆，1988。

② 《江苏建湖法院院长带队拆迁拘人 事主拿宪法维权》一文指出，江苏省建湖县的法院院长就是该县拆迁指挥部成员，由他带队拆迁拘人。参见《江苏建湖法院院长带队拆迁拘人 事主拿宪法维权》，http：//news. sohu. com/2004/04/26/10/news 219961007，shtml，2014-12-10。

过行政诉讼这种救济途径公正地保护农民的权利，就只能是一句空话。”[①]司法权对行政权的依赖使得农民土地权益受到侵害时即使是司法也表现出明显的软弱性。

其次，程序限制导致农民土地权益救济难。这种程序上的限制一方面表现在诉讼中，另一方面表现在执行上。从诉讼程序看，第一，农民起诉需要支付诉讼费和聘请律师的费用。土地案件往往牵扯诸多，费用较高，加重了农民的救济成本，致使不少农民情愿隐忍或寻求法外救济。第二，即使农民支付得起诉讼相关费用，诉讼中从立案到审理再到执行依然存在诸多障碍。仅从救济的及时性看，根据媒体报道：“2008 年 5 月开始，华明镇贯庄村 866 户、3368 名村民委托了北京市农权律师事务所，欲起诉贯庄村委会、华明镇政府和东丽区政府；提起同类诉讼的还有华明镇的赤土村。到目前为止(2009 年 6 月)，天津市各级法院尚未受理此案。”[②]如此可见一斑。更重要的是，我国诉讼执行难问题亦表现在农民土地权益救济中。实践中，就算侵犯农民土地权益的诉讼得以进行并且农民胜诉，但是“由于缺乏有效的执行机制和责任规定，行政主体往往不执行司法判决”[③]。可以说，诉讼程序上的限制直接导致了农民土地权益受损救济难的现状。

最后，人民法庭、乡镇司法所也出于组织不健全、经费不到位、人员素质不够、管理机制混乱等原因而不能充分发挥其作用，进一步强化了依靠司法救济权益的不可靠因素。

在这种情况下，农民形成了不信任司法的抵触心理。学者在调研中就发现农民根本不愿意通过打官司来寻求权益救济，

---

① 张德瑞：《中国农民平等权利法律保护问题研究》，150 页，南昌，江西人民出版社，2009。

② 杨正莲：《天津：宅基地换房换来了什么?》，http：//news.focus.cn/2009-06-08/689477.html，2014-12-25。

③ 刘云升、任广浩：《农民权利及其法律保障问题研究》，245～246 页，北京，中国社会科学出版社，2004。

陈小君等在国内10个省份调研的数据显示，当发生农地权利纠纷时“选择到法院诉讼的比例仅为1.09%”①。在农民看来，“诉讼要花钱。没有人，不送礼物，打官司也不会赢”②。长此以往，作为最后一道屏障的行政诉讼渠道也被制度和客观因素的原因堵上了。农民只能隐忍或通过更为激烈的方式解决纠纷，甚至引发更大的纠纷。

5.2.2.2 法律援助缺失

在经济发展的过程中，农村的土地流转及流转纠纷的解决涉及一系列的实体和程序的法律问题，然而农民本身对法律的了解程度并不高，很难以一己之力利用法律手段来解决流转过程中的问题和维护自身权益。多数学者从法律援助不足的角度来分析这一问题，笔者认为不妥。因为根据《法律援助条例》的规定，法律援助是一项法律保障制度，国家或政府负有向经济困难的公民或刑事指定辩护案件的当事人提供无偿的法律帮助的责任，目的在于保障他们获得必要的法律服务，实现他们的合法权益。然而在我国，农民通过法律援助这一制度在土地流转中救济其受损的土地权益是无法律和现实基础的。对此，可从以下两个方面观之。

第一，我国农民土地权益保护并不属于立法上法律援助的救助范围。《法律援助条例》关于法律援助的6项内容根本没有涉及农民最易受到侵犯的那些重要权利内容，诸如土地使用权、公民身份权、自主经营权、村民自治权等③，更重要的是这一立法中甚至没有兜底性条款可将农民土地权益保护纳入法律援助的范围中来。这就意味着从立法上，农民土地权益保护

---

① 陈小君等：《农村土地法律制度的现实考察与研究：中国十省调研报告书》，276页，北京，法律出版社，2010。

② 李小云、左停：《中国农民权益保护研究——〈农业法〉第九章“农民权益保护”实施情况调查》，127页，北京，社会科学文献出版社，2007。

③ 刘洪德：《农民法律援助机制建设中存在的问题及治理对策分析》，载《农村经济》，2007(5)。

并不是法律援助的对象；通过法律援助制度保护农民土地权益无法律基础。

第二，即使不考虑立法所列举之范围而对农民土地权益保护实施法律援助，我国法律援助能对农民土地权益保护发挥的作用也是微乎其微的。原因有三：其一，我国法律援助的专项立法仅为2003年国务院颁布的《法律援助条例》，法律效力层级较低；其余关于法律援助的立法则散见于诉讼法及律师法中，立法之间衔接不足，难以形成统一、规范的法律援助制度。其二，我国法律援助机构多是行政事业单位，隶属于司法行政部门，援助人员多由行政机关派遣。兼具管理者和行为者双重身份使得法律援助机构职能重叠，尤其是在人员不足的情况下分身乏术。更为重要的是，在目前四级法律援助机构中，只有县级法律援助中心承担着一定意义上农民法律援助的任务，不管是人才、资金还是能力都让农民法律援助显得尤为单薄。其三，从实践层面看，我国农村法律援助工作更是“积难成疾”。首先，缺乏人才保障。根据司法部历年调查情况看，我国法律专业人才数量可观，但是集中性较强，主要分布在大中城市，而法律援助需求更为强烈的农村尤其是偏远农村地区分布则非常之少。其次，缺乏资金保障。法律援助资金严重不足也是援助工作难以发展的桎梏。国家财政无法负担如此沉重的资金压力，而社会和民间资本的挖掘潜力有限，使得人均法律援助资金甚至以“角”为计量单位。此外，一般情况下越是法律援助需求强烈的地方越是偏远，路远难行，畏难情绪在所难免。这种情况下寄希望于法律援助来保护受损的农民土地权益着实力不从心。

不管是出于制度因素还是客观因素的限制，我国农民在土地流转中权益遭到侵犯的时候，难以获得或难以及时有效地获得相应的法律援助。

5.2.3 实践层面土地流转中行政权的不当干预

除却农民自身的因素以及制度层面上救济的不足，实践层面上行政权对农民在土地流转中的不当干预也是农民在土地流转中非财产性权益受损的主要原因。

第一，行政主导土地流转而损害农民自主权。各地方政府推动的宅基地流转创新模式可谓是在城市用地严重饥渴和国家对建设用地严格控制的情况下作出的探索，其在很大程度上适应了城市化发展的要求，但是，无论是天津的“宅基地换房”还是重庆的“地票交易”，都是政府制定发展规划、推动发展进程的举措，几乎可以说是政府强力主导的行政行为。基于政府的主导地位，农民缺乏积极参与和决策的机会，这导致强制拆迁、被迫上楼现象屡屡发生。面对这种情形，农民又似乎无能为力。在这个过程中，农民和农村集体处于边缘地位，流转价格、流转方向等都被行政权力操控，农民不是土地流转和利益分配的主体，只能获得较少部分的土地增值收益。地方政府的流转创新甚至“曾被质疑到底是为了农村和农民，还是为了满足城市建设需要而想方设法获取农民的土地”①。从农民权益实现的角度看，政府的干预也直接使得农民失去了应有的自主性而造成利益流失且难以补偿。学者袁铖就曾指出：“在当前农村土地流转实践中……很多地方采取由村集体组织将单个农民土地收回来再统一对外出租，开展规模经营；乡镇政府凭借村领导人事任命权，对自治村采用责任状形式来推动农村土地流转。就是备受决策者和理论界推崇的农地股份制其实是名不副实的，绝大多数地区采取以一定回报率(的方式)将农民土地租赁再由集体组织出面对外入股，单个农民被排斥在土地股份制运作之外。即使实行了将土地股份量化到户的，农民土地股份

---

① 刘润秋：《土地流转占补平衡：典型模式与制度缺陷》，http：//www.ybask.com/lunwen/new/201107/290381 _ 5.html，2014-12-10。

也没有退出机制和话语权，农地股份制中所出现的内部人控制问题十分严重，集体所有制正在逐步演变成村委会甚至是村支书的个人所有制，土地股份之后农民土地权利大量丧失而集体所掌握的土地权利进一步加强，对于农村土地承包经营权流转所带来的这种负面影响，法律并没有进行很好的防范。”①学者林卿在2005—2009年对江苏、浙江、广东等13个省份集体建设用地交易情况进行了调查，结果显示，以村集体为交易主体的流转面积占到流转总面积的77.8%，而以乡镇集体为交易主体的则占了近20%。② 二者几乎构成了集体建设用地交易主体的全部，以村民小组和村民作为交易主体的所占比例很低。

第二，行政主导土地交易定价权。目前，我国尚未建立完备的土地交易市场，农民在土地征收和土地流转中由于信息上的不对称而导致对行情不了解，从而处于定价发言的劣势地位甚至不存在任何发言权，这种情况本身就不能形成公平的定价机制。而且事实上基于掌握在乡政府或村级干部手中的土地交易决策权而形成的土地财政，其本身即暗含侵犯农民权益的道德风险。通过行政干预的手段压低土地交易价格侵犯了农民的自主定价权，更直接损害了农民的土地财产权益。学者的调研结果也表明：“农村土地承包经营权流转过程中，价格一般是由集体组织与农民个人或其他经营主体协商达成的。”③

行政权的干预并非个案，农民土地流转的自主权受到行政干预的现象几乎遍布全国各省市：河南省周口市扶沟县练寺镇为形成规模效益的“高效农业经营”，在以陶村为中心的3个村

---

① 袁铖：《农村土地承包经营权流转：实践、政策与法律三维视角研究》，载《宏观经济研究》，2011(12)。

② 林卿：《农民土地权益流失与保护研究——基于中国经济发展进程》，315页，北京，中国社会科学出版社，2013。

③ 张新瑞、薛兴利：《浅析农村土地承包经营权流转中农民利益的保护》，载《经济研究导刊》，2011(18)。

划出1000亩连片耕地租给外资农企进行花卉种植①；湖北省2006年对9个县(市)的40个村200户农户的实地调研显示，19.7%的农户反映参与农村土地流转是服从村里安排②。类似现象不胜枚举，笔者在调研中也发现了类似问题。10多年前就有学者指出，中国“农地制度中最大问题是，代表农民管理集体土地的管理者违背了委托者的意愿，即权力对权利构成现实和潜在的威胁，这是中国农地问题的总根源”③。今天，这一问题在实践中仍不鲜见，甚至可以说政府过度干预农村土地流转的触角无处不在。

5.3 土地流转中农民非财产性土地权益的实现

非财产性土地权益是农民土地流转中财产性土地权益得以实现的基础，也是其主体性地位得以体现的根本所在。在土地流转中农民更多地关注自己的经济利益是否实现而很容易忽视其非财产性土地权益的获得，事实上在一定程度上造成了其经济利益的流失。非财产性土地权益和财产性土地权益同样重要，同样需要给予关注。

5.3.1 培育农村集体土地流转的市场性

农民是土地流转的主体，农民以其主体身份积极参与土地流转是保证其权益得以实现的基本。这一方面有赖于农民自身素质的提高，另一方面在于自由、平等的土地流转市场的发展。

---

① 林卿：《农民土地权益流失与保护研究——基于中国经济发展进程》，206页，北京，中国社会科学出版社，2013。

② 张新瑞、薛兴利：《浅析农村土地承包经营权流转中农民利益的保护》，载《经济研究导刊》，2011(18)。

③ 迟福林：《把土地使用权真正交给农民》，104页，北京，中国经济出版社，2002。

第一，培育农民的法律精神，增强农民的市场主体性。农民在土地流转中的主体地位，需要农民自身素质的提高和主体能力的增强来维护。在我国，基于传统义务观念的束缚和地域的局限性，直至今天，农民的主体意识依然淡薄，借助法律实现和保障其权益的能力还比较低。这首先就要求加强农村的教育和培训事业。通过教育拓宽农民获得信息的渠道和途径，使其掌握国家大政方针，能够尽快融入市场交易的氛围之中；积极开展"知识下乡"等宣传活动，将与农民息息相关的法律知识进行传递，使其在市场活动中从被动转为主动；加强农民技能培训，降低农民对土地的依赖。通过一系列专门针对农村和农民的扶助措施，尽快推动农民意识的现代转型。在不断提高农民自身素质和能力的过程中，政府要发挥重要的引导和扶持作用。

第二，发展统一的土地流转市场，创造农民自主交易的环境。市场机制能够通过竞争、供求变化和价格变动等方式来高效地调节资源配置，以实现效益最大化。国家在社会转型时期坚决推进市场经济体制改革，走市场经济之路。最早关于城乡统一建设用地市场的文件是 2004 年《国务院关于深化改革严格土地管理的规定》。2008 年《中共中央关于推进农村改革发展若干重大问题的决定》提出，"必须通过统一有形的土地市场……在符合规划的前提下与国有土地享有平等权益"。党的十八届三中全会通过的《中共中央关于全面深化改革若干重大问题的决定》也指出，要建立城乡统一的建设用地市场。既然建立了土地流转市场，就要在市场中为农民创造出自主交易的环境。首先，要确保土地的平等和农民的平等。市场经济是平等的经济，在统一的土地流转市场中，必须根据预设的、权威的法律规则赋予土地和各方主体以平等的地位，也就是城乡土地同权同价，农民享有主体资格和自由意志，以此来确保土地流转的行为不受超经济的行政权力或其他势力的影响。其次，要遵循市场的规律。市场经济是发达的商品经济，也是契约经济。在发达的市场经济中，契约是保障权益的基本手段。为保护农民的土地权益之安全不受侵犯，法律应提供基本的契约保障，即要求各主体签订流转协议和进行登记等，以使农民土地权益获得法律程序的保障。法律所营造的平等、自主的契约经济氛围，是农民主体性得以发挥、农民得以参与土地流转的重要保障。

第三，扶持农村中介组织发展，代表农民维护权益。我国农民多以“户”为单位，即便如此，作为单独的个体，农民还是很难应对当前土地流转的复杂局面和权益受损的严峻状况。而我国农村中介组织的发展极为有限，国家对农民组织发展的政策支持少，资金帮助不到位，使得农民组织的发展从根本上缺乏后盾和支援，甚至“有的地方政府在政治上害怕农民组织起来后会形成一个政治压力集团，给政府添乱子，因而对农民组织的建立和发展存在消极抵触行为”①；而且目前存在的农民组织多是在政府的作用下创建的，是政府主导的外生型组织，本身带有浓重的行政色彩；更为重要的是，农民组织中专门化人才极为贫乏，具有金融知识、法律知识、农业技术的专业人才多是政府委派的兼职人员。农民中介组织的单一性、依附性等缺陷，使其过度依赖政府而不能从根本上表达农民的利益诉求和为农民服务。事实上，农民组织在土地流转中承担了市场中介的重要作用，然而羸弱的中介组织，限制了土地流转的进行，也为农民维权带来了困难。土地流转市场的发展和农民在土地流转市场中作用的发挥使得农村的组织化需求越来越高，这就需要政府扶持农村中介组织发展以使其代表农民去实现权益。鉴于目前的发展情况，国家应以财政补贴等方式给予农村中介组织以经济支持和财政倾斜政策，通过对农村中介组织的设立、组织、运行、责任、宗旨等予以确认以规范其发展，为

---

① 徐晓刚：《论社会主义新农村建设中农民组织的重构》，载《唯实》，2007(11)。

农村中介组织培养输送专业技术人才和提供培训以提高其服务能力。但需要注意的是，国家虽通过各种方式来扶持农村中介组织发展，并不意味着对其具有控制权，在其发展中，务必保持其独立性，使其成为真正代表农民的非营利性中介组织，而非权力的附属品。

5.3.2 实现农民权利救济渠道的全面性

一个国家需要司法机关，因为“司法工作的最大目的，是用权利观念代替暴力观念，在国家管理与物质力量使用之间设立中间屏障”①。司法保护体系是农村土地流转和农民土地权益保护的最后调控环节，“必须以维护法律的正义本质和保障农民土地权益为核心目标”②。这就需要对目前与土地流转和农民土地权益密切相关的诉讼制度加以完善，实现司法在国家职能中保障人权实现之最终救济的功能。

5.3.2.1 完善土地流转中农民土地权益保护诉讼制度

根据现有法律，土地流转中产生的农民土地权益纠纷可以通过自行解决、和解、调解、仲裁、诉讼等多种方式化解。其中，诉讼是通过将纠纷提交至人民法院，由审判权确认双方的权利义务关系从而解决纠纷的一种方式。遵循国家意志和依靠法律权威使得诉讼成为一种有效的“公力救济”方式，能更好地体现和维护农民的土地权益。我国诉讼制度中存在的种种问题成为农民土地权益救济的障碍，这在前文已述，此处，笔者认为可以从以下几个方面入手完善诉讼制度，以实现土地流转中农民土地权益的保护。

首先，改革体制，破除司法对行政的依附。若要司法真正

---

① ［法］托克维尔：《论美国的民主》上卷，董果良译，156页，北京，商务印书馆，1988。

② 陈利根、龙开胜、张梦琳：《农村集体建设用地流转的理论、实践与制度创新研究》，118页，北京，中国大地出版社，2011。

成为监督行政权力、救济农民权益的有效手段，必须贯彻审判机关独立行使审判权的原则。第一，行政机关只能通过法律规定的程序监督司法机关的行为而不得予以干预，更不得绑架司法以实施行政强制行为。第二，对行政机关制定、发布的侵犯农民土地权益的规范性文件应实施违宪审查，允许农民或农村中介组织作为原告对侵犯农民土地权益的抽象行政行为提出异议或控告，并由违宪审查机关予以撤销或废除。第三，加大对诉讼判决的执行力度，确保行政机关及时履行法院判决，以保障农民土地权益得到真正落实。

其次，完善程序，提高行政诉讼救济能力。第一，前文已述，农民在土地权益受到侵害而进行诉讼的过程中存在诸多程序上的障碍，这增加了农民诉讼的成本，致使农民难以通过诉讼程序进行维权。第二，在受案范围方面，一是要扩大行政诉讼审查的范围，将侵犯农民土地权益的抽象行政行为纳入行政诉讼的范围至少可进行附带性审查。根据《中华人民共和国行政诉讼法》的规定，行政诉讼的受案范围并不包括抽象行政行为，抽象行政行为通过其他途径予以救济。但是这样就会增加因审查周期延长而产生的其他侵权行为的发生。二是要增加行政诉讼中对行政行为合理性的审查。《中华人民共和国行政诉讼法》规定人民法院在审理行政案件时仅对具体行政行为的合法性进行审查而不审查其合理性；对具体行政行为合理性的审查仅由行政主体的上级行政机关通过行政复议的内部监督方式来完成。事实上，政府在与农民土地利益博弈的过程中，多会采取合法手段或利用法律漏洞等进行，从合法性角度并无不妥；真正给农民土地权益带来损失的则是有关行政行为合理性的内容。因此，在行政诉讼中应增加对行政行为合理性审查的内容。

最后，多元救济，发挥人民法庭和乡镇司法所的积极作用。我国在抗日战争和第三次国内革命战争时期的人民法庭是为了便利人民诉讼和案件审理而设立。而“乡镇司法所是在乡镇党委、政府领导下，具体负责乡村依法治理的工作机构”①。不过近些年来人民法庭和乡镇司法所的功能不断被削弱，已难以发挥其作用。但事实上这两级司法部门与农村和农民之间的距离更近，更方便解决农民的土地法律纠纷。因此，现阶段应该重新重视人民法庭和乡镇司法所在土地流转中处理土地纠纷的作用，合理设置、配备人员、财政支持等，使其在调解纠纷、提供及时有效法律服务方面的功能得以充分发挥。

5.3.2.2 引入土地流转中农民土地权益保护法律援助制度

法律援助是指由政府设立的法律援助机构，组织法律援助人员和法律援助志愿者，为规定范围内的经济困难公民或刑事指定辩护案件当事人提供无偿的法律帮助，以保障其合法权益得以实现的一项法律保障制度。法律援助制度即是为公民提供基本法律保障、维护司法公正的基础措施。根据我国《法律援助条例》，可获得法律援助的情况包括以下两种：一是因经济困难的，主要有六种：(1)依法请求国家赔偿的；(2)请求给予社会保险待遇或者最低生活保障待遇的；(3)请求发给抚恤金、救济金的；(4)请求给付赡养费、抚养费、扶养费的；(5)请求支付劳动报酬的；(6)主张因见义勇为行为产生的民事权益的。甚至没有兜底性条款，仅规定省、自治区、直辖市人民政府可以对前款规定以外的法律援助事项作出补充规定。二是刑事诉讼中有一定特殊情形的，公民可以向法律援助机构申请法律援助。农民土地权益保护基本上被排除在法律援助的范畴之外。

从性质角度看，法律援助具有公益的性质，它是一项以扶助贫弱、保障社会弱势群体合法权益为宗旨的社会公益事业，其目标是实现“法律面前人人平等”、健全社会主义法治建设、保障基本人权。那么从这个角度出发，在真正的土地流转中引入保护农民土地权益法律援助制度与其性质相符。其一，土地

① 刘云升、任广浩：《农民权利及其法律保障问题研究》，225页，北京，中国社会科学出版社，2004。

之于农民之重要意义已然明了，在现阶段对于部分农民来说仍是其生存之基础，而土地所承载的对农民的社会保障之功能更是不言而喻的，另外，对于大多数农民来说发展权亦是建立在土地的基础之上的。生存权、社会保障权、发展权都是我国宪法规定的公民的基本权利。农民土地权益受损就是农民作为公民一定程度上的基本权利内容的流失。而法律援助恰以保障基本人权为目标。其二，由于我国历史发展的原因以及城乡二元经济社会结构的持续存在，农民始终处于社会发展的底层，具有明显的弱势性；持续存在的城乡收入差距也使得一部分农民仍处于贫困状态。向农民提供援助以保障其土地权益的实现正是法律援助扶助贫弱的宗旨的现实体现。其三，如果农民没有能力通过诉讼渠道实现纠纷的解决，必然会采取极端方式来维权。在这种情形之下法治何在？法律面前人人平等何在？因此，在土地流转中引入保护农民土地权益的法律援助制度是其性质使然。

从申请或获得法律援助的前提角度看，根据我国《法律援助条例》的规定，申请或获得法律援助的前提是“经济困难”。此处“经济困难”程度为何？法律并没有一个明确的界限。参照刑事诉讼案件“因经济困难没有聘请律师或没有委托诉讼代理人”的情形，我们可以进行一定的推断。刑事诉讼涉及的案件较为复杂或处罚较为严重，也即意味着与当事人的权益有着非常密切的关系，当事人必须通过律师或代理人等专业人士代为行使诉讼权利以维护其合法权益。反观农民土地权益之于农民的重要意义，其又岂不是农民的切身利益之内容呢？此外，土地流转涉及的案件诉讼费用多数较高，大部分农民实际上很难承受。如此推来，农民在涉及土地权益纠纷的时候也确实处于“经济困难”之窘境。因此，从这个角度讲在土地流转中引入保护农民土地权益的法律援助制度符合基本法理。

据此，在土地流转中引入保护农民土地权益的法律援助制度具有法律与实践的意义。我们可参照《法律援助条例》之规定，将侵犯农民土地权益的纠纷纳入法律援助的受理范围之内，从而使农民土地权益的保护获得更多一重保障。

5.3.3 落实行政权对土地流转的引导性

就农民财产性土地权益的保护，我们已经分析，现代“有限政府”要求行政权在农村集体土地流转中的职能回归。这就意味着行政权不应以直接主体的身份参与到土地流转的收益分配之中去，而是站在国家治理的角度进行税收调节和财政支持。对于农民的非财产性土地权益，行政权则被要求在土地流转中发挥其引导性作用，尽可能地疏导农村土地流转而非进行干预。因为，“政府存在的目的在于对民众的需要给予充分的回应”[①]。这在我国《农村土地承包经营权流转管理办法》中体现得非常明确：“县级以上地方人民政府农业行政(或农村经营管理)主管部门应当加强对乡(镇)人民政府农村土地承包管理部门工作的指导。乡(镇)人民政府农村土地承包管理部门应当依法开展农村土地承包经营权流转的指导和管理工作，正确履行职责。”可见，政府对农村土地流转的作用在于指导。

第一，宏观的政策调控。宏观调控是行政权在土地流转中的基本职责。在我国，土地是公有制的重要内容，土地的分配和使用事关国家政治、经济、社会的稳定发展。作为一种重要的自然资源，土地历来为各个时代、各个国家和地区所重视，即便是在土地私有制的情形下，公权力对土地利用的特别干预也不可避免。[②] 但是，这种干预应该停留在宏观调控的层面上。相较于法律，政策的灵活性能及时应对城市化发展对土地的现实需求。而且，我国现有法律制度为政府通过土地政策进行宏

---

① 陶学荣、陶睿：《中国行政体制改革研究》，28页，北京，人民出版社，2006。

② 陆冠尧、朱玉碧、潘科：《国外及中国台湾地区土地用途管制制度研究比较》，载《中国农学通报》，2005(8)。

观调控提供了可能性。政府通过发布政策控制土地供应数量、安排土地用途以引导和吸引投资，以此实现城市化发展的合理布局；通过实施政策发展现代农业、加大惠农力度、全面深化农村改革以拓宽农民增收渠道、挖掘农村内部潜力，实现农村的快速发展和农民生活水平的提高。今后一段时间内，我国政策还应在促进土地交易、遏制建设用地低成本扩张、保护耕地数量和质量、完善现代土地交易市场体系、深化财税体制改革、健全城乡一体化机制等方面继续发挥重要作用，防止因经济发展对农民权益造成侵害，从而保证农民分享城市化发展的成果。不过，政府调控应当让位于市场调节，只有在市场失灵的情况下，政府才进行干预。① 否则，政府的宏观调控又将转向直接的参与干预而破坏土地流转的市场秩序。实践表明，行政力量介入土地流转至少有两方面的作用："一是充当流转双方之间的缓冲器，打破熟人交易的关系链条、降低交易的不稳定性、缓解信息不对称性，并提供一定程度的担保；二是充当农地利用的宏观管理者……"②

第二，保证土地流转信息公开。农民是土地流转的主体，其主体性首先体现为了解土地流转相关信息、参与土地流转各个环节的权利。保障主体知情参与权的关键，在于拥有信息优势的政府能及时全面地向农民传达相关信息。针对基层征地信息公开内容不全面、公开行为不规范、公开程序不健全、群众获知公开信息不便捷不及时等问题，2014 年《国土资源部关于进一步做好市县征地信息公开工作有关问题的通知》，要求切实加大公开力度，切实保障被征地农民的知情权。《中华人民共和国政府信息公开条例》和《中华人民共和国物权法》的相关规定也为农民在土地流转中的知情权提供了充分的法律依据。

① 沈峰：《"把该放的权力放掉"才是最好的政府》，载《中国商报》，2013-05-17。

② 赵金龙：《农村土地制度演进及地权流动》，111 页，北京，中国农业出版社，2013。

由于农村社会的相对封闭性和农民本身获得信息的能力限制性，农民对土地流转的相关法律知识和政策内容、土地流转的具体信息等在接收程度上存在障碍。对此，各级政府尤其是基层政府和村民自治组织，应大力推动土地流转的相关信息公开，采用多种方式、多种渠道为广大农民提供完善的信息，以改变其因信息不足所导致的劣势地位，为土地流转市场的完善提供公共服务和各种公共信息。因为，只有保证土地信息畅通和完整，才能保证农民在此基础上实现自主决策，进而才能真正实现市场的作用，才能充分保障农民的主体权益。

第三，提供完善的咨询和救济。在土地流转中，为确保农民不因弱势地位而受到利益侵害，农民应该得到相应的帮助。这主要是农村中介组织的职能。但是政府也应发挥相应的作用，尤其是在土地政策解读等方面为农民提供咨询与帮助，以确保农民不因政策原因而在流转中丧失主动性。另外，行政主体应肩负土地利用监管和流转纠纷调解的职责：一是监督市场主体的行为，确保土地利用符合国家土地利用规划和土地用途管制；二是监督农村中介组织，保证中介组织为农民土地权益的实现服务，避免其演变为以营利为目的的组织而侵占农民土地权益；三是监督农民对土地的利用是否违反法律的禁止性规定；四是对土地征收和流转中的纠纷进行调解，以降低农民纠纷解决的成本。通过政府提供的多方位咨询和救济服务，为农民土地流转创造良好的信息获取氛围和权利保障氛围。

本章小结

土地流转中的非财产性土地权益是农民自主和流转自愿原则的具体体现。农民是土地流转的主体，农村综合改革既要保障农民的物质利益，也要维护农民的民主权利。在土地流转过程中，国家既要确保农民获得应有的物质利益，即土地上的财产性权益能够得到保障，也要维护农民的非财产性土地权益。

具体而言，农民的非财产性土地权益包括农民参与土地流转的权利和农民救济受损权益的权利，即农民在土地流转中的知情权、决策权、监督权以及救济权。这些权利是农民财产性土地权益得以实现的基础。然而囿于农民意识层面的主体性不足、制度层面关于权利救济的缺失以及实践层面行政权的不当干预，农民在土地流转中的非财产性土地权益亦遭到了严重的损害。而与之相应的是农民财产性土地权益的流失。我们知道，政府存在的目的在于对民众的需要给予充分的回应，而不是干预和限制。为保障农民在土地流转中自主性的实现，政府应该更多地尊重权利主体的意愿。这就需要培育农村集体土地流转的市场性、实现农民权利救济渠道的全面性和落实行政权对土地流转的引导性，从而增强农民在土地流转中的自主能力、发挥自由竞争的市场作用、约束政府的行为，实现农民是主体、市场管流通、政府司监管的土地流转格局。正如学者刘庆斌总结的那样，“土地流转的主体是农户，土地流转的导向是市场。无论在什么情况下，土地流转都要坚持以农民为主体、政府扶持引导、市场配置资源的原则，自愿、有偿、依法进行，任何组织和个人都不能用行政手段强行推动土地规模经营，更不能把农民流转土地作为进城落户的硬性条件”①。

① 刘庆斌：《农村土地流转要突出农民主体地位》，http：//news. cqnews. net/html/2017-05/17/content _ 41643243. htm，2017-06-01。

6 土地流转与农民的社会保障权

社会保障是指国家通过社会保险或收入分配制度对公民因年老、残疾、失业、灾害等造成的生活贫困提供经济保障，维持社会最低生活水平。农民社会保障权并不是一个单独的概念，而是与城镇居民社会保障权相对的一个概念。农民的社会保障权益是指农民作为社会成员、国家公民应享有的社会保障的权利和应得到的利益，是我国农民根据宪法和法律所应享有的包括社会救济、社会优抚等各方面的社会保障的权利。① 中国的社会保障制度是在二元社会结构模式下建立起来的，因此我国形成了以户籍制度为表征的、以城乡分割的社会保障制度为主要内容的二元经济社会结构，城市形成了以就业为中心的、比较完整的社会保障体系，农村则从人民公社开始到目前为止形成了以集体和个人为主的、以土地为中心的层次较低的社会保障体系。② 而随着城市化的发展，许多农民失去了土地及在土地上获取保障的机会，更多的是用土地权益与劳动力资本换来一个城镇居民的身份，或者说，是用土地权益与劳动力资本换来一个城市居民福利包。这个福利包本应含有城市居民

① 薛小建：《社会保障救济模式的国际经验与中国道路》，86页，北京，中国政法大学出版社，2014。

② 崔卓兰：《我国农村社会保障法律问题研究》，17页，北京，中国法制出版社，2010。

的一切福利待遇，但是，现实中的情况往往不是这样，这个福利包往往会缩水，社会保障的城市福利往往会被征地部门以及土地开发商轻描淡写地省略。[①] 农民的社会保障权并没有因经过土地流转不断推进的城市化而得到更好的实现。

6.1 农村社会保障制度及实现

社会保障是经济社会健康运行不可或缺的一项重要建设，也是经济社会稳定与安全的一项重要保证。相较于城市社会保障制度，农村保障体系的主要内容包括农村社会养老保险制度、农村合作医疗制度以及农村社会救助和社会福利制度。我国社会保障制度从起始之日就存在明显的城乡差别。随着城市化的推进，这种差别越发成为城乡流动的主要障碍。

6.1.1 农村社会保障的制度发展

农村社会保障制度的建立和完善是统筹城乡发展、实现城市化的关键所在。我国自古以来就以家庭为单位，这不仅体现在生产上，也体现在保障主体上。而家庭生产和保障的基本要素就是土地。因此以土地为基础的家庭式保障这种传统形式随着代际的延续在我国影响深远。随着新中国的成立以及顺应时代背景的要求，中国农村的社会保障制度开启了新篇章。在保障农民基本生活和权利的基础之上，逐步探索建立一套与之相适应的农村社会保障制度体系。

1993 年《中共中央关于建立社会主义市场经济体制若干问题的决定》对社会保障的体系予以概括，指出社会保障包括社会保险、社会救济、社会福利、优抚安置和社会互助、个人储蓄积累保障等。经过 20 多年的努力，中国特色社会保障体系

---

① 董志龙：《资本农民——土地流转与农民的保障》，101～102 页，北京，人民出版社，2013。

框架初步形成，主要包括社会保险、社会福利、优抚安置、社会救助和住房保障等内容，其中养老保险、事业保险、医疗保险等社会保险和最低生活保障是核心的部分。[①] 改革开放以后，城镇社会保障改革首先从医疗保险制度开始，经过不断的努力，至今已经建立起了以城镇职工为保障对象的社会保险制度体系。主要内容为：社会统筹与个人账户制度相结合的养老保险、社会统筹与个人账户制度相结合的医疗保险、失业保险、生育保险与工伤保险等。农村社会保障的发展与改革相对滞后于城镇社会保障的改革，养老保险是农村社会保障改革的一个开端与标志。经过不断努力，到目前为止，我国农村已经初步建立起了土地保障、新型合作医疗、社会养老保险、优待抚恤保障、最低生活保障、五保供养、家庭赡养、计划生育奖励扶助保障共八大保障项目，初步形成了农村社会保障体系。党的十九大报告也指出了要按照兜底线、织密网、建机制的要求，全面建成覆盖全民、城乡统筹、权责清晰、保障适度、可持续的多层次社会保障体系。全面实施全民参保计划。完善城镇职工基本养老保险制度和城乡居民基本养老保险制度，尽快实现养老保险全国统筹。完善统一的城乡居民基本医疗保险制度和大病保险制度。

通过表 6-1 对农村社会保障制度的梳理可以看出，我国农村社会保障制度处在不断完善中。而正是对制度的不断完善使得具有中国特色的农村社会保障制度走上了规范化、法制化的道路。在我国农村社会保障制度完善的同时，实践层面上，到 1998 年全国农村社会养老保险工作网络已基本形成，2015 年全国新型农村合作医疗的参合率已达 98.8%[②]，基本实现了全覆盖，可谓成果喜人。作为一项基本的权利，社会保障来源于社会公正

---

① 孙自铎、田晓景、殷君伯：《中国农村改革 30 年——来自改革发祥地的报告与思考》，313 页，合肥，安徽人民出版社，2009。

② 《2015 年我国卫生和计划生育事业发展统计公报》，http：//www.nhfpc.gov.cn/guihuaxxs/s10748/201607/da7575d64fa04670b5f375c87b6229b0.shtml，2017-06-02。

理念下的社会成员共同享有社会财富，即和谐社会赖以存在的个人生活的稳定与社会秩序的和谐。然而，从制度内容的对比来看，城乡间、省份间的规定还存在一定的差异。以城乡医疗保险为例，笔者调查了北京市和山西省两地的情况，从三种类型基本医疗保险的对比可以看出，从制度设计的角度，北京市的制度相较于山西省设计得更加完善合理，内容更加详尽。但看两个地区的城乡对比，北京市城镇职工和居民的报销比例远高于新型农村合作医疗保险的参保对象，其中城镇职工的最高。不过据笔者调研得知，北京市于 2018 年 1 月 1 日起将新型农村合作医疗保险并入城镇居民基本医疗保险，统称为城乡居民基本医疗保险。这也是农村医疗保险进步的一个新里程。山西省与北京市的报销体制不同，基于经济发展水平的差异而各有不同。而且，城乡社会保障在制度设计、具体内容等方面都存在较大的差距。这也从一个角度体现了城市居民和农民之间的权利不平等问题。蒋立山先生曾尖锐地指出："城市居民与农村居民之间的权利不平等是目前中国社会最大的法律不平等。"①而这种不平等恰恰成为当前社会发展和土地流转带动下的人口流动的主要障碍。

表 6-1　农村社会保障制度发展情况

项目	主要法律、法规、政策	主要内容
农村养老保险制度	《中华人民共和国劳动保险条例》(1951 年)	农民并未纳入保障之列
	《农村人民公社工作条例(试行草案)》(1978 年)	有条件的基本核算单位可以实行养老金制度
	《关于探索建立农村基层社会保障制度的报告》(1987 年)	探索建立我国的农村养老保险制度，确立一系列农村社会保障制度建设目标

① 蒋立山：《中国的城市化与法律问题：从制度到秩序》，见北京市社会科学界联合会、北京师范大学：《科学发展：文化软实力与民族复兴》上卷，108 页，北京，北京师范大学出版社，2009。

续表

项目	主要法律、法规、政策	主要内容
农村养老保险制度	《县级农村社会养老保险基本方案(草案)》(1991年)	在山东省5个县市开展试点
	《县级农村社会养老保险基本方案(试行)》(1992年)	1. 从我国农村的实际出发，以保障老年人基本生活为目的 2. 坚持“资金个人交纳为主，集体补助为辅，国家予以政策扶持”的指导思想
	1.《关于保持社会养老保险管理体制稳定的通知》(1994年) 2.《关于进一步做好农村社会养老保险工作的意见》(1995年)	规范和指引农村社会养老保险工作
	《中共中央关于推进农村改革发展若干重大问题的决定》(2008年)	1. 贯彻广覆盖、保基本、多层次、可持续原则，加快健全农村社会保障体系 2. 按照个人缴费、集体补助、政府补贴相结合的要求，建立新型农村社会养老保险制度
	《国务院关于开展新型农村社会养老保险试点的指导意见》(2009年)	遵循保基本、广覆盖、有弹性、可持续的基本原则，将个人缴费、集体补助、政府补贴的多种形式相结合，同时与家庭养老、土地保障、社会救助等其他社会保障措施相配套，以保障农村居民老年基本生活
	《国务院关于建立统一的城乡居民基本养老保险制度的意见》(2014年)	在全国基本实现新型农村社会养老保险和城镇居民社会养老保险制度合并实施，并与职工基本养老保险制度相衔接

续表

项目	主要法律、法规、政策	主要内容
农村医疗保险制度	《中共中央国务院关于进一步加强农村卫生工作的决定》(2002年)	逐步建立新型农村合作医疗制度，到2010年，新型农村合作医疗制度基本覆盖农村居民
	《关于建立新型农村合作医疗制度的意见》(2003年)	逐步建立政府组织、引导、支持，农民自愿参加，个人、集体、政府多方筹资，以大病统筹为主的新型农村合作医疗制度，到2010年实现基本覆盖，降低农民因病致贫、因病返贫现象的出现概率，提高农村居民的整体健康水平
	《关于加快推进新型农村合作医疗试点工作的通知》(2006年)	从2006年起，中央财政对中西部地区除市区以外的参加新型农村合作医疗的农民由每人每年补助10元提高到20元，地方财政也要相应增加10元
	《关于做好2008年新型农村合作医疗工作的通知》(2008年)	从2008年开始，各级财政对参合农民的补助标准提高到每人每年80元，其中中央财政对中西部地区参合农民按人均40元给予补助
	《医药卫生体制改革近期重点实施方案(2009—2011年)》(2009年)	3年内我国基本医疗保障覆盖城乡全体居民

续表

项目	主要法律、法规、政策	主要内容
农村医疗保险制度	《中共中央国务院关于深化医药卫生体制改革的意见》(2009 年)	1. 3 年内新型农村合作医疗参保率达 90%以上 2. 建立中国特色医疗卫生体制 3. 2011 年基本医保制度覆盖城乡，2020 年覆盖城乡基本医疗制度基本建立 4. 大力发展农村医疗卫生服务体系 5. 建立城市医院对口支援农村卫生医疗工作制度
	《国务院关于整合城乡居民基本医疗保险制度的意见》(2016 年)	整合城镇居民基本医疗保险和新型农村合作医疗两项制度，建立统一的城乡居民基本医疗保险制度，从而推进医药卫生体制改革，实现城乡居民公平享有基本医疗保险权益，促进社会公平正义，增进人民福祉
农村最低生活保障制度	《国务院关于在全国建立农村最低生活保障制度的通知》(2007 年)	合理确定农村最低生活保障的标准和对象范围，规范农村最低生活保障管理，落实农村最低生活保障资金
	《国务院关于农村社会保障体系建设情况的报告》(2009 年)	1. 规范低保标准制定 2. 低保对象动态管理 3. 将救助政策适当惠及低保边缘群体和农民工家庭
	《关于做好农村最低生活保障制度与扶贫开发政策有效衔接的指导意见》(2016 年)	对符合低保标准的农村贫困人口实行政策性保障兜底

续表

项目	主要法律、法规、政策	主要内容
农村五保供养制度	《高级农业生产合作社示范章程》(1956年)	对老弱孤寡残社员在生产和生活上给予照顾
	《一九五六年到一九六七年全国农业发展纲要》(1960年)	保吃、保穿、保烧、保教、保葬，使生产合作社内缺乏劳动力、生活没有依靠的鳏寡孤独的社员生养死葬都有所指靠
	《农村五保供养工作条例》(1994年)	确定了五保供给赡养工作的操作和内容
	《农村敬老院管理暂行办法》(1997年)	促进敬老院事业的健康发展，提倡个人兴办和资助敬老院
	《农村五保供养工作条例》(2006年)	1. 将农村五保供养资金纳入财政预算，建立制度化的筹资渠道，并确立一套与之对应的管理办法 2. 建立五保供养标准的自然增长机制 3. 完善审批程序，规范操作环节 4. 明确五保供养的责任主体，界定权限范围
	《国务院关于农村社会保障体系建设情况的报告》(2009年)	1. 集中供养与分散供养相结合，适度提高集中供养率 2. 坚持"按标施保"，改善五保对象生活
	《农村五保供养服务机构管理办法》(2010年)	1. 对五保供养机构提出建设规划和设施要求，规划供养机构提供的供养服务，明确供养对象和内容 2. 提供经费保障

6.1.2 农民社会保障的实现情况

有学者研究指出:“土地作为一种保障手段对穷人更重要,因为他们通常没有足够的收入去购买现金保险,也没有足够的人力资本从事其他非农工作。穷人拥有了一定数量的土地至少可以为自己生产足够的食物”①。这不单单是从理论角度得出的结论,事实上,农民不管基于生存的需要还是基于心理的慰藉,其社会保障的最后寄托往往在土地之上。虽然随着国家经济和社会制度的发展及完善,这一现实有所改变,但并未完全消除。本书主要以农村医疗保险和养老保险这两项基本社保制度为切入点分析当前农民的社会保障问题。

6.1.2.1 农村医疗保险的现状

目前,我国农民的医疗保障主要是通过新型农村合作医疗制度实现的。国务院 2002 年发布了《关于进一步加强农村卫生工作的决定》,提出要“逐步建立新型农村合作医疗制度”,确立了农民的医疗保障制度;并且,2003 年转发了《关于建立新型农村合作医疗制度的意见》,提出实现对农村居民新型合作医疗制度全覆盖的目标。

从表 6-2 所统计的数据可以看出,新型农村合作医疗在广大农村地区取得了较为显著的成果。新型农村合作医疗已经基本实现了全面覆盖。从国家层面,国家财政对新型农村合作医疗制度也给予了极大的支持。从现有关于新型农村合作医疗参保数据以及国家财政支持的角度看,农村医疗保险现状也较为乐观。另外,根据国家统计局的统计数据,2014 年城镇和农村居民人均可支配收入分别为 28843.9 元、10488.9 元,医疗保健支出分别为 1305.6 元、753.9 元,医疗保健支出占居民可支

① 姚洋:《土地、制度和农业发展》,110 页,北京,北京大学出版社,2004。

配收入的比例分别约为 4.5%、7.1%。① 从数字上看似乎差异并不是很大。然而不可否认的是，相较于城市，农村的医疗设备以及农民享受的医疗服务均远次于城市水平。

表 6-2 新型农村合作医疗发展情况

指标＼年份	2010	2011	2012	2013	2014	2015
新型农村合作医疗参合率(%)	96.00	97.50	98.30	99.00	98.90	98.80
参加新型农村合作医疗人数(亿人)	8.36	8.32	8.05	8.02	7.36	6.70
开展新型农村合作医疗县(区、市)数(个)	2678	2637	2566	2489	—	—
新型农村合作医疗人均筹资(元)	156.60	246.20	308.50	370.60	410.90	490.30
新型农村合作医疗当年基金支出(亿元)	1187.80	1710.20	2408.00	2908.00	2890.40	2993.50
新型农村合作医疗当年筹资总额(亿元)	1308.33	2047.56	2484.70	2972.48	3025.28	3286.60
新型农村合作医疗补偿受益人次(亿人次)	10.87	13.15	17.45	19.42	16.52	—

数据来源：《中国统计年鉴 2015》，http：//www.stats.gov.cn/tjsj/ndsj/2015/indexch.htm，2017-12-05；《2015 年我国卫生和计划生育事业发展统计公报》，http：//www.nhfpc.gov.cn/guihuaxxs/s10748/201607/da7575d64fa04670b5f375c87b6229b0.shtml，2017-12-05。

① 中华人民共和国国家统计局：《中国统计年鉴 2015》，http：//www.stats.gov.cn/tjsj/ndsj/2015/indexch.htm，2017-06-02。

通过表 6-3 所示数据可以看出，农村医疗卫生机构床位数逐年增加，每千人所拥有的床位数从 2007 年的 2 个增加为 2015 年的 3.71 个。然而从比值看，近 10 年来城市与农村在床位数上的差距并未缩小。

表 6-3 城乡医疗卫生机构床位数比较

年份	2007	2008	2009	2010	2011	2012	2013	2014	2015
城市（千人/个）	4.90	5.17	5.54	5.94	6.24	6.88	7.36	7.84	8.27
农村（千人/个）	2.00	2.20	2.41	2.60	2.80	3.11	3.35	3.54	3.71
比例	2.45	2.35	2.30	2.28	2.23	2.21	2.20	2.21	2.23

注：以农村为 1，然后计算比值。

数据来源：《中国统计年鉴 2013》，http：//www.stats.gov.cn/tisj/ndsj/2015/indexch.htm，2017-12-05；《中国统计年鉴 2016》，http：//www.stats.gov.cn/tjsj/ndsj/2016/indexch.htm，2017-12-05。

我们再来比较城镇职工基本医疗保险制度与新型农村合作医疗保险制度的诊疗项目（见表 6 4）。

表 6-4 城镇职工基本医疗保险制度与新型农村合作医疗保险制度的诊疗项目对比

	城镇职工基本医疗保险制度诊疗项目			新型农村合作医疗保险制度诊疗项目		
	基金不予补偿的项目	基金支付部分费用的项目	基金金额制度内的项目	基金不予补偿的项目	基金支付部分费用的项目	基金金额制度内的项目
项目数（项）	1127	958	3637	7811	674	3461
项目占比（%）	19.70	16.74	63.56	65.39	5.64	28.97

数据来源：王延中：《中国社会保障发展报告（2012）NO.5——社会保障与收入再分配》，114 页，北京，社会科学文献出版社，2012。

从表 6-4 中可以清楚地看到，《中国社会保障发展报告(2012)》中发布的对某统筹地区的调查数据，在该地区新型农村合作医疗保险制度和城镇职工基本医疗保险制度诊疗项目之间的保障待遇上存在较大差异，相较于新型农村合作医疗制度，城镇职工基本医疗保险制度的诊疗项目覆盖更广，内容更为全面。新型农村合作医疗保险制度的诊疗项目中基金不予补偿的项目内容包括 7811 项，占比高达 65.39%，也就意味着这些项目的诊疗支出均需由农民自己负担；而城镇职工基本医疗保险制度的诊疗项目中基金不予补偿的项目只有 1127 项，且占比仅为 19.70%。这种差别显而易见。以生病住院报销比例来看，农民的报销比例仅为 30%～40%，而城镇居民的报销比例在 50%左右，城镇职工则更高，约 80%。这么悬殊的报销比例差异导致的不平等状况，使得土地流转之后，农民在进入城镇生活的同时并不可能实现相应医疗保险的对接。

更为重要的是，由于医疗条件、医疗水平等资源分配上的不均衡，如果农村居民为了得到更好的医治而选择城市的医院，则相较于城镇居民而言又会增加交通费、住宿费以及务工损失等成本。加之根据相关的报销制度等，农民在治病就医方面有很多额外的支出是不属于社会保障覆盖范畴的，这就大大增加了农民的生活成本。因病致穷的现象在农村当前仍然存在且为数不少。

6.1.2.2　农村养老保险的现状

相对于医疗保险而言，土地所承担的对农民社会保障的功能更多地体现在养老的层面。千百年来中国农民的命运紧紧地系在土地之上，土地带来的经济收入维持了他们的生存需要，他们更在年老的时候将土地传承给后代以确保其老年生活有保障。然而随着人口的增加和耕地的减少，尤其是城市化推进过程中的土地流转的出现，越来越多的农民失去了以土地作为保障的可能，传统的养老观念已经过时，越来越多的农民主动或被动地选择养老保险等新型养老方式。

所谓养老保险，是指劳动者在达到国家规定的退休年龄或因年老完全丧失劳动能力，退出社会劳动领域后，由社会提供物质帮助，保障其基本生活需要的一种社会保障制度。① 党中央、国务院明确提出了到2020年全面建成覆盖城乡居民的社会保障体系的目标。2009年国务院通过并印发《国务院关于开展新型农村社会养老保险试点的指导意见》，2011年国家开展城镇居民社会养老保险试点，2014年《国务院关于建立统一的城乡居民基本养老保险制度的意见》发布。至此，全国范围内构筑起一道城乡居民老年生活的保护网。从法律层面看，2010年颁布的《中华人民共和国社会保险法》第20条和第21条也对农村社会养老保险作了原则性规定，明确了“国家建立和完善新型农村社会养老保险制度”。2012年8月，新型农村社会养老保险和城镇居民社会养老保险全覆盖工作全面启动，合并为城乡居民社会养老保险。2014年，《国务院关于建立统一的城乡居民基本养老保险制度的意见》提出了在全国基本实现新型农村社会养老保险制度和城镇居民社会养老保险制度合并实施，并与城镇职工基本养老保险制度相衔接的具体内容。根据相关法律、法规及政策的规定，目前我国并存两种类型的养老保险(见表6-5)。

表6-5 城乡居民基本养老保险和城镇职工基本养老保险对比

养老保险类型 项目	城镇职工基本养老保险	城乡居民基本养老保险	
		城镇居民基本养老保险	农村居民基本养老保险
保障对象	城镇就业群体	年满16周岁(不含在校学生)、不符合职工基本养老保险参保条件的城镇非从业居民	年满16周岁(不含在校学生)、未参加城镇职工基本养老保险的农村居民

① 张浩森：《社会保障理论与实践》，112页，北京，对外经济贸易出版社，2017。

续表

养老保险类型/项目	城镇职工基本养老保险	城乡居民基本养老保险	
		城镇居民基本养老保险	农村居民基本养老保险
实施强度	国家法律法规强制实施	由政府加以补贴，政府引导城乡居民积极参保	
缴费标准	无弹性	有弹性	
筹资结构	个人缴费和单位缴费	个人缴费、集体补助和政府补贴相结合，允许第三方提供资助	
领取条件	企业职工达到法定退休年龄(男性职工60周岁，女性干部55周岁，女性工人50周岁)，且个人缴费满15年的，退休后可按月领取基本养老金	1. 在制度实施时，已年满60周岁，不用缴费，可以按月领取基础养老金，但其符合参保条件的子女应当参保缴费 2. 在制度实施时，距规定领取年龄不足15年的，应按年缴费，也允许补缴，累计缴费不超过15年 3. 在制度实施时，距领取年龄超过15年的，应按年缴费，累计缴费不少于15年	
统筹机制	个人账户和社会统筹相结合，60%的个人缴费要纳入社会统筹基金，只有40%记入本人的养老保险个人账户	全部记入本人的养老保险个人账户	

续表

<table>
<tr><td colspan="2" rowspan="2">养老保险类型
项目</td><td rowspan="2">城镇职工基本养老保险</td><td colspan="2">城乡居民基本养老保险</td></tr>
<tr><td>城镇居民基本养老保险</td><td>农村居民基本养老保险</td></tr>
<tr><td rowspan="2">待遇计发</td><td>个人养老金</td><td colspan="3">以个人达到60周岁(或退休年龄)时的个人账户储存额除以139(139指个人账户计发系数)</td></tr>
<tr><td>基础养老金</td><td>基础养老金月标准以参保人员办理申领基本养老金手续时上年度全市职工月平均工资和本人指数化月平均缴费工资相加后的平均值为基数，缴费每满1年加发1%</td><td colspan="2">全国城乡居民基本养老保险基础养老金最低标准提高至每人每月70元</td></tr>
</table>

资料来源：《国务院关于建立统一的企业职工基本养老保险制度的决定》;《国务院关于完善企业职工基本养老保险制度的决定》;《国务院关于开展城镇居民社会养老保险试点的指导意见》;《国务院关于建立统一的城乡居民基本养老保险制度的意见》。

可以看到，我国为了满足不同群体的养老需求，建立起不同形式的社会养老保险制度，这对我国养老问题的解决发挥了重要的积极作用。但是问题也恰恰在此，不同形式的养老保险制度从自身角度出发予以安排，彼此之间形成了碎片化的制度安排，难以实现制度之间的衔接。而且目前我国并未统一规定城乡居民养老保险缴费标准，由各省份自行规定缴费标准。伴随着土地流转以后农民的流动性增强，新型农村社会养老保险和城乡居民基本养老保险制度之间的衔接，以及不同省份、不同地区基本养老保险之间的衔接等就都会成为阻碍农民进城乃至阻碍土地流转的重要因素。

2009年《城镇企业职工基本养老保险关系转移接续暂行办法》，对包括农民工在内的参保人员在城镇职工养老保险制度内跨地区的转移接续问题规定了明确的政策和程序根据；2014

年《国务院关于建立统一的城乡居民基本养老保险制度的意见》提出了在全国基本实现新型农村社会养老保险制度和城镇居民社会养老保险制度合并实施。另外，2014 年经国务院同意，人社部、财政部联合印发了《城乡养老保险制度衔接暂行办法》，解决了广大农民工群体在城镇务工中的养老保险转移问题。然而，这一暂行办法只适用于在城镇职工基本养老保险、新型农村社会养老保险、城镇居民社会养老保险这三种制度中参加过两种或两种以上制度的人员，这就为转移接续增加了难度。

从实践层面看，国家统计局关于农村社会养老保险试点情况仅有 2010 年和 2011 年两年的数据。其中，2010 年和 2011 年新型农村社会养老保险试点参保人数分别为 10276.8 万人、32643.5 万人，达到领取待遇年龄的参保人数分别为 2862.6 万人、8921.8 万人；基金收入实现了较大幅度的增加，分别为 453.4 亿元、1069.7 亿元。关于城镇职工基本养老保险的数据则比较完整。另外，如表 6-6 所示，新型农村社会养老保险养老金中位数最低，且和城镇及企业职工的养老金中位数差距巨大，政府和事业单位的养老保险是新型农村社会养老保险的 33 倍之多，而在人均支出中新型农村社会养老保险占比仅为 21%。

表 6-6 60 岁及以上老年人领取养老金情况

养老保险种类	养老金中位数（元/年）	养老金占人均支出的比例中位数（%）
新型农村社会养老保险	720	21.0
城镇及其他居民养老保险	1200	38.7
企业职工基本养老保险	18000	192.9
政府和事业单位的养老保险	24000	242.2

注：中位数（Medians），统计学名词，是指将数据按大小顺序排列起来，形成一个数列，居于数列中间位置的那个数据。

数据来源：北京大学国家发展研究院中国健康与养老追踪调查（CHARLS）：《中国人口老龄化的挑战：中国健康与养老追踪调查全国基线报告》，2013。

从学者实践调研的数据来看，事实上新型农村社会养老保险参保数据并不乐观，如表 6-7 所示，各地区参保率尚不过半，西部地区参保率甚至不足 20%。

表 6-7 分地区养老保险参与情况(%)

	西部	中部	东部
新型农村社会养老保险	18.7	36.3	28.7
其他养老保险	4.0	6.2	9.1
领取养老金	4.4	15.0	4.1

注：1. 这里的其他养老保险主要包括企业补充养老保险、城乡居民养老保险、农村养老保险(指老农保)、城镇居民养老保险、商业养老保险等项目的养老金，以及高龄老人养老补助(补贴)等，不包括政府和事业单位、企业提供的退休工资。

2. 这里的养老金包括政府和事业单位、企业基本养老金，企业补充养老金，农村、城乡、城镇居民养老金，商业养老金，高龄老人养老补助等。

数据来源：赵光、李放：《养老保险对土地流转促进作用的实证分析》，载《中国人口资源与环境》，2014(9)。

整体而言，尽管土地收益相对落后，但是对于农民而言，土地保障较之其他保障仍然处于农村社会保障的核心地位，主要表现为绝大多数农民所拥有的土地收益仍然高于社会保障的补给。农村人口的老龄化以及家庭规模的普遍减小，正在使家庭保障走进困境。

6.2 土地流转与农村社会保障的关联性分析

社会保障是公民的基本权利，土地流转是当前时代发展的选择。自古以来我国农村的土地就具有社会保障的基本功能，不仅为农民提供生存基础，更是其就业、养老的保证。

即使从心理的角度看，土地也往往是农民的“保护伞”，是农民遭遇风险时最后的“退路”。然而，城市化发展的要求使得土地流转成为历史的必然，农民放弃土地进入城镇生活是时代的要求。在这样的时代背景之下，土地流转和农村的社会保障制度应发挥相辅相成之力，共同为实现城乡一体化发挥积极作用。

6.2.1 农村土地的社会保障功能

如前文所述，土地具有社会保障的功能。土地的社会保障价值是指土地作为生存手段对于社会稳定和社会公平所具有的重要价值。① 当代大陆法系中的用益权与英美法系中的终身地产权有异曲同工之处，其设置之初是以“解决特定人养老和生活问题为前提的”②。因此，土地之使用自然具有了一定的社会保障功能。

土地的这种社会保障功能首先就是生存保障功能。在相当长的一段时间内，农民以土地作为其基础性收入，更可以说，土地是农民最重要的生活经济来源。尽管在现代社会中农业生产形成的收入占比呈下降趋势，但在一些地区仍然是农民收入的主要来源之一。它为农民提供了基本的生活来源，是农民最坚实的最低生活保障。其次，在西方国家作为一种产业的农业在中国其实也承担着强大的失业保险功能。我国法律确认和保障农民对土地长期占有和使用的权利，使得每一个拥有土地的农民都事实上拥有一份稳定的职业，因此农民总是能实现其就业。在普遍存在的隐性失业环境下我国之所以没有发生社会动荡，很大一部分原因就在于土地吸纳了大量的失业人口，为其提供了就业的保障而维护了社会的稳定。即使是随着国家的快

① 李燕燕：《土地信托概论》，63 页，北京，中国金融出版社，2015。

② 高富平：《土地使用权和用益物权——我国不动产物权体系研究》，24 页，北京，法律出版社，2001。

速发展，更多的青壮年外出经商务工，农业也依然是其在外面高风险就业危机之下的最后退路。更为重要的是，土地具有非常重要的养老功能，即使是受我国传统文化和思想的影响形成的“养儿防老”也很大程度上依赖于土地，在现阶段农村养老保险体系尚未健全的情况下，迈入老龄的农民，如果自己还能劳动，“土地＋劳动”就是他们的养老保险。农民因为年老、疾病而丧失劳动能力时，其所分得的土地使用权成为其从家庭获取生活资料的基础之一。① 更有学者在调研中指出耕地的社会价值在耕地资源总价值中占比非常高。② 这足以说明土地之于农民的社会保障价值所在。

在当代社会，社会保障就是“一种公共福利计划，旨在保护个人及其家庭免除因失业、年老、疾病或死亡而在收入上所受的损失，并通过公益服务（如免费医疗）和家庭生活补助以提高其福利”③。作为国民生活保障系统，社会保障客观上应包括三个层次：“一是经济保障，即从经济上保障国民的生活，它通过现金给付或援助的方式来实现；二是服务保障，即当代社会还需要适应家庭结构变迁与自我保障功能弱化的变化，满足国民对有关生活服务的需求……三是精神保障，即属于文化、伦理、心理慰藉方面的保障”④。整体来说，在目前中国人多地少、农村社会保障体系仍不健全的基本国情下，对农民而言，“土地不仅仅是最基本的生产资料，发挥着生产功能的基础性

---

① 王守智：《土地流转加速条件下农村社会保障制度的完善》，载《北京农业职业学院学报》，2009(5)。

② 范辉：《基于耕地资源价值的征地完全补偿问题探析》，载《农村经济》，2008(5)。

③ ［美］美国不列颠百科全书公司：《不列颠百科全书：国际中文版》第15卷，中国大百科全书出版社不列颠百科全书编辑部编译，452页，北京，中国大百科全书出版社，1999。

④ 郑功成：《社会保障学——理念、制度、实践与思辨》，12页，北京，商务印书馆，2000。

作用，而且还承担着农民经济收益、社会保障和稳定心理归属感的作用”[①]。然而，土地作为社会保障的功能和价值，是一个国家和社会在构建完善的社会保障制度体系之前的普遍现象。随着国家和社会经济发展水平的提高以及社会保障制度的逐步完善，土地的社会保障功能应逐步降低。

6.2.2 农村社会保障与土地流转的相互关系

对于当前农民而言，其保障来自三个方面，家庭保障、商业保障以及社会保障。家庭保障作为一种传统的保障模式主要是以家庭为责任主体，在长期共同生活过程中内生出来的互惠机制；尤其对于养老而言，就是我们通常所说的“养儿防老”。商业保险是通过订立保险合同运营，以营利为目的的保险形式，由专门的保险企业经营；这种保险形式是建立在契约自由的基础之上的。然而，随着现代社会的发展，“养儿防老”“靠天吃饭”的传统保障模式已经无法适应，而商业保险在农村的普及程度较低且费用较高又没有补贴，所以社会保障已经成为当前农民最重要的保障模式。

6.2.2.1 健全农村社会保障制度能促进土地流转

随着我国城市化进程的不断推进，基于“理性经济人”的本性，在比较利益的驱使之下农民早已不再将土地上的收入作为唯一的经济来源，进城务工，从事第二、第三产业已经成为普遍现象。不过，大多数农民在从事非农产业取得收入的同时，并不放弃土地，以便从土地取得较为稳定的农业收入，作为家庭收入的底线。[②] 其根本原因就在于在没有健全的农村社会保障制度以确保农民无后顾之忧的情况下，土地依然担负着重要

---

① 林翊、林卿、谢代祥：《中国经济发展进程中农民土地权益保护的理论逻辑》，载《理论与改革》，2008(4)。

② 王银梅、刘语潇：《从社会保障角度看我国农村土地流转》，载《宏观经济研究》，2009(11)。

的稳定器之功能，农民以土地收入作为其最低生活水平的保障和最基本的抵御风险的手段。

然而，农民的社会保障问题如果得不到彻底的解决，他们就会担心即使暂时取得了较高的土地流转收益也不能为此后不稳定的务工收入、生活、养老等问题提供根本的保障，所以他们更愿意将土地粗放式经营甚至抛荒闲置以留后路，而不会轻易地将土地流转出去。即使是流转，也更倾向于短期或近亲属之间的流转而不愿意长期流转，因此造成大多数土地难以流转以集中使用甚至是浪费。实践表明，农民之所以流转土地基于两个基本前提：一是农地收入不是农民的主要收入来源，且非农业收入具有稳定性；二是有可靠的社会保障来确保农民家庭能够抵御由生、老、病、伤、残等带来的风险。只有这两个条件得到满足才能消除农民流转土地的后顾之忧。这也是农民自愿进行土地流转的比重普遍较低，土地流转主要是伴随着城市化发展的需要被动流转，而在这一流转过程中，新型农村社会养老保险和新型农村合作医疗等社会保障体系完善、制度实施良好的地区土地流转的比例较高的原因。从理论上讲，社会保障制度的确立，使得土地的社会保障功能降低，农民对土地本身的依赖性减弱，这就推动了农村土地流转的供给和需求。当农民本身的非农业收入高于农业收入，且土地的保障功能逐渐从土地剥离时，农民因为有了社会保障来确保家庭运转而无需土地作为“退路”，那么土地流出的倾向就会上升，从而实现土地流转的供给。对于那些具有产业化经营能力而又担心规模经营在市场中遭遇风险的农民来说，社会保障体系的健全和完善也为其提供了“定心丸”，从而提高了其流入土地的意愿。由此可见，健全的社会保障体系为土地流转市场的形成提供了契机，推动了土地的流转，也为城市化的发展起到了积极的促进作用。

6.2.2.2 土地流转能推动农村社会保障制度完善

完善的农村社会保障制度为农村土地流转奠定了基础，同时随着城市化的推进和土地的快速流转，越来越多的农民失去土地，这对农村的社会保障制度提出了更高的要求。农村社会保障制度需要有新的内容、新的制度和完善的体系结构来契合土地流转推动下的人口流动的需求。

首先，我国现阶段农民和城镇居民、城镇职工的社会保障制度之间还存在二元结构上的差异。随着土地流转的加快和城市化水平的提高，实践中已经有不少农民进入城镇打工。在这种情况下，很多农民工并没有参加城镇职工社会保障的相关内容，原有的社保也因身处异地而难以及时缴纳甚至断缴。这就意味着土地的城市流动体现在人口上则很难实现城乡社会保障制度的有效转移和接续，这为进入城镇的农民带来了诸多困扰。而土地流转的推动正是为了实现城市化的发展，实现城乡一体化的统筹。以土地流转为动力实现城乡社会发展的一体化，必然会推动城乡社会保障制度的统筹发展，从而使得社会保障在转移接续上消除障碍，实现顺利衔接。

其次，就目前而言，我国农村社会保障制度一个重要的瓶颈就是资金筹集。多渠道、多形式的资金筹集方式正是完善农村社会保障制度的根本所在。土地流转之后形成的土地增值收益在一定程度上解决了农村社会保障的资金问题，另外土地流转给农民带来的收益也使得农民更愿意拿出钱来缴纳社会保障基金。这既实现了农村社会保障基金的增加；又带动了农民积极投保的热情，提高了农村社会保障的实际覆盖率；更为农民权益的保障提供了后盾。

从上述意义上看，土地流转呼唤更加完善的农村社会保障制度的形成，对增加社保基金、扩大投保范围起到了积极的推动作用。土地流转推动下的城乡一体化也终将要求社会保障的城乡一体化。

6.3 “土地换社保”的法律分析

“土地换社保”的做法最早在长江三角洲一带出现。早在1993年，浙江省就为失地农民购买保险，变一次性的土地补偿为终身保障。目前，这一做法已经向其他地区不断扩散。据不完全统计，当前实施（或试点）这一政策的有吉林、辽宁、上海、江苏、浙江、福建、广东、海南、四川、重庆、陕西等省份。早期“土地换社保”政策大多只解决失地农民养老保险问题，资金多来源于安置补助费和土地补偿款。

6.3.1 “土地换社保”的不同实践

20世纪90年代初，“土地换社保”在经济较为发达的长江三角洲一带诞生。浙江最早，其基本做法是为在上地流转中失去土地的农民购买保险，并将一次性的土地补偿变为终身保障。这一实践在一段时间内受到不少农民的欢迎，并在全国范围内掀起一股学习热潮。之后，诸如四川、广东、重庆等省份纷纷效仿，并创造了新的模式（见表6-8）。

表6-8 “土地换社保”的典型模式

模式	主要内容	特点
四川省成都市温江区“双放弃”模式	自愿放弃土地承包经营权和宅基地使用权，经审批同意后进入城镇自主购房或按政府规划要求进入集中居住区居住的农民，可以享受与城镇职工同等的社保待遇以及其他优惠政策扶助	1. 农民参加的社会保险不局限于养老，扩大到医疗保险，其支付标准和调节机制与城镇居民一致 2. 社保资金实行个人、集体、财政补贴共同负担的筹集机制 3. 政府积极为入住安置房或到城镇自主购房的农民配套公共服务

续表

模式	主要内容	特点
浙江省嘉兴市“两分两换”模式	宅基地和承包地分开，搬迁与土地流转分开，在依法、自愿的基础上，以宅基地置换城镇房产，以土地承包经营权置换社会保障	1. 坚持自愿原则，对置换承包地的给予社会保障和经济补偿，对置换宅基地的以优惠价格鼓励其到城镇购置商品房 2. 农民将土地流转 10 年以上的可以参加城镇养老保险，按照城镇居民的缴费标准和待遇置换养老保险 3. 取消农业和非农业户口性质，建立按居住地登记户口的新型户籍管理制度，按照居民是否承包土地来确定社保、医保等政策
浙江省余姚市“三置换”模式	1. 农村住房和宅基地置换城市住房 2. 土地承包经营权置换社会保障 3. 村级集体发展留用地置换物业经济产权	除了保障农民旧房拆迁安置权益外，对农民自愿永久放弃宅基地使用权和土地承包权的，允许农民在城镇职工养老保险、新型农村社会养老保险和失地农民保障等险种中选择参保，以适应不同年龄段、不同收入水平农民的社会保障需求，财政和村集体经济对农民参保给予补助
广东省惠州市“双置换”模式	以农民宅基地置换农民住房，以土地承包经营权置换农民社会保险，进而实现农民到居民的身份转换	政府引导、政策支持，农民主体、民赢优先，村企合作、市场运作

续表

模式	主要内容	特点
重庆市“土地换商业养老保险”模式	政府委托商业保险公司办理失地农民养老保险，通过政府招标方式确定承办保险公司	1. 男性年满 50 周岁、女性年满 40 周岁的失地农民可将其土地补偿费、安置补助费全额或半额参保，其余部分一次性领取 2. 政府为失地农民投保并将投保后剩余补偿费和安置补助费发放给农民 3. 保险公司建立个人账户对资金进行投资管理，并向达到年龄的参保人员支付保险金

上述方案虽各有不同，但总体上的思路是差不多的。主要内容为“两换”：第一，农民放弃对宅基地的占有，换取楼房以集中居住；第二，农民放弃其对承包的耕地、林地的承包权和经营权以换取城镇居民的社会保障。

“土地换社保”这一实践，虽在一段时间内受到了农民的欢迎，也成为部分地区推动土地流转的重要方式，然而学界以及舆论对此提出了质疑。王国敏等认为，从“土地换社保”的初衷来看，“土地换社保”既能够保证土地流转的加快进行，又能够解决土地流转带来的失地农民的生存问题。因此各地纷纷实践。然而这一模式在实践中不宜盲目推行，其潜在风险有三：一是“土地换社保”仅仅是失地补偿的替代，无法代替农民社会保障自身的发展，而这一制度的推行容易导致政府忽视社会保障自身的发展和完善；二是“土地换社保”的补偿费成为保险费，而农民在流转土地后既失去了生存保障也失去了长期就业的载体，面临城市的高成本生活，陷入进退两难的境地，最终成为“城市贫民”；三是当前我国城乡社会保障制度已经初步建立，农民可以加入而无需置换，“土地换社保”本身就是没有必要的。[①] 吴睿鸫提出“警惕土地换社保的负面效应”，指出土地换社保既不能彻底解决农民的后顾之忧，更有悖于民意，甚至可能成为一些地方政府“圈地运动”的新推手。[②] 陈锡文更表示“社会保障是应该政府给我提供的公共服务，在哪个国家、在哪个地方可以跟老百姓讲，你要获得我的公共服务，你就要拿你自己的财产来换，没有过这种事情。所以这是在制造新的不平衡”[③]。不少媒体也纷纷刊载了相关评论，例如，《燕赵晚报》刊登了《“社保换土地”是谁的城市化?》的文章，该文作者指出“土地换社保”式的城市化路径，显然还缺乏对农民权利的起码关照，甚至本身就已陷入了为城市化而城市化的陷阱之中。[④]《南方都市报》也发表了以《社保乃政府职责 何须以土地交换》为题的文章，指出“土地换社保”模式对农民不公，也是对所谓“耕地红线”和粮食安全的威胁。在这一模式下，地方政府的圈地冲动将更加难以遏制。而在付出这两点代价之后，城市化并未因此而获得实质的提升。[⑤] 还有《法制日报》上的《土地换社保的负面效应大于正面意义》[⑥]、“凤凰网财经”上的评论《土地换

---

① 王国敏等：《加强农业基础地位和确保国家粮食安全战略研究》，468～469页，成都，四川大学出版社，2014。

② 吴睿鸫：《警惕土地换社保的负面效应》，http：//news. ifeng. com/opinion/politics/detail _ 2010 _ 09/01/2397300 _ 0. shtml，2016-11-01。

③ 《陈锡文表：“社会保障是应该政府提供 拿你自己的财产来换，没有过这种事情”》，http：//www. soutudi. so/news-5897-41-view. htm，2016-11-01。

④ 武洁：《“社保换土地”是谁的城市化?》，http：//finance. people. com. cn/nc/GB/12606353. html，2016-11-01。

⑤ 《社保乃政府职责 何须以土地交换》，http：//opinion. hexun. com/2010-09-01/124765047. html，2016-11-01。

⑥ 《土地换社保的负面效应大于正面意义》，http：//news. sohu. com/20100901/n274618918. shtml，2016-11-01。

社保背后是政府掠夺产权》①、《中国保险报》上的《"土地换社保"中的风险谁来承担?》②等等，不胜枚举。究竟孰是孰非，我们在实践中陷入了迷茫。

6.3.2 "土地换社保"制度的法律评价③

1948年《世界人权宣言》明确规定社会保障权是一项普遍人权，我国1997年签署《经济、社会及文化权利国际公约》使得社会保障权逐渐成为一项为国人所认知的权利内容。根据对社会保障的法律规定和学界研究，社会保障权是指社会成员(或公民)在面临威胁其生存的社会风险时，从国家或社会获得物质保障和社会服务，使自身维持生存并达到相当水准的生活的权利。因此，就社会保障权的性质而言，"社保是政策性保险，是国家保障劳动者基本生活权利的政策措施，具有公共服务的性质"④。作为一项公民权利，社会保障权是每一位公民普遍享有的平等权利，其义务主体只能是国家而非个人。而所谓的"土地换社保"是失地农民放弃其土地承包经营权及宅基地使用权后获得的补偿，仅仅是将补偿款转换为社保金形式，本质上是农民自身已有财产权的形式转换。这样说来，社会保障属于公共服务，是社会公民应该享有的平等权益，是现代民主国家的基本公民权利，城市居民和农村居民都有权利享受社会保障权益。⑤ 而

① 刘彦:《土地换社保背后是政府掠夺产权》，http://finance.ifeng.com/opinion/zjgc/20100909/2603231.shtml，2016-11-01。

② 《"土地换社保"中的风险谁来承担?》，http://insurance.cnfol.com/070907/135，1516，3328841，00.shtml，2016-11-01。

③ 笔者在前期研究中就指出，用土地换社会保障属于"权利内容的非法转换"。参见柴荣、王小芳:《农民土地权益保障法律机制》，75～76页，北京，社会科学文献出版社，2017。

④ 董志龙:《资本农民——土地流转与农民的保障》，131页，北京，人民出版社，2013。

⑤ 王国敏:《加强农业基础地位和确保国家粮食安全战略研究》，468～469页，成都，四川大学出版社，2014。

“土地换社保”是农民用自己的土地利益换取了社会保障。

这个时候，一个被混淆的问题出现了。著名社会学家托马斯·马歇尔(Thomas Marshall)在研究“公民权”(citizenship)①时指出，公民身份(公民权)是一种地位——国家这一共同体中所有成员都享有的地位；凡拥有这种地位的人，在这一地位所赋予的权利和义务上都是完全平等的。② 而前文已经讲过，农民拥有两种身份，其首先是国家的公民，享有与市民平等的公民权；其次才是集体经济组织成员，享有村民权。“土地承包经营权换社保”的流转方式，从权利内容上侵犯了农民的村民权，导致其村民权的丧失。因为社会保障权是宪法赋予公民的一项基本权利，而土地承包经营权是农民村民权之对集体土地的使用权。这完全是两种内容不同却应该兼具的权利，但通过政府创新土地承包经营权流转的方式而混为一谈。农民用其享有的村民权“换得”一项其与生俱来的公民权内容，从法理和情理上都是讲不通的，实为不合法且不合理之表现。而且从社会保障的不同层次看，基本保障是政府(或国家)责无旁贷的义务，是根本不需要通过交换即应得到的权利内容。“土地承包经营权换社保”中，农民以放弃、出租或入股土地承包经营权来换取社保是政府责任的缺失；如果以此为由推动“土地承包经营权换社保”则是政府逃避自身义务的借口。因此，有学者甚至指出“这种制度设计很有可能‘蜕化’成了为政府盘活‘土地财政’的手段或工具，在一定程度上延缓了农村社会保障体系的建立健全”③。《南方都市报》则以《社保乃政府职责 何须以土

---

① 国内对此有多种译法，如公民身份、公民权、公民权利、公民资格、市民权等。不过从马歇尔论文以及讲座原稿看，其突出意思在于“公民的权利的平等性”方面，因此本书采用公民权这一简称，与村民权、市民权相对应。

② [英]T. H. 马歇尔、[英]安东尼·吉登斯等：《公民身份与社会阶级》，郭忠华、刘训练译，23页，南京，江苏人民出版社，2008。

③ 郑雄飞：《中国农村“土地换保障”的实践反思与理性建构》，144页，上海，上海三联书店，2012。

地交换》为题对此质疑，并指出："在'土地换社保'模式中，政府和农民却是在实施一种交易行为，一方放弃自己在宅基地和承包地上的权益，另一方以提供社保作为报酬。显然，这种交易既与社保的性质不合，也与政府提供公共服务的职责相悖。"①笔者对此颇为赞同。更为重要的是，村民权的内容之于农民是根本也是保障，是农民风险防御的最后屏障。也就是说，农民在失去其他经济来源的时候，可以依村民权享有对集体土地的使用权而获得最后的生存保障。但是失去村民权、失去土地后，农民可能面临失业、流转补偿费不到位、补偿费使用不当等风险。在"制度化风险"②(即社会保障不利)的情况下，农民又该何去何从呢？这也值得制度设计者深思。

总而言之，为公民提供基本生存保障是国家的一项基本义务，这是现代法治文明的基本要求，《中华人民共和国宪法》第 14 条第 4 款也有明确规定。社会保障是政府的责任，理应由政府来提供，若让农民用土地换社保不仅有悖于公平原则，与法理不符，而且后患无穷。另外，城市化推进与土地规模经营都需要土地流转，但土地流转未必就必然要以买断产权为代价，这根本是两回事，不可混为一谈；即使是要买断产权，也不应以农民本身应有的权利为代价。因此可以说，"土地换社保"这一实践不管是从法理上还是从实践中，都是不可推行的；政府应从严掌握，以为农民提供更为完善的社会保障内容为根本。

---

① 《社保乃政府职责 何须以土地交换》，http：//opinion. hexun. com/2010-09-01/124765047. html，2016-11-01。

② 制度化风险是在制度建立以后，由于制度设计本身存在缺陷或监管机制存在不足等原因，制度可能带来的更多人为风险。国家社会保障制度在农村的不健全之表现实为一种制度化风险。具体解释可参见杨雪冬等：《风险社会与秩序重建》，133 页，北京，社会科学文献出版社，2006。

6.4 土地流转中农民社会保障权的落实

中国农村随着城市化的推进经历着重大的转变。然而，长期以来我国农民的社会保障功能主要是由土地来承担这一状况并未发生根本性的变化，农民社会保障权利的现实虚置非常严重。尤其是在土地流转这一背景之下，农村原有的社会保障模式受到极大的冲击，土地的保障功能正在弱化，农民的社会保障权受到巨大威胁，而国家法律层面的农村社会保障问题却没有因此受到重视。土地流转中农民社会保障权的落实最重要的就是实现城乡社会保障的并轨，使得土地流转之后的农民在进入城镇的同时，其社会保障的内容也能及时实现对接，确保形式城市化与实质城市化的统一。

6.4.1 城乡二元社会保障的法律价值反思

从前文所述中可以看出，城镇居民基本医疗保险与新型农村合作医疗保险都属于基本医疗保险制度，本应该是具有普惠性的，不应该存在城乡差距，但是现实操作中这两项关乎公民基本权利的医疗保障制度在缴费水平、医疗待遇水平方面还是存在明显差距。虽然国家与政府财政对新农合的补助资金均在逐年提高，但由于现实制度上的差别，城镇居民基本医疗保险和新型农村合作医疗保险的一些参保对象对自身所参保的医疗保险制度都存在质疑，觉得受到了不公平待遇。而农民的社会保障权利与城市职工和居民之间这种较大的差异会随着城市化的推进、制度的滞后给农民的社会保障带来更多的潜在风险。

社会保障权是一项基本人权和宪法权利，适用平等原则。由于社会保障权旨在保障每个人享有有尊严的生活，因此，这种平等不应仅仅是法律上的平等，更应是一种最低限度的实质平等。从分配正义的角度看，“分配正义就是要区分经济不平等中哪些是道德偶然性造成的，哪些是由个人可以控制的原因造成的，哪些是应该通过制度加以纠正的，哪些是个人必须负责的。正义并不意味着社会完全平等，它的目的只在于将道德偶然性造成的社会不平等降低到最低限度”①。社会保障针对的就是个人不可控制的那些道德偶然因素，建立社会保障制度就是为了降低这些因素所造成的不平等。因此，从这个角度讲，社会保障权要求社会保障制度从形式和实质上实现正义。

我国固有的城乡二元经济结构决定了城乡社会保障的二元化，而城乡社会保障的二元分割又进一步固化和加剧着城乡二元结构。这种局面造成了目前城镇和农村社会保障具体内容的差别，事实上也成为当前制度体系下对法律之公平价值的挑战。党的十八届三中全会提出，围绕更好地保障和改善民生，我国应推进基本公共服务均等化，建立更加公平可持续的社会保障制度。推进城乡社会保障一体化建设是构建中国特色社会主义保障体系中具有全局性的关键环节。在积极推进土地流转以促进城市化发展的今天，农民失去土地就增加了其生活中造成不平等的偶然性，更需要社会保障制度作为坚强后盾以确保其生存和发展。因此，当前城乡二元结构下的城乡二元社会保障体系必须被更新，以使城乡统筹的社会保障制度尽快实现。然而，鉴于我国当前城乡和区域发展的不平衡性，城乡社会保障的一体化构建必须坚持渐进化的道路，切不可冒进。

6.4.2 城乡社会保障并轨的可行性

统筹城乡社会保障是时代发展的必然，也是一定程度上实现社会公平的要求。我国目前不断推进的城市化建设正为消除城乡差别、实现城乡一体化的有效路径。在这一过程中，统筹城乡社会保障，实现城乡社会保障并轨不仅必要而且可行。

从政策走向看，我们可以清楚地看到，国家和政府对于城

① 汪行福：《分配正义与社会保障》，66页，上海，上海财经大学出版社，2003。

乡社会保障的统筹是极为重视的。随着《国务院关于建立统一的城乡居民基本养老保险制度的意见》《城乡养老保险制度衔接暂行办法》等的颁布实施，城乡社会保障一体化的脚步已经越来越近了。

从资金的角度而言，目前生活在农村的群体主要是老年人，其次是妇女和儿童，具有较高收入能力的青壮年更多的已经通过上学、工作等方式进入城镇，也就意味着参加新型农村合作医疗保险和新型农村养老保险的主要是上述留在农村的人。参保人数决定了基金发挥共济性能力的强度，保障基金越多，共济能力越强，抵御风险的能力也越强。然而，即使农村参保率逐年提升，也由于参保人群的老龄化特点而并没有办法积累更多的基金以抵御风险，甚至在一些地区难以满足保险金的发放需求。实现城乡并轨，将有利于资金的统筹运用，形成更大规模的基金储备以抵御风险。近年来我国经济一直处于平稳较快的发展中，从财政部的统计数据可以看出国家财政收入大大增加，我国政府的财政能力是毋庸置疑的。这就为构建全面覆盖的统筹城乡的社会保障制度体系奠定了坚实的经济基础。

从公众对城乡二元分割局面的态度来看，根据相关学者的调研结果，不管是城镇非农从业居民还是农民，对于自身当前所参加的医疗保障制度都存在质疑与不满，城乡二元分割的医疗保障制度使得城乡医疗卫生服务在公平性、可及性和费用的负担方面呈现出二元失衡的现象。① 公众对统一的城乡社会保障制度建构有较大的期待。当前城乡分割的局面反而不利于整个社会的稳定与秩序。

从现实的角度看，随着土地流转推动着城市化水平的提升，城乡统筹发展已经成为当前阶段不可阻挡之趋势。城市化

① 仇雨临、翟绍果：《城乡医疗保障制度统筹发展研究》，37～50页，北京，中国经济出版社，2012。

的发展不仅仅是土地的流动，更是人口的转移。城乡统筹的社会保障制度对消除农民后顾之忧，增强其转移信心具有重要的作用。

更为重要的是，《中华人民共和国社会保险法》第 22 条中关于“国家建立和完善城镇居民社会养老保险制度。省、自治区、直辖市人民政府根据实际情况，可以将城镇居民社会养老保险和新型农村社会养老保险合并实施”的规定，正是关于农村养老保险未来走向的原则化规定。这就表明了国家实行城乡一体化保险的目标，这一目标不应仅在养老保险中予以体现，更应在整个社会保障体系中予以体现。

可以说，城市化的发展呼唤城乡一体的社会保障制度体系，而当前我国已经具备了一定的统筹城乡社会保障制度的条件和能力。接下来要做的，就是实现这样的统筹，为土地流转中从农村走向城市的农民提供切实的保障以最终实现国家、社会发展之大计。

6.4.3 实现城乡社会保障的转移接续

我们在这里强调城乡社会保障一体化、城乡社会保障并轨，并非要求在保障内容、保障方式及保障执行方面整齐划一，更不是将某一具体的制度在城乡予以推广，而是要实现制度之间的整合与衔接。

实现农村和城市社会保障制度的统一与转换，为农民提供良好、稳定的社会生活环境。城市化发展的一个重要特征就是人口流向城市，土地的流转必然会带来农民大量进入城市的现实状态。这种情况之下需要重点关注一个问题，即如何保障进入城市的农民及时地纳入城市社会保障的体系之内，与当地居民享受同等的基本公共服务和社会保障内容。这就需要科学转换农村和城市社会保障的内容，推进城乡要素的平等交换。农村与城市社会保障内容的基本一致，是农民进入城市以后能够被及时纳入城市社会保障体系的前提。这就需要我们科学设计农村和城市社会保障的对接点，从而使得城乡社会保障具有转换的可能性。

首先，资源均衡分配，缩小城乡之间的差距。在土地流转的过程中，国家应合理设置补偿标准及分配方式，以提高农村基础设施建设和公共服务水平；另外，对于现有的医疗、教育、住房、福利等社会资源应进行合理调配，以缩小城乡之间的差距。只有这样，才能实现农村与城市之间要素的平等交换与流动，实现同工同酬同保。这也是对我国宪法之平等价值的实现。

其次，科学统一管理，降低城乡转移接续的成本。从当前我国社会保障的管理角度看，以医疗保险为例，实践中城镇医疗保险主要由社会保障部门主管，而农村医疗保险主要由卫生部门负责管理，这就形成了相同的事务由不同的管理服务系统来实现的状况。两套管理部门之间在机构设置、制度内容等方面均有不同，这就增加了办理进城农民社会保障转移衔接的成本。这不仅不利于工作上的转移和对接，更为管理和监督带来了人为的麻烦。而统一的管理系统有利于信息资源、网络资源以及技术、设备的整合和利用，更为重要的是在城乡对接的过程中更容易实现。这样的管理体制不仅可以实现资源的优化配置，更可以提高管理和服务水平、节约管理成本，实现城乡之间的可持续发展。

最后，突破农民社会保障资金的瓶颈，加大财政对城乡社会保障的投入力度。用于农村社会保障的资金来源稳定及对资金的科学管理是我国农村社会保障制度得以持续发展的关键所在。城市社会保障资金的财政投入较多且兼具其他来源渠道，因此要打破城乡之间社会保障分治的制度框架、实现一体化的社会保障秩序以及强化城乡社会保障的兼容和衔接，首先就是要保障资金的充足和来源稳定。从资金来源的角度看，应通过法律明确中央财政、地方财政和参保农民本人三方共同负担之原则并确定比例分配，同时确定国家财政的“重要补贴者”地位。① 国家财政应将农村和农民的社会保障纳入全国统一、规范的社会保障体系之内，为农民和市民提供无差别的、同等的社会保障内容，把农民真正从土地中解放出来，实现土地要素的自由流动和资源的高效配置，弱化土地的社会保障功能，强化土地的生产功能，为土地增产和农民增收创造条件。

当然，我国目前城市化发展并不完全，相关社会配套制度还相对滞后，一刀切地采取统一的城乡社会保障制度还存在诸多风险。上述从资源整合、机构协调和资金投入等方面进行的制度设计，恰是当前探索阶段能有也是应有的努力。伴随着国家城市化水平的提高以及整个社会经济发展状况的平衡协同，相关的配套制度在一一跟进，此时切不可冒进。

本章小结

社会保障是经济社会健康运行不可或缺的一项重要建设，也是经济社会稳定与安全的一项重要保证，更是国家社会保障尚未实现城乡均等供给的情况下土地必然承载的农民权利内容。土地流转与农民的社会保障权具有直接的正相关关系：健全农村社会保障制度能促进土地流转，土地流转能推动农村社会保障制度的完善。我国当前以农村医疗保险和农民养老保险为主要内容的农村社会保障制度还存在很大的不足，城乡社会保障之间还有较大差异。这成为城市化发展和土地流转后农民社会保障权难以为继的重大障碍。而在土地流转中创新出的

---

① 笔者认为，国家财政介入农村社会保障的资金筹集是目前农村社会保障体系得以运行的根本之所在。究其原因：一是从我国的农村现实情况来看，农民的支付能力不足决定了必须加大国家对农村社会保障的投资力度；二是当农村社会保障发生任何赤字时，政府要承担兜底的重任。从资金管理的角度看，国家应该根据法律建立专门机构对农村社会保障基金进行管理，采取适当的方式使其实现保值增值，同时更要确保资金的运行安全。

“土地换社保”实际上是法律意义上权利的非法转换。土地流转继而失去村民权、失去土地后，农民可能面临失业、流转补偿费不到位、补偿费使用不当等风险。在“制度化风险”(即社会保障不利)的情况下，农民又该何去何从呢？这就需要在土地流转中落实农民的社会保障权。一是要推进城乡社会保障一体化建设，但鉴于我国当前城乡和区域发展的不平衡性，城乡社会保障的一体化构建必须坚持渐进化的道路，切不可冒进。二是在城市化建设消除城乡差别、实现城乡一体化的过程中实现城乡社会保障并轨，这是必要且可行的。三是实现城乡社会保障的转移接续，要确保资源均衡分配，缩小城乡之间的差距；要科学统一管理，降低城乡转移接续的成本；要突破农民社会保障资金的瓶颈，加大财政对城乡社会保障的投入力度。

7　农民土地权益保障的制度建构

城市化发展与农村土地流转、农民土地权益密不可分。城市化的有序推进必须建立在农民权益得以保障这一核心基础之上，通过规范土地流转的模式得以实现。这一过程中，法律中自由、平等、效率和秩序的价值目标是制度建构和路径选择的要求。

7.1　法律制度完善和实现方式选择的价值目标

我们从应然的角度思考土地流转中农民土地权益的保护问题，就必然面临一个价值问题，现代法治社会要求将这一范畴限定在法律的框架之内。我们进行农民土地权益保护的法律制度完善和实现方式选择时，首先要进行价值判断，明确我们所要实现的目标。

价值体现在主体与客体之间的关系中；法的价值是体现在主体(人)和客体(法)的法律关系中的，表明了法这一客体对主体人的有用性以及法满足人的需要的关系。“只有当法律符合或能够满足人们的需要，在人与法之间形成价值关系时，才是有价值的。”①法的价值因使用不同可分为目的价值、形式价值和评价标准三种。其中，“法的目的价值构成了法律制度所追求的社会目的，反映着法律创制和实施的宗旨，它是关于社会关系的理想状态是什么的权威性蓝图，也是关于权利义务的分配格局应当怎样的权威性宣告”②。法律的“价值目标在人们的法律实践中具有重要的指引和导向作用”③。在我国目前情况下，要保护农民在土地流转中的权益，应体现自由、平等、效率及秩序的价值目标。

7.1.1 身份到职业——自由价值的实现

自由(liberty，freedom)就其英文词义而言，指的是从约束中解放出来，或者说是一种不受约束的状态。从法律意义上讲，自由是一种权利；对于个体而言，自由权利是人的主体性的体现，也是人的自我意识的现实化。没有自由，人就不是主体。同时，自由又是促进人类向新的自由迈进、获得新的发展的保证。不过，我国传统社会的身份沿袭以及一定时期内户籍制度对农民和市民之界定，都深深地刻着身份的烙印。农民作为身份之象征始终没有走向现代职业之自由。

1789年法国《人权和公民权利宣言》宣布人类社会进入了契约时代，国家不再按照身份分配社会权利。梅因在其《古代法》一书中关于人的身份的解放之深入阐释更为学界乐道，他将这种解放称为一个“从身份到契约”的运动。④ 文艺复兴和正义理念的传播为农民身份的解放创造了社会条件；资本主义商品经济的发展又为农民解放奠定了经济基础。今天，世界各国“农民”之

---

① 范健、张中秋、杨春福：《法理学——法的历史、理论与运行》，169页，南京，南京大学出版社，1995。

② 张文显：《法理学》，252页，北京，高等教育出版社、北京大学出版社，2011。

③ 谢鹏程：《基本法律价值》，18页，济南，山东人民出版社，2000。

④ [英]梅因：《古代法》，沈景一译，96～97页，北京，商务印书馆，1959。

意义多为职业的指称，从而解除了土地对农民的束缚作用。

在现代法治社会，“维护人的自由存在，(更)是法的终极价值和普遍道德”①。那么土地法律制度，就必须以人(即农民)的自由为价值依归，体现农民的主体性和自觉性，从而促进农民各种土地权益的实现。就我国目前情况而言，就是要通过农村土地法律制度的完善，首先破除现有法律制度对农民身份的限制，确认农民与市民同等的法律和社会地位，赋予农民迁徙自由、职业自由和土地权利市场交易自由等权利内容；其次改善农民终其一生对土地的依赖状况，建立健全农村社会保障制度、农业保险制度等，让农民走出土地对他们的天然约束。真正在农村社会做到“从身份到契约”的转换，使“农民”一词从身份的标志转换为职业的表征，让农民拥有自主的意志而不受土地和制度的约束，是保障农民各种合法土地权益得以充分实现的前提。

7.1.2 人权与地权——平等价值的要求

平等是民法产生和发展的理念基础，平等原则是民法的基本原则之一；平等也是正义理念的重要内容，是正义得以实现的重要前提。“平等”二字所蕴含之精髓，大约是人类文明发展之最大成就。勒鲁(Leroux)指出：“平等是一种原则，一种信条”②。

那么，何谓“平等”呢？亚里士多德(Aristotle)说：“关于平等和正义这些问题，要在理论上弄明白谁所抱有的见解是正确的，这实在很困难。”③博登海默(Bodenhaimer)也指出：“平

① 林道海：《论法的自由价值》，载《政治与法律》，2006(5)。

② [法]皮埃尔·勒鲁：《论平等》，王允道译，20页，北京，商务印书馆，2009。

③ [古希腊]亚里士多德：《政治学》，吴寿彭译，316～317页，北京，商务印书馆，1965。

等乃是一个具有多种不同含义的多形概念。”①萨托利(Sartori)更是将平等问题的复杂性比作迷宫，认为“没有什么能够像平等那样错综复杂”②。早在2000多年前孔子就感叹道：“丘也闻有国有家者，不患寡而患不均，不患贫而患不安”(《论语·季氏将伐颛臾》)。按照马克思主义的平等观，平等主要是指在社会中人与人处于同等的社会地位，享有同等的权利，从一般意义上来说，就是在法律上相同的人应受到同样的对待。马克思的平等观与卢梭的平等之起因③、罗尔斯机会均等的含义相契合。从历史的发展看，平等观念经历了“平均主义的平等”到“权利主义的平等”的博弈，确立了以权利主义为观念的实质平等观[代表性观点为A. J. M. 米尔恩(A. J. M. Milne)的“比例的平等”]：“允许给优者以不利和给劣者以优待，以便使能力不等的竞争者获得同等的机会。”④正如“对弱势人群的特别保护，好比是将没有能力上跑道的人扶上跑道；对优势人群的特别限制，好比是将站在前面的人拉回起跑线，目的仍是让人们在同一起跑线上起跑，以实现公平竞争”⑤。这就意味着通过制度的矫正，实现每个人之平等。不过要注意的是，“给予这种不利

---

① [美]博登海默：《法理学：法律哲学与法律方法》，邓正来译，285页，北京，中国政法大学出版社，1999。

② [美]乔·萨托利：《民主新论》，冯克利、阎克文译，357页，上海，东方出版社，1998。

③ 资产阶级启蒙思想家卢梭从平等的起因入手，从社会起因的角度界定平等之内涵，认为“平等，这个名词绝不是指权力与财富的程度应当绝对相等；而是说，就权力而言，则它应该不能为任何暴力并且只有凭借职位与法律才能加以行使；就财富而言，则没有一个公民可以富得足以购买另一人，也没有一个公民穷得不得不出卖自身”。转引自卓泽渊：《法的价值论》，424页，北京，法律出版社，1999。

④ [英]A. J. M. 米尔恩：《人的权利与人的多样性——人权哲学》，夏勇、张志铭译，62页，北京，中国大百科全书出版社，1995。

⑤ 张德瑞：《中国农民平等权利法律保护问题研究》，38页，南昌，江西人民出版社，2009。

和优待必须公平：换言之，它必须与竞争者不相等的能力成比例”①。

从法律的价值角度出发，平等是法律追求的价值之一，“法律意义上的平等，既是法律的基本价值，又是法律的基本原则，还是宪法的基本权利”②。平等很大程度上是通过法律来体现和实现的。制度的设计有义务为所有参与社会运行的主体提供平等的平台和为社会成员提供平等的机会，并在实质不平等的时候提供必要的救济与帮助。孟德斯鸠指出：“人一生出来就都真正是平等的，但是这种平等是不能继续下去的；社会让人们失掉了平等，只有通过法律才能恢复平等。”③立法能平衡客观因素对不同主体产生的不平等的影响。正如卢梭在《社会契约论》中指出的那样，“恰恰因为事物的力量总是倾向于摧毁平等的，所以立法的力量就应该总是倾向于维持平等”④。因此，在我国切实保障农民土地权益首先要做的就是从立法上确认平等，这种确认既要包括对人的社会地位平等性的确认，也要包括对土地这一生产要素的法律地位平等性的确认。

如同托克维尔指出的那样，“身份平等的逐渐发展，是事所必至，天意使然”⑤。民主时代的最大特点是身份平等。而农民与市民除去现实中所表现出来的在生活环境、工资待遇、社会地位等方面明显的不平等以外，他们与生俱来的那种身份上的不平等已经成为农民与市民之间严重不平等的桎梏。因此，

---

① ［英］A. J. M. 米尔恩：《人的权利与人的多样性——人权哲学》，夏勇、张志铭译，62页，北京，中国大百科全书出版社，1995。

② 张德瑞：《中国农民平等权利法律保护问题研究》，35页，南昌，江西人民出版社，2009。

③ ［法］孟德斯鸠：《论法的精神》上册，张雁深译，114页，北京，商务印书馆，1961。

④ ［法］卢梭：《社会契约论》，何兆武译，64页，北京，商务印书馆，1963。

⑤ ［法］托克维尔：《论美国的民主》上卷，董果良译，7页，北京，商务印书馆，1988。

我们在研究农民的土地权益时，对农民的定位应该回到“应然”的范畴，从职业特征的角度界定农民，赋予农民相较于市民平等的法律地位，即将农民与市民平等对待。这种意义上的平等与前文所述自由属于一体两面。

土地要素的平等亦是至关重要的。“推进城乡要素平等交换的最大问题是土地问题，解决土地问题需要做到‘同权同利’”①，著名农村土地专家温铁军如是说。《中华人民共和国宪法》最初将土地划分为国家所有和集体所有的目的是保护农民利益，然而今天，城乡土地仍存在“同地不同权”的状况。《中华人民共和国宪法》规定国有经济和集体经济都是社会主义公有制经济的组成部分，也是我国社会主义市场经济的重要内容；《中华人民共和国物权法》又规定依法保障国家、集体和个人的财产权利，一切市场主体的权利都应当得到平等保护。这就意味着不管是国有土地还是集体土地，作为财产权利的一种，作为社会主义市场经济的一部分，理应一视同仁、平等对待。然而，根据我国现有法律之规定，国有土地和集体土地之不平等仍有体现。第一，综观我国土地制度结构体系，法律对国有土地之所有及使用的制度设置几近完备，不管是登记制度、流转制度还是保障制度都比较详备；反观集体土地法律制度，土地登记尚存漏洞，更别说土地补偿及保障制度的完善程度。第二，即使是从民法上划分强势意义平等和弱势意义平等的角度入手，也难以找出国有土地较之集体土地更值得保护之证据。第三，国有土地与集体土地流转之间存在制度上的差异，集体土地所有权权属不明以及处分权缺位成为集体土地流转的制度障碍。加之根据现有法律对不同所有权性质土地的补偿严重不均衡。这些原因直接导致了集体土地在一定程度上沦为国有土地之附属，丧失了其与国有土地同样作为公有制重要

① 《专家解读三中全会公报：土地是城乡要素平等交换的最大问题》，http://politics.gmw.cn/2013-11/14/content_9488593.htm，2015-01-14。

内容的宪法意义。为此，就应该实行全国统一的土地登记制度；在根本法中明确、严格地界定“公共利益”的内容，明确只有在特殊“公共利益”需要的情况下才能对集体土地进行征收；通过立法确认国有土地和集体土地在法律地位上的平等，将集体土地纳入统一的土地市场中去，建立城乡统一的土地流转市场。根据耕地保护和城市发展用地规划：对农业用地，坚持严格的审批和开发程序，确保18亿亩耕地红线的保护；对非农业建设用地，与城市建设用地统一规划和审批，确立统一的税费缴纳标准。从土地入市的源头上实现法律地位之平等和市场化，确保交易中地位的平等性，避免基层地方政府“土地财政”问题的滋生，进而实现农民土地权益的保护。只有这样才能真正维护农民以及农民集体的土地权益和其他宪法性权利。

7.1.3 效益最大——效率价值的追求

效率是经济学的核心问题。从普遍的认识而言，“效率就是从一个给定的投入量中获取最大的产出，即以最少的资源消耗取得同样多的效果；或以同样的资源消耗取得最大的效果。也就是经济学家常说的‘价值最大化’或‘以价值极大化的方式配置和使用资源’”①。法的效率价值是指法能够使社会或人们以较少或较小的投入获得较多或较大的产出，以满足人们对效率的需要的意义。可以说，不管从哪个角度对效率进行界定，都离不开投入与产出之间的比例关系，而效率价值的本质就在于优化资源配置。按照所产生效果的不同，法的效率价值包括经济效率和社会效率。

法对于经济的作用，主要是通过具体的法律制度所调整的生产发展来体现的。战国时期的思想家李悝就有“尽地利之教”（《法经》）的思想，孙中山也有“地能尽其利”的主张。事实上，

---

① 张文显：《法理学》，268页，北京，高等教育出版社、北京大学出版社，2011。

“一切制度都具有两大基本功能，土地财产制度也不例外，这就是保障功能和激励功能，其他的功能都是这两大功能的派生物”①。而这种激励功能所产生的资源配置功能正是农村土地流转所需要的。农村土地在市场机制的作用下基于土地制度之激励功能而从效率较低的使用流向效率较高的使用，从而实现土地资源的优化配置。在土地法律制度中，效率价值的追求首先就是通过法律优化土地资源和农地权利的配置使土地能够提供更多的产出，从而使农民获得更多的土地收益。不过，在土地立法中，我们又不能仅考虑经济学意义产出最大化的效率理念，还应该关注法律意义上效率理念中包含的“公平”之意义。因为效率的绝对化会导致收入悬殊、两极分化等不稳定因素的形成，从而从根本上损害效率。公平与效率始终都应是农村土地流转的最终目标。在我国土地仍然作为农民养老、失业等社会保障基础的情形下，首先应注重的是公平，只有当土地不再作为农民基本保障的时候，土地之流转才能以效率优先为原则。因此，土地立法中所要求的效率价值要使土地所承载的实现农民财产性收益和保障农民发展前景的功能得以发挥。

一项制度的社会效率是其运行在社会上所取得的效果，其价值在于满足人们对效率的需求，因此其外延是非常广泛的。但是就法律的效率价值而言，社会效率至少应该包括权力运行效率的提高和社会公正的维护。也就是说，行政权在运行中对社会公正的实现程度是其效率价值的外在表现。就土地法律制度而言，土地制度运行的各个环节都不可避免地与行政权的行使密切相关，那么农民土地权益的公平实现与否就是行政权运行效率的衡量标准。在土地立法中，行政权能的定位和范围决定了效率价值的实现程度。因此，为了保证土地流转中农民土地权益之落实，绝不能忽视法律制度有关社会效率的内容。行

① 周诚：《土地经济学原理》，157页，北京，商务印书馆，2003。

政权之运用必须以法律规定的权限范围为尺度，以维护农民合法土地权益为基本导向，真正做到行政权之行使是一切为了农民。

土地法律制度效率价值的实现是经济效率和社会效率共同作用的结果，这就需要通过体系化的规则设计和合理化的权利模式，优化资源配置，提升制度运行的效率。就前者而言，要求农村土地权利界限明晰、土地所有权归属明确、农民土地使用权物权性强化以及土地使用权充分流转等；就后者而言，要求正确定位行政主体在土地流转中的角色及职权范围，保证农民作为土地流转主体独立参与土地流转过程等。正如葡萄牙学者加西亚(Garcia)所说的那样，“我们应该在保护耕地的前提下，注重提高土地利用的效率与强度，并通过科学的制度安排推动土地整理规制，避免土地的过分分散导致的低效益或无效益，以促进农地资源的有效利用，进而产生强农惠农、土地增收的作用”①。其实也就是要发挥土地制度的激励功能，在土地制度的安排中体现法律效率之价值：既充分实现土地利用之经济效益，增加农民土地收入；又满足社会效率之要求，避免行政权对土地流转的过度干预，从而保障农民土地流转之参与权。

7.1.4 利益调整——秩序价值的重塑

秩序是一个系统的范畴，它指的是多个事物之间的一种连续的、有规则的关系状态。人类社会中有自然秩序和社会秩序两种不同形态的秩序内容。博登海默认为：秩序“意指在自然进程和社会进程中都存在着某种程度的一致性、连续性和确定

① [葡萄牙]Maria da Glória Garcia：《葡萄牙农地法律制度的演变》，“农村土地立法问题：国际经验与中国实践”国际研讨会会议论文，武汉，2008。

性”①。那么，所谓社会秩序就是根植于人类社会发展进程中的、反映社会内在规律的本质的东西。张文显指出：“社会秩序表示在社会中存在着某种程度的关系的稳定性、进程的连续性、行为的规则性以及财产和心理的安全性。”②人类社会的活动需要秩序。“社会秩序是人类存在和发展的必要前提，是人类社会生活有序进行的重要保障。”③在现阶段城市化发展的背景下，我们要保护农民的土地权益不受侵害，又不能因噎废食放弃推进城市化建设。因此，土地立法应当确保促进城市化持续发展、保障农民土地收益的土地法律秩序。

利益是支配人类活动的原动力，利益对社会秩序的变革具有重大的影响。科尔曼(Coleman)指出：“(利益)这个概念，在关于自我与社会的关系方面，促成了一场认识革命，这种新的认识，是法国大革命的思想基础。”④从本质角度看，这正是利益作为冲突之源头的社会影响所在。马克思在分析利益的本质时指出，“利益就其本性说是盲目的、无止境的、片面的，一句话，它具有不法的本能”⑤。每个人都有追逐自身利益的本能，因此利益冲突是不可避免的。利益的大小取决于对资源控制的多少，尤其是在土地这种稀有资源面前，土地权利的大小决定了其可能获得利益的多寡。由利益引发的冲突在土地秩序中表现了出来。马克思在论述国家和法产生的根源时指出，国家和法产生的目的在于把经济利益的冲突保持在“秩序”的范围

① [美]博登海默：《法理学：法律哲学与法律方法》，邓正来译，219页，北京，中国政法大学出版社，1999。

② 张文显：《法理学》，260页，北京，高等教育出版社、北京大学出版社，2011。

③ 辛鸣：《制度论——关于制度哲学的理论建构》，118页，北京，人民出版社，2005。

④ [美]詹姆斯·科尔曼：《社会理论的基础(上)》，邓方译，28页，北京，社会科学文献出版社，1992。

⑤ 《马克思恩格斯全集》第1卷，179页，北京，人民出版社，1956。

之内，这也正是法的秩序价值之所在。

根据我国现有法律制度，“我国的土地法律秩序以社会主义公有制为基础，以国家土地所有权与集体土地所有权并行的二元土地公有制结构为基本特点”①。我国在土地所有权和使用权分离的基础之上实现土地资源配置。不过如前文所述，在城市化发展的过程中，不仅土地征收，土地流转过程中原有的土地秩序也已面临危机，损害着农民的土地权益。这如果不能尽快得到妥善解决，必然会威胁我国经济和社会的可持续发展。“冲突并不完全是破坏性的，它也具有建设性的社会功能。”②这种建设性正是法律对秩序重塑的结果。通过法律对利益格局的重整，消弭各利益主体之间的冲突，使得秩序得以重建。具体到农村土地立法中，就是要构造促进农村社会持续发展、保障农村经济快速增长、确保农民土地权益得以实现的社会秩序，否则土地秩序混乱、农民权益不保必然破坏社会秩序的存续，各种有利于农民土地权益实现的法律和政策也在秩序难以为继的环境中无法践行。如前文所述，当前导致土地流转中农民土地权益流失的一个重要因素就是行政权的无序行使。行政权之所以介入土地制度是出于对公有制的维护和公共利益保护的目的。然而行政权的行使在实践中却已经偏离了制度设置的初衷。因此，具体到立法中，土地法律秩序的最终目标应该是重新定位行政权在土地流转中的权能范围，还利于民，让农民真正享有土地流转的效益。

罗尔斯在《正义论》中指出，“某些法律和制度，不管它们如何有效率和有条理，只要它们不正义，就必须加以改造或废

---

① 邓海峰：《土地法律秩序的解构与重塑——以土地征收制度的限缩为中心展开》，载《清华法治论衡》，2012(2)。

② 蔡文辉：《社会学理论》，128页，台北，三民书局，1986。

除"①。此处所谓正义，主要体现的是自由与平等的价值。那么，在土地流转中完善保护农民土地权益的制度结构，不仅要包含有效率与秩序的目标，也应有自由与平等的体现。法律具有利益调控的功能，"法律规范人的行为主要依靠人与人之间的利益抗衡"②，在土地法律关系复杂的利益主体之中，立法需要寻求的是实现各利益关系之间平衡的路径。有学者指出，"在农地立法中，自由、平等、效率、秩序反映了各种利益主体的不同价值取向。我们认为，农地法律制度的建构应当以平等为基础、以自由为追求、以效率为动力、以秩序为保障"③。笔者对此甚是赞同，因为这既是法律价值的必然要求，也是评价法律自身的基本标准。

7.2 实现农民土地权益的土地流转模式

制度是上层建筑的内容，真正对农民土地权益产生切实影响的是制度的运行。土地流转能对农民土地权益产生的积极影响和由于制度运行不当产生的消极影响，我们已经了然于胸。如今更为迫切的是弄清楚如何运行土地流转，使得农民的土地权益能够通过土地流转得到切实的落实。这就需要我们在土地流转的具体运作上进行选择。

7.2.1 规模经营——承包地经营权流转

土地承包经营权的占有在目前阶段对稳定农村和作为劳动力"蓄水池"的作用仍是至关重要的。我国法律一方面赋予了农

① [美]约翰·罗尔斯：《正义论》，何怀宏、何包钢、廖申白译，1页，北京，中国社会科学出版社，1988。

② 付子堂：《法律功能论》，82页，北京，中国政法大学出版社，1999。

③ 陈小君、高飞、耿卓等：《后农业税时代的农地权利研究——中国十省农地法律制度研究总报告》，见陈小君等：《农村土地法律制度的现实考察与研究：中国十省调研报告书》，156页，北京，法律出版社，2010。

民长期稳定的土地承包经营权，另一方面又允许该权利依法转包、出租、互换、转让或以其他方式流转。为确保农民土地使用权的长期稳定性，中央政策明确了土地所有权、承包权和经营权的“三权分置”，并指出土地经营权为产权流转的对象。因此，承包地规模经营之实现建立在承包地经营权流转的基础之上。前文已述，目前我国承包地经营权的流转仍是以法律规定的上述几种传统方式进行且规范性程度较低，而入股、抵押等新型流转方式仍不普遍且存在较大的风险。不过，在城市化日益推进的情况下，土地流转是不可避免的趋势，也是农民创收、增收的主要途径。因此，探索一条承包地经营权流转的路径，使其既能落实农民对土地承包经营权的长期占有，又能实现土地高效流转和农民增收，是目前极为迫切的任务。

7.2.1.1 规模经营的基本思路

马克思在分析决定农业生产力的多种因素时指出，“劳动生产力是由多种情况决定的，其中包括：工人的平均熟练程度，科学的发展水平和它在工艺上应用的程度，生产过程的社会结合，生产资料的规模和效能，以及自然条件”①。他还对生产资料的规模和效能进行了着重分析，认为“小块土地所有制按其性质来说就排斥社会劳动生产力的发展、劳动的社会形式、资本的社会积聚、大规模的畜牧和科学的不断扩大的应用”②。马克思还指出：“我们所具有的科学知识，我们所拥有的进行耕作的技术手段，如机器等，只有在大规模耕种土地时才能有效地加以利用。”③足见规模经营对于农业生产的重要性。国家立法和政策文件一直支持发展适度规模经营，中共中央办公厅、国务院办公厅于 2014 年 11 月共同发布的《关于引导农村土地经营权有序流转发展农业适度规模经营的意见》也释放

---

① 《马克思恩格斯全集》第 23 卷，53 页，北京，人民出版社，1972。

② 《马克思恩格斯全集》第 25 卷，910 页，北京，人民出版社，1974。

③ 《马克思恩格斯全集》第 18 卷，65 页，北京，人民出版社，1964。

了大力推进土地规模经营的直接而强烈的信号。2016年、2017年的中央一号文件也强调了关于适度规模经营的内容。党的十九大报告更是具体提出通过经营权流转、股份合作、代耕代种、土地托管等多种方式加快发展土地流转型、服务带动型等多种形式的规模经营，并提出要研究建立农业适度规模经营评价指标体系引导规模经营的健康发展。而且时任全国人大农业与农村委员会副主任委员的刘振伟在《关于提请审议〈中华人民共和国农村土地承包法修正案(草案)〉的说明》中提道，从农业农村的现实情况看，随着富余劳动力转移到城镇就业，各类合作社、农业产业化龙头企业等新型经营主体大量涌现，土地流转面积不断扩大，规模化、集约化经营水平不断提升，呈现“家庭承包，多元经营”格局。可以说，对于承包地经营权的流转而言，适度规模经营是当前流转的目标，而从模式而言则可探索多元的经营模式。

那么如何实现土地规模经营与农民增收的有效结合呢？笔者认为承包地经营权入股、抵押两种模式是目前阶段的较好选择，而且政策对此也是积极支持的。当然，并不是各地区都采用入股、抵押，更不是照搬已有模式，而是以入股、抵押为主，构建一个完整的承包地经营权流转体系。

承包地经营权流转的目标是通过规模经营实现规模效益。目前可通过三种途径实现规模效益：第一，种植能手通过租赁、转包等方式获得较大面积的土地经营权而进行规模生产；第二，农民专业合作社通过农民自愿入股的方式集中土地，农民土地承包权和经营权分离而实现土地的规模经营；第三，农业企业下乡投资，农民以承包地经营权入股换取股权，商业资本进行土地经营，农民以股权分取红利。在这个过程中，政府一方面对承包地的规模经营给予政策扶持和相应补贴，并对“土地银行”注资以实现对土地规模经营的金融支持；另一方面则支持成立非营利性农业中介组织并对其予以规范，监督金融机构行为，并通过政策引导金融机构、农业中介组织对三种规模经营模式提供资金、技术支持以及行业监督和保护。在这三种规模经营的模式之下，实现生产资料相对统一采购、农机技术等统一提供，从而节省成本，并通过统一的市场实现农业产后经营。(见图 7-1)

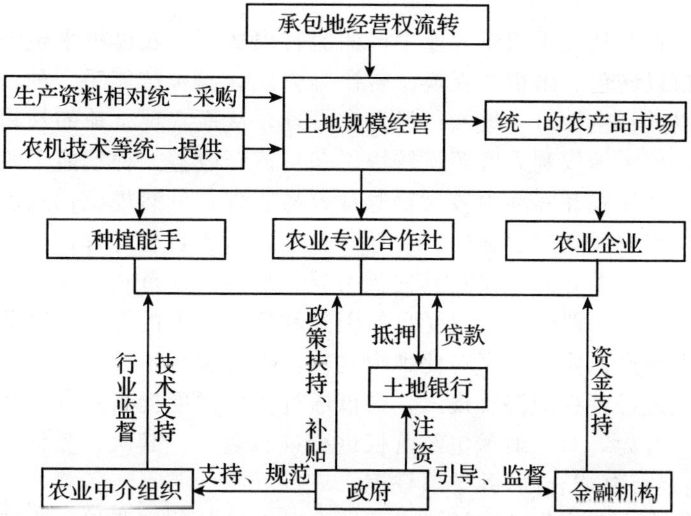

图 7-1 承包地经营权流转的实现路径

当然，经营权流转的规模应该受到一定的限制，否则将会滋生土地的非法集聚，形成垄断。2014 年 11 月发布的《关于引导农村土地经营权有序流转发展农业适度规模经营的意见》提出“各地对工商企业长时间、大面积租赁农户承包地要有明确的上限控制”，体现了中央对这一问题的清醒认识。但是将上限的限定权下放到各地方则难以有效避免地方“土地财政”诱惑导致的扭曲。因此，笔者认为，根本的解决办法在于通过法律直接限制企业(大户)和个人经营土地的时间和面积、禁止非农业生产者占有土地、规定农户出租土地的面积上限等，如果超过法律规定的具体限额则可由土地所有者将土地强制性收回并重新分配，拒不交付的则可以施以相应的行政处罚。各地方政府根据当地的实际情况再作具体规定。

7.2.1.2 三种模式的运行方式

我国农村土地以家庭承包为基础，上述三种规模经营必然需要通过土地流转方能实现。在流转中，其实现方式和前提却多有不同。

在种植能手组织农业生产的流转模式下，农民将承包地经营权以转包、出租、互换、转让等方式让与种植能手，种植能手以其自主性对土地实行经营和管理，从而实现土地的规模效益，原土地权利人按照流转协议获得流转收益。种植能手规模经营的模式在实践中较为普遍且容易实现，虽然规模化程度不高，但农民具有很强的自主性，自主经营、自主管理；国家部门一般不予介入，仅对其进行引导、扶持和规范化管理。这种模式由于一般情况下仅受自然因素和经营能力的影响，因此不存在破产风险。国家对此种模式持提倡态度。不过，对于这种承包地经营权的流转模式，应该通过具体制度提高其规范化程度：首先，对土地承包经营权进行确权登记；其次，签订书面流转协议(或合同)并予以登记。

在农业合作社流转模式下，农民以承包地经营权作为股份投入到以土地股份为主的合作社中，农业合作社以股份合作的方式对土地经营实行规模化运作，从而最大限度地发挥土地的增值效益。这种模式也受到国家政策的大力倡导。这种土地承包经营权流转模式具有一定的人合性，入股农民一般都参与生产经营，按照入股土地无偿配给股份，不能私自抵押和买卖，经过合作社全体代表大会的同意可在组织内部进行转让或退出。在这种模式下，农民自愿入股组成合作社并参与经营，既能实现土地的规模效益，又能充分发挥农民的自主性。在这种模式下，应充分发挥政府和农业中介组织的作用，使之采取各种措施进行资金支持、信息服务、技术培训、行业监管等。同时，政府应该为农业合作社配备具有诸如组织治理、农业技术、市场运行等能力的农经人才队伍，以确保农业合作社的运行。对于农业合作社存在的破产风险，可用农民出资的土地承包经营权之上的收益清偿债权人的债权，不得剥夺农民对土地的承包权。这是《国务院办公厅关于引导农村产权流转交易市场健康发展的意见》的政策要求，也与我国民法中清偿债务以保证债务人基本生活为前提的人道主义原则相符。

在农业企业流转模式下，农民以承包地经营权作为股份投入到以土地股份为主的有限公司里，以公司化的方式对土地进行规模化经营以实现土地的规模效益，也即一般意义上的资本下乡。资本下乡有利于解决农业融资问题。我国农村的资金来源主要是政府财政投入，但是主要用于基础设施建设和公共服务；重要的是，农村的发展不能始终依靠国家财政的扶持。城市资本投入农村成为农业融资的另一重要途径，这一模式亦得到了中央的支持和鼓励。城市发展是多种要素自由组合的结果，而从长期发展来看，土地和资本的结合是农村发展不可避免的趋势。资本下乡成立农业企业，以规范的公司化形式进行运作，农民既可以成为公司员工，继续参与土地经营，获得工资收入和股份红利；也可以外出打工，不参与土地直接经营而获得红利。当然，资本有逐利的本能，资本在追逐自身利润的过程中不可避免地要威胁到农民的利益。不少学者认为资本下乡会给农民的土地权益带来巨大风险。资本下乡如何保障农民权益是政府的责任，应该由政府来调节。具体可以通过资格准入、设立风险准备金、用途监管来进行调节。首先，对进入农业的商业资本要进行资格审查和租地面积限制。政府把关甄选熟悉农业、管理规范的农业企业进入农业经营领域，并对租地面积规定上限，防止变相圈地的发生。其次，公司化经营存在破产风险，为避免因经营破产对农民权益造成损害，政府应强制设立风险准备金；农业企业在进入农业前留存破产赔偿金以备对农民的破产补偿。最后，严格监管土地用途，将农业企业的用地情况列为土地管理部门日常巡检的范围，确保农地农用；对违法改变土地用途的行为严肃处理，使其承担民事甚至刑事责任。

不管采取哪种流转方式实现承包地的规模经营，都应当重点做好以下两方面的工作：第一，依法规范承包地经营权流转行为，确保做到“三个不得”。一是不得改变集体土地所有权的性质，即在流转中不得改变农村土地所有权的属性和归属；二是不得弃耕、抛荒和随意改变土地用途，即流转后土地必须用于农业生产，非经审批不得用于非农开发与建设[①]；三是不得损害农民土地权益，即在流转中必须充分尊重农民的土地流转意愿，确保农民承包权的占有，并保证农民土地流转收益不受侵害。第二，严格实施流转合同制和登记备案制。我国《农村土地承包经营权流转管理办法》专章规定了流转合同的内容，承包方在流转农村土地承包经营权时应当与受让方签订书面流转合同。习近平 2016 年 4 月 25 日在农村改革座谈会上提出了“建立土地承包经营权登记制度”的精神。行政机关应积极制定流转合同范本、指导农民签订流转合同、实施登记备案制度、审查流转合同内容，及时发现并纠正流转合同中违法或侵犯农民土地权益的内容。

7.2.2 同权同价——集体经营性建设用地使用权流转

党的十七届三中全会通过了《中共中央关于推进农村改革发展若干重大问题的决定》，该决定指出要“逐步建立城乡统一的建设用地市场，对依法取得的农村集体经营性建设用地，必须通过统一有形的土地市场、以公开规范的方式转让土地使用权，在符合规划的前提下与国有土地享有平等权益”。这就意味着集体经营性建设用地在政策上取得了和城市建设用地同等

① 刘振伟在《关于提请审议〈中华人民共和国农村土地承包法修正案（草案）〉的说明》中也提到，土地经营权流转后第三方擅自改变承包地农业用途、弃耕抛荒两年以上、给承包地造成严重损害或者严重破坏承包地生态环境的，发包方或承包方有权要求终止土地经营权流转合同，收回土地经营权。

的权利内容，能够自由进入市场通过招标、拍卖、挂牌或市场议价等方式确定流转价格来实现增值并为农民集体所有。这也就是政策文件所讲的集体建设用地和城市建设用地“同地、同权、同价”。为实现这一政策目标，避免农民土地权益和集体利益的损失，集体经营性建设用地流转可采取以下模式(见图 7-2)。

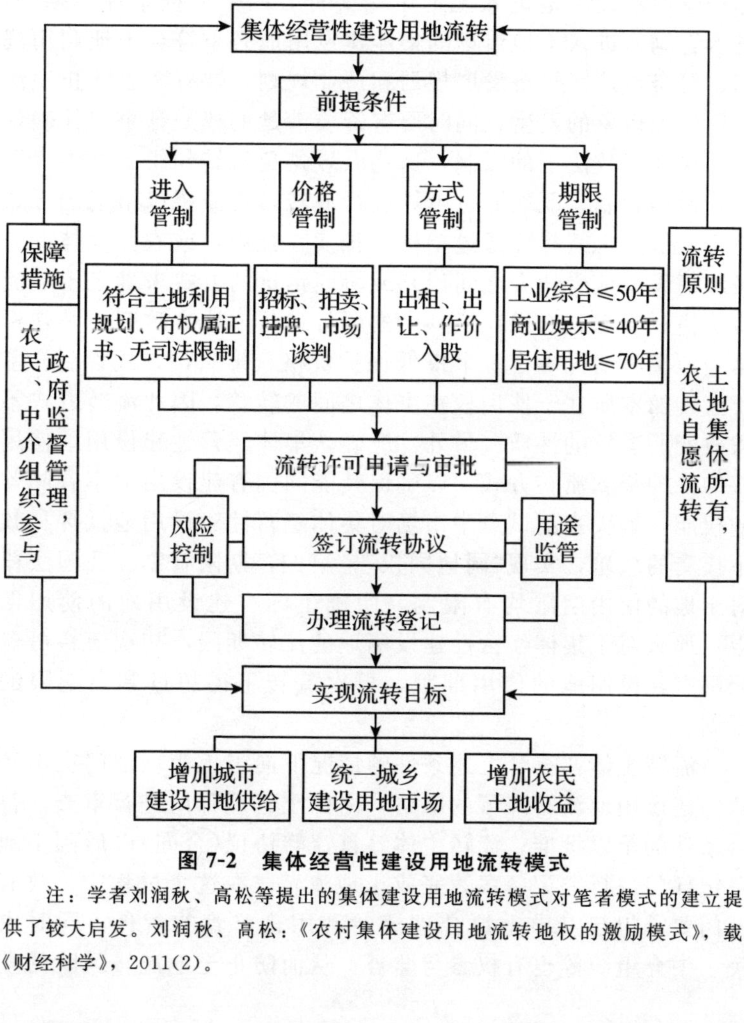

图 7-2 集体经营性建设用地流转模式

注：学者刘润秋、高松等提出的集体建设用地流转模式对笔者模式的建立提供了较大启发。刘润秋、高松：《农村集体建设用地流转地权的激励模式》，载《财经科学》，2011(2)。

集体经营性建设用地不是经过征收(征用)直接入市，而是以出租、出让、入股等方式进入土地市场。流转中最根本的原则就在于，一方面，不能改变土地的所有权性质，要保证土地农民集体所有；另一方面，流转需建立在农民自愿的原则之上，任何政府机关、组织、个人不得以任何形式强迫流转。集体经营性建设用地进入土地市场要符合四个前提条件：第一，进入管制。进入土地市场的集体建设用地必须符合土地利用规划、符合本地区经济发展规划和产业规划，这有利于防止违法占用耕地现象的发生；同时要有资质清楚的权属证书，并确认无司法和行政法上的限制，这能有效避免流转纠纷的发生。第二，价格管制。既然通过市场进行流转，就需要以市场的方式进行议价，也就是要通过招标、拍卖、挂牌，或农民集体、农民和建设用地受让方之间谈判或协商定价的方式来确定土地流转价格；考虑到农民在谈判中的弱势地位，地方政府还必须根据当地实际情况确定一个最低保护价格。第三，方式管制。鉴于流转的本质在于使用权在主体之间的转移，因此流转方式不得改变所有权的性质。另外，应确认集体经营性建设用地使用权的抵押贷款流转方式，以确保其能同国有建设用地享有同等的权能，解决当前试点中市场对集体经营性建设用地抵押贷款不接受的尴尬，实现“同地同权”。第四，期限管制。我国法律对土地的使用期限均有限制，明确了国有建设用地的使用期限，那么对于集体经营性建设用地的流转期限，初次流转可参照国有建设用地的使用期限，再次流转不得超过剩余期限的限制。

流转主体在符合上述条件的情况下向国土管理部门提出经营性建设用地流转许可的申请，由国土管理部门进行审查，符合条件的予以批准；流转主体签订流转协议(合同)以后到土地登记部门进行登记备案，完成土地流转。在这个过程中，政府部门要承担起引导土地合理流转和用途监管的责任，同时农民、中介组织等也有权参与监督，从而防止土地流转风险的发生。以上流转方式，既保证了土地集体所有的属性，又实现了经营性建设用地直接入市流转；一方面满足了城市建设用地的需求，另一方面增加了农民集体和农民的财产性收入；达到了双赢的局面。同时，集体土地直接进入市场，按照市场的方式流转，也促进了农村集体经营性建设用地和国有建设用地“同权、同价”之统一的建设用地流转市场的形成，实现了“两种产权、一个市场”的流转格局。原农业部印发的《农村土地经营权流转交易市场运行规范(试行)》也将维持土地有序流转的责任交给了市场。而 2017 年 8 月原国土资源部、住房和城乡建设部联合发布的《利用集体建设用地建设租赁住房试点方案》也提出，在 13 个城市试点，允许村镇集体经济组织自行开发运营或通过联营、入股等方式建设运营集体租赁住房或者共享度假小院。这充分尊重了农民集体的意愿，同时兼顾了政府、农民集体、企业和个人等土地流转参与主体的利益，不失为当前城市化发展过程中农村集体建设用地优化利用的新举措。

7.2.3 区别流转——宅基地使用权流转

农村宅基地和房屋是农民最重要的财产内容，当然也是农民最大的财产收入来源。法律将宅基地使用权规定为用益物权的一种，那么农民通过宅基地使用权享有收益权与法理相符。而且现阶段宅基地流转对于带动城乡经济一体化发展、优化资源配置、为城市中低收入者提供廉价住房乃至对农村公共基础设施建设、社会保障提供资金和便利都具有极为重要的现实意义。因此，探索宅基地使用权之流转路径于法律和现实而言都是极为迫切的。笔者认为，目前存在的宅基地农民主导、集体经济组织或地方政府主导的模式各有利弊；且根据城市化发展的需要，宅基地流转市场已经兴起，继续通过法律严格禁止宅基地使用权流转，既与现代物权制度的理念不符，又与社会经济发展的要求相背离。因此，对于宅基地使用权之流转要结合我国现有实际情况予以区别对待，可以按照如下思路进行设计：在流转方式选择上以农民主导的宅基地使用权流转为主，以政府主导的宅基地使用权流转为辅，扶持市场主导宅基地使用权流转。

农民主导的宅基地使用权流转可参照图 7-3 所示。农民以成员权为依据从集体获得宅基地使用权并进行确权登记。农民在宅基地使用中可根据实际情况决定是否流转其宅基地使用权。如果流转，方向有三：一是通过出租、转让、继承等方式向本集体成员流转；二是通过出租、转让等方式向非本集体成员（其他农民集体成员或城镇居民）流转；三是通过抵押、入股等方式向企业、银行等流转。通过协商或中介组织议定价格、签订流转协议，并到土地管理部门进行登记备案，完成流转。

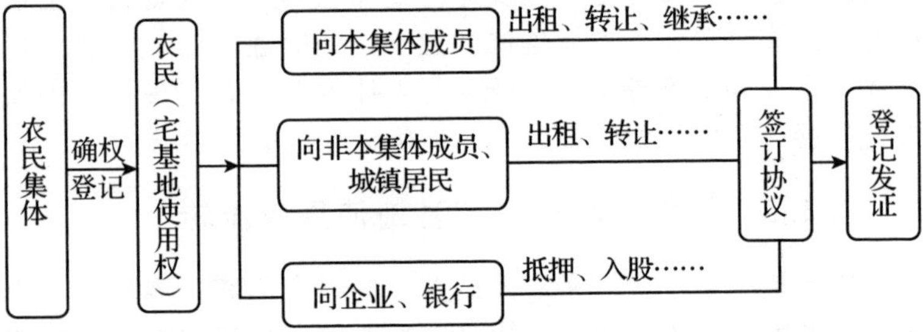

图 7-3　农民主导的宅基地流转模式

一般情况下，集体经济组织或地方政府主导的宅基地使用权流转规模较大、收益较高，同时也更容易对农民土地权益产生侵犯。“宅基地换房”等流转方式的弊端在实践中已有凸显。因此，在此种所谓的“被动流转”模式中要通过相应的引导变农民被动为主动，也即流转过程中的首要原则必须是农民自愿。在引导方面则可以通过以下途径实现：一是基础设施利导。公共基础设施是集中居住的必要条件，完备的基础设施建设能够形成吸引作用。可以通过必要的公共基础设施的建设来吸引农民或企业集中居住或投资建房，从而形成流转利导。二是土地规划指引。农民会根据地区发展规划进行居住位置的选择。可以通过制定土地利用和整理规划、明确区域经济发展的方向等方式，使得农民和投资者根据规划进行建设，从而形成指引作用。

集体经济组织和地方政府主导的宅基地流转以置换的方式实现较为常见。所谓置换即替换或替代。根据宅基地流转对象人群、置换地区的不同，我国学界已总结了宅基地置换的三种方式：货币置换、异地房产置换、异地宅基地置换。笔者认为这种模式在我国目前情况下甚为合理，具体模式如表 7-1 所示。

表 7-1　集体经济组织和地方政府主导的宅基地流转模式

置换方式	针对人群	置换地
货币置换	就业和居住均离开农村的农民	—
异地房产置换	拟离开农村居住和就业的农民、愿意集中居住的农民	城镇地区、农民集中住宅区
异地宅基地置换	依然从事农业和习惯农村居住的农民	保留下来的中心村

资料来源：《2013 土地流转研究报告》，http：//www.doc88.com/p-9929962783976.html，2014-12-27。

不过，在集体经济组织和地方政府主导的宅基地流转中，宅基地是否置换、如何置换，以及承包地的处理问题，均应以农民自愿为主，农民具有最终的决策权，切不可盲目推进，大搞形象工程。同时需要注意的是，置换以后农民不仅失去了原有的宅基地，更失去了原有的生活环境和生活方式。这就需要在宅基地流转后为农民提供相应的就业保障和社会保障，以确保农民土地权益不被侵蚀。

当然，市场的作用不容忽视，以市场为主导的宅基地流转模式最容易形成人口的集中居住并且不易产生尖锐的社会矛盾。但是，我国目前土地流转市场机制尚未完善，通过市场主导宅基地流转形成的农村剩余劳动力和社会保障的隐患问题还不确定，这种方式主导的流转模式目前还不明显并隐藏在农民主导和集体经济组织、地方政府主导的模式之中。

此外，还需注意的一个问题是，在规范宅基地流转的同时应进行农村宅基地的整理与确权工作。因为宅基地本具有福利的性质，农户占有宅基地的面积根据法律是有限制的。根据目前的法律对土地用途的限制，农民不得任意改变集体土地的用途。因此，对农村宅基地的整理是保障公平的一个基本要件。对于超过核定标准所占有的宅基地以及通过土地用途变化所形成的宅基地，通过流转所产生的收益归土地所有权人即集体经济组织所有，这同国有土地若改变用途应当调整土地使用权出让金的道理是一样的。

7.2.4 分类清理——小产权房的法律规制

早在 2009 年国家就多次叫停小产权房，2011 年原国土资源部表示要坚决推进小产权房的清理工作，而今天，小产权房市场仍然呈繁荣之景象。就此笔者认为，清理是必要的，但是清理并非是一件简单的事情，处理不好将会造成严重的社会稳定问题。小产权房主要有两类情况：一类是本村村民在取得的宅基地上建造并转让给非本集体经济组织的村民、城镇居民等的房屋；另一类是房地产开发商和农村集体经济组织以经济利益为出发点进行合作而占用农村集体土地开发建设并销售的房屋。① 对于不同种类的小产权房的清理工作，我们应该予以区别对待。

于第一类而言，小产权房是在宅基地上建造的。宅基地本就属于法律规定的农民建造住宅的土地利用规划范畴，而且我国法律规定，宅基地出售再申请的将不予批准。也就是说，法律已经确定了限制条款，只要农民不再申请新的宅基地，那么

① 国土资源部法律评价工程重点实验室：《国土资源法律评价报告 2012》，212 页，北京，中国法制出版社，2012。

其行为并不存在违法情形，而且也“并不违反城乡建设规划与土地利用总体规划，且不妨碍国家对于耕地保护的政策取向”①。因此，对此类小产权房交易的禁止缺乏相应的法律根据，无禁止之理。而土地流转收益应归于农民。因为宅基地使用权初次申请无偿取得基于农村对城市发展的历史贡献，相当于对农民社会保障缺乏的制度替代，宅基地使用权流转收益归农民所有无可厚非。

于第二类而言，则需要进一步细分予以讨论。一个总的原则是规制小产权房的目的在于保护耕地，舍此别无其他。笔者认为，合法化以后的小产权房进入市场流转是农民的权利，如同市民享有的城市权利一样，是“天赋权利”的内容。因为法律确认了农民集体对土地的所有权，也就意味着农民集体可以通过行使所有权之收益权和处分权，这从法理上是讲得通的。如果进行过多的限制，则是对农民和集体土地产权的限制，也就意味着对其土地上权益的实现进行了限制。

因此，对于小产权房的清理，不能采用“一刀切”的方式，因为这一方面有违合理行政的原则，另一方面也不符合现实情况。根据小产权房建造时占用土地类型之不同，可以对小产权房的清理进行不同安排。对于占用农用地建造的小产权房，如果威胁到耕地安全且没有办法找到相应量的土地复垦为耕地，责令拆除；如果在符合规划的情况下能够实现复垦以保证耕地总量不变则可以合法化，这一部分的增值收益一是用来支付复垦费用，二是由农民集体提留用作公共服务、公共基础服务设施、社会福利等费用，三是作为地方政府②的管理费用。对于占用农民宅基地的小产权房，只要符合城乡规划且农民自愿并

---

① 吴越、沈冬军、吴义茂等：《农村集体土地流转与农民土地权益保障的制度选择》，93页，北京，法律出版社，2012。

② 此处地方政府主要为乡镇政府，由其承担相应的监督和管理责任。

不会危及其住房保障，则可以在补缴宅基地使用金[①]后予以合法化，这一部分的增值收益一是补偿农民用于购买新的住房，二是由农民集体提留用作公共服务、公共基础服务设施、社会福利等费用，三是作为地方政府的管理费用。对于占用其他建设用地的小产权房，如果通过质量验收，则可以在补办土地转用手续和补缴相关税费后予以合法化，这一部分的增值收益一是由农民集体提留用作公共服务、公共基础服务设施、社会福利等费用，二是作为地方政府的管理费用。合法化的途径一般是通过补办相关手续，缴纳相应的税费之后，纳入廉租房、公租房、经济适用房、限价商品房等保障房系列。这是建立在合理行政原则之上的。因为房屋之拆除必然导致社会利益的流失，在小产权房之存在并不必然导致社会利益总量减少的情况下对其予以合法化是应有的选择。而流转收益除因占用农民宅基地建造的需要而向农民支付补偿金以保障其住房和生活维持在原有水平以外，其他皆应归农民集体所有进而用于基础设施建设、公共服务和社会福利支出等。

当然，小产权房的清理和法律规制是一个较长时期的工作，不可能一蹴而就。在清理过程中需要统一的制度规范，国家应尽快出台一部专门规范小产权房清理的法律规范，使得这一工作的开展有章可循、有法可依。

7.2.5 奖惩机制——耕地的特别保护

《中华人民共和国土地管理法》和国务院办公厅发布的通知都将农村土地使用权流转和耕地保护相提并论，农村土地流转一定是建立在保护耕地的前提之下的，立法意图显而易见，2015 年中央一号文件重点提及耕地保护。然而，快速城市化下的用地扩张不可避免地会出现耕地的保护问题，这严重威胁着

---

① 此处的宅基地使用金类似于城市建设用地的土地出让金。

我国18亿亩耕地红线的保有和粮食安全等问题。

奖惩机制的设立能够有效缓解这一问题。因为保护土地不仅应该是法律上的义务，更应该是道德上的义务，是人类对自己生存条件的尊重。大地伦理之父奥尔多·利奥波德（Aldo Leopold）在其《沙乡年鉴》（*A Sand County Almanac*）一书中也指出：我们不能仅从经济的角度来看土地，将之视为财产而不尽义务；人必须认清自己的角色只是自然界的一分子，而非征服者。① 奖惩机制的设置是必要的，对于愿意种地并取得成效的农户，国家应予以支持，给予一定的奖励，从而调动农户的积极性；对于抛荒等破坏农地的行为，法律不仅要有否定性评价，更需要有强制性的制裁。现代农民作为理性人，会权衡土地不当使用接受查处的成本与土地承包经营权带来的预期收益，从而决定其最终行为。

从奖励制度看，《中华人民共和国土地管理法》第7条规定："在保护和开发土地资源、合理利用土地以及进行有关的科学研究等方面成绩显著的单位和个人，由人民政府给予奖励。"这种对单位和个人授予物质上和精神上的奖励的行为，可以激发保护、开发、合理利用土地的积极性，同时也能促进土地管理工作的正常有序开展。构建土地使用奖惩机制更重要的是遵循"奖优促勤"的目标。土地的使用率不仅体现在是否利用上，更重要的是体现在对土地质量的保护和优化上。如果说取消农业税和增加农业补贴在于减轻农民负担，那么土地使用奖惩机制的构建则在于促进流转，充分实现土地的有效利用。对有效利用土地并实现土地高效利用的农户进行奖励，能够有效刺激农户的耕种积极性。党的十八届三中全会提出要"坚持家庭经营在农业中的基础性地位"。在农业中，家庭经营具有基础性地位，全世界成功的农业大都是以家庭经营为基础的。虽

① [美]奥尔多·利奥波德：《沙乡年鉴》，侯文蕙译，191～203页，长春，吉林人民出版社，1997。

然党的十八届三中全会提出了多种农业经营方式的创新，但是在中国现阶段仍以家庭经营尤其是小农经营为主体。家庭承包经营是发展其他经营方式的基础，对此，国家应提供相应的鼓励与支持。而这种鼓励与支持可以体现为对经营良好的农户进行资金、技术上的帮助，还可以体现为土地承包数量上的支持与奖励。这就使得经营良好的农户具有资金和土地的基础，从而更好地实现规模经营，同时为创新多种承包经营方式奠定基础。

从处罚制度看，处罚不应成为重点，但相应的处罚措施在一定程度上能够发挥警示和教育作用。违反法定义务需要承担相应的法律责任，对农户抛荒行为进行处罚有相应的法理基础。在我国，任何主体对土地的使用权都属于他物权的范畴，权利人对土地的支配力不是完全的，受到法律和政策相关规定的限制。此外，耕地事关国计民生，保护耕地不仅是法律的义务而且是道德的义务，更是维护公益的需求，对破坏耕地的行为进行处罚符合公共利益的需求。尽管《中华人民共和国农村土地承包法》和《中华人民共和国物权法》对破坏土地的行为规定了民事、行政和刑事责任，但可操作性规范的缺乏，成为处罚难以贯彻的重要原因。笔者认为，对破坏耕地行为的处罚可分为以下情形：第一，农地转用必须经过县级以上土地管理部门的严格审批方可实现，却违法转用农地的，根据实际情况恢复原状或补缴土地增值差价，并承担复垦费用以及一定数额的罚款。第二，对耕地造成严重破坏的，处以一定数额罚款，情节严重的可追究刑事责任。第三，对土地抛荒的，可征收荒地税并收回土地承包权，并将回收的承包地作为奖励分配给专业农户。在这种机制刺激之下，不能从事农业生产的农户为了避免抛荒成本而将闲置土地流转出去；专业农户则可以通过流转进行规模经营。

通过奖励“优耕”提高农户耕种和优化土地的积极性，从而实现流转和高效利用的良性循环；通过惩罚破坏耕地的行为，从而警示和制止土地滥用和浪费。同时，地方政府一方面应作为服务者对土地的流转起引导和促进作用；另一方面应作为监督者严格执法，及时发现和处理破坏耕地的行为。由此，形成一个良性循环互动体系，进而保障奖惩机制的有效运行。

本章小结

制度的问题要通过制度来解决，我国农村土地流转中的农民土地权益保护问题还是要从制度的角度入手。农村土地制度的创新和完善是农民土地权益保护的根本，农民土地权益保护是改革和发展的主线。我国农村土地流转中农民土地权益保护法律制度的完善亦受城市化发展的影响并应借鉴国外的一些经验。我国土地流转中农民土地权益保护法律制度完善的基本原则是坚持农村集体土地所有制，要义是保证流转中农民和土地的自由与平等，目标是实现土地资源配置的效率和秩序。针对现实中存在的损害农民土地权益之因素，基于上述价值目标的选择，我们在完善法律制度的基础上，也要根据不同土地类型所需选择不同的土地流转模式：承包地经营权流转要实现规模经营；集体经营性建设用地与国有土地同权同价；宅基地使用权根据使用情况区别流转；对小产权房则分类进行清理。对法律制度的完善以及不同类型土地流转模式的选择，既实现了土地流转的有序性，又保障了农民土地权益在土地流转中的落实，更为重要的是，制度的完善和模式的合理选择对于我国耕地保护亦具有极其重要的现实意义。

附　录

附录1　农村土地流转问题的调查问卷

亲爱的农民朋友，您好！我们项目组接受北京师范大学法学院委托，进行“中国城市化进程中土地法律问题研究”。我们此次调查是为了了解城市化进程中农村土地流转及土地流转中农民土地权益实现情况。我们的调研结果仅供学术研究使用，您的回答将为我们提供重要的参考价值。对于您及您家庭的相关信息，我们将按照法律法规严格保密，不会外泄，请您放心。感谢您的参与！

1. 您的基本情况

(1)性别：A. 男　B. 女

(2)年龄：A. 18～45岁　B. 46～60岁　C. 61岁及以上

2. 认为您现在所承包的耕地，最好应当归谁所有(可以永久性买卖或者变更用途)？

A. 应该属于国家　　B. 应该属于村集体

C. 应该属于自己　　D. 应该属于国家与自己共同所有

E. 应该属于村集体和自己共同所有

3. 请问您村里的集体土地，当时是怎样划分承包到各户的？

A. 由乡(镇)领导传达规定，村委会主持具体划分过程并向大家讲解

B. 由村民会议选举工作小组制定承包方案，并由村民会议讨论通过，最后实施，大家获得土地承包权

C. 由村委会组织村民各小组小组长开会，决定各个小组的土地界限，由小组长组织辖区内成员讨论承包方案，并按照此方案实施

D. 不清楚

4. 如果您转包过别人的承包地，请问办理了哪些手续？

A. 签订转包合同　　　　　　B. 上报村集体领导

C. 召集村民大会讨论表决　　D. 办理过户手续

E. 报乡镇土地管理机关备案

F. 一般情况下，村民自己协商就可以了，无正式的官方程序

G. 经过村民委员会的同意

5. 在您村里，农户承包经营土地的流转方式有哪些？

A. 转包　　　　　　　　　　B. 互换

C. 入股合作社或公司　　　　D. 出租

6. 您会在哪些因素的影响下转包自己所承包的土地？

A. 外出务工收入远高于农村收入，并且有较为稳定的前途

B. 土地流转的收入比较高

C. 有相关的优惠政策

D. 有一定的社会保障

7. 您不愿意转包自己所承包土地的原因是什么？

A. 程序太过复杂　　　　　　B. 卖不出好价钱

C. 自己和家人很留恋这块土地，习惯了农村的生活方式

D. 其他

8. 在哪种情况下，您愿意将自己承包的土地被国家征收或被集体收回？

A. 任何情况下都不愿意，除非有相当质量和面积的土地来交换

B. 在国家进行公共建设的时候愿意，其他时候不愿意

C. 只要出满意的价格，就愿意

D. 任何时候都不愿意

9.(1)您村承包土地利用中是否存在以下问题？

A. 占用耕地建窑、建坟　　B. 占用耕地建房

C. 挖沙、采石、采矿、取土　　D. 抛荒

E. 以上均不存在

(2)针对以上问题，一般是如何处理的？

A. 有人来处罚过

B. 有人来调查，但没有处罚过

C. 没见有人管

10. 如果您决定迁移到其他地方居住，对于原有的宅基地，您预计将怎样处置？

A. 卖给他人

B. 继续留着，说不定以后会很值钱

C. 留下来作为最后保障

D. 留着，是身份的象征

11. 您现在的家庭经济收入与土地流转前比较有什么变化？

A. 增加了　　B. 减少了　　C. 没什么变化

12. 如果您家里有老人，主要采取的是怎样的养老方式？

A. 子女赡养　　B. 自己劳动　　C. 自身积蓄

D. 养老保险　　E. 其他

13. 您是否参加过土地流转相关会议并发表意见？

A. 参加过并发表意见

B. 没有参加但委托他人投票

C. 没有参加也没有委托他人投票

D. 参加过但没有发表意见

E. 没有召开过会议

14. 如果您不满意土地流转后的补偿等安置方案，会选择什么样的维权方式?

A. 上访　　B. 找政府部门

C. 找法院或律师　　D. 通过多种途径协商

E. 其他

再次感谢您的配合与支持!

附录2　农民参与土地流转的调查问卷

亲爱的农民朋友，您好!我们项目组接受北京师范大学法学院委托，进行“中国城市化进程中土地法律问题研究”。我们此次调查是为了了解城市化进程中农村土地流转及土地流转中农民土地权益实现情况。我们的调研结果仅供学术研究使用，您的回答将为我们提供重要的参考价值。对于您及您家庭的相关信息，我们将按照法律法规严格保密，不会外泄，请您放心。感谢您的参与!

1. 您的基本情况

(1)性别：A. 男　B. 女

(2)年龄：A. 18～45岁　B. 46～60岁　C. 61岁及以上

(3)文化程度：A. 小学及以下　B. 中学　C. 大专及以上

2. 您所在的村采取何种形式公告信息?

A. 宣传栏　　B. 村委会广播

C. 召开村民大会　　D. 其他

3. 您了解中央提出的关于加强土地流转的政策和精神吗?

A. 了解　B. 知道但不了解　C. 不知道

4. 您所在的村有土地流转的情况吗？

A. 有　　B. 没有　　C. 不清楚

5. 您所在的村发生土地流转的主要途径是什么？

A. 完全自发　　B. 村委会或政府组织

C. 中介组织协调　　D. 其他

6. 您自己发生的土地流出(或流入)，信息从何而来？

A. 村委会提供　　B. 别人询问

C. 自己寻找　　D. 其他

7. 您进行土地流转时相关的信息容易得到吗？

A. 容易　　B. 一般　　C. 麻烦

8. 您将承包的土地进行流转是否需要征得村委会或乡(镇)政府的同意？

A. 是　　B. 否　　C. 不知道

9. 您所在的村有没有将土地流转给一些企业或者其他经济组织的情况？

A. 有　　B. 没有　　C. 不清楚

10. 您所在的村将土地流转给企业或经济组织前公布的土地流转信息包括哪些？

A. 土地流入方的基本信息　　B. 流转土地的范围、面积

C. 土地流转的期限　　D. 土地流转后的用途

E. 土地流转补偿方式　　F. 其他(如有请说明)

11. (1)集体土地进行流转前是否召开会议？

A. 召开　　B. 不召开

(2)如果召开会议，何人参加会议？

A. 全体村民　　B. 每户代表

C. 村委会成员

D. 村委会和乡(镇)相关部门人员

12. 您是否参加过土地流转相关会议并发表意见？

A. 参加过并发表意见　　B. 参加过但没有发表意见

C. 没有参加过

13. 村集体土地是否流转及流转内容由谁决定？

A. 乡(镇)政府　　B. 村委会

C. 村干部　　D. 村民表决

14. 您是否参与集体土地流转的决定？

A. 参加过并投票　　B. 参加但没有投票

C. 没有参加但委托投票　　D. 没有参加也没有委托投票

15. 村民对土地流转的意见和建议能否被采纳？

A. 完全采纳　　B. 部分采纳

C. 完全不采纳　　D. 不知道

16. 对于村民意见不被采纳是否会作出说明？

A. 是　　B. 否

17. 村集体土地流转后流转收益分配是否公开？

A. 是　　B. 否

18. 若村民不满流转收益分配会如何解决？

A. 村集体内部协调　　B. 乡(镇)政府进行协调

C. 法院调解或判决　　D. 上访

再次感谢您的配合与支持！

附录3　农户土地流转前后生活情况访谈笔录

时间：2013年7月31日

地点：山西省吕梁市A县W姓农户家

受访对象：W姓农户

访谈内容：

问：您能说一下您家的人口基本情况吗？

答：当然行了。我们家属于大家庭，虽然不住在一个屋檐子底下，不过孩子们还是经常来我这儿。现在家里就我们老两口，两个儿子都结婚了。大儿子家就住楼上，有两个孩子；小儿子家不在这小区，不过距离也不远，就一个孩子。

问：那也就是说其实不是一起过了，孩子们自己过自己的，时不时回来看看老人家。我作研究需要了解您家土地流转前后整个变化情况。您了解孩子们的基本情况不？

答：是不一起过，不过一个锅里吃饭是常有的事情。那会儿我们村土地流转我就整个参与了。也没多少户，别说我们家，村里其他人家现在是个啥情况我也知道的差不多，哈哈……

问：那我先从您这了解吧。您能和我说说您没搬来城里住的时候的情况吗？

答：我们老两口的变化啊，那可就大得多了。以前我们住在村里，就在那边那山疙瘩上么。家里有 7 亩地，还是那会儿家庭联产承包分地的时候分的。一年就种得一茬地，种点蔬菜、玉米、土豆、麻籽。菜自己家、亲戚家分着吃了；玉米磨一些面，来年多余的喂牲口吃；土豆吃不了的就卖给城里的饭店，倒也没多少钱；其余的地里种的苹果树、核桃树，收成凑合吧，每年有人来收核桃，就卖了，也有五六千块钱吧。我老婆子不识字，以前也就在家做个饭，养几只鸡；到种地的时候去地里帮帮忙，其实种那些地也不费劲，用不了啥工夫。种地的时候我就早点起来干活，下午还要出去放羊；冬天也就放羊这一个事情。家里主要收入还是靠放羊。不过我们也花不了啥钱，年轻的时候还攒下些，现在孩子也孝顺，每个月给点儿，日子过得挺好的。赶上逢年过节的，队里还给发米、面、水果什么的……

问：那您啥时候搬来城里的？为啥搬来了？

答：我搬来不到两年吧。我们那里有矿了，把整个村子全卖给南方人了。他们来挖矿，一家按人头补钱，一人 30 万元，我们这不是就得搬了。孩子们都在城里了，正好这边建的新小区，我们也就买了一套。

问：把村子卖了？这是啥意思？

答：我们也不咋晓得。不过村里那时候开会说是卖给他们挖矿，等挖完了村子还是我们的，地也还是我们的，不过谁知道到时候是个啥样了。

问：那当时是怎么算人口数的呢？按户口还是按谁有地？

答：没那么麻烦。村里有多少户，谁家多少人大家都知道。现在年轻人在村里住的不多了。分的时候开了几次会，说了几套方案，又是按地的面积，房子的面积，人口数什么的，总是谈不拢。有的人家后来生的孩子就没赶上分地，你不能不算他是村里的吧。再说孩子们在外面上完学，户口都不迁回村里了，按户口分人们肯定不愿意。最后就按人头分吧，每次村里发东西也是那样，这样大家心里觉得也还行。

问：那嫁了的姑娘和娶回来的媳妇咋算？小孩子和大人分的一样？

答：嫁出去的就不给了，没嫁人的有份。娶回来的媳妇自然是自家人，肯定也是给的。分的时候不管大人小孩儿都一样。我小儿子家的孩子刚 1 岁也拿那么多，我这老头子 60 岁了也是一样的。

问：您搬到城里以后家庭收入如何？您如何支配分得的补偿款呢？

答：在城里也没地种了，羊也不能养了。加上年纪也上来了，孩子们也不让干了。这不是就每天在家闲着，出去转转，给看看孩子，没啥事情做。分得的钱花了不到 20 万元买了房子，加上装修、家具也就 20 多万元吧。剩下的就是我们老两口生活用了，其他的也没啥支出。

问：您能和我说说您两个儿子的情况吗？

答：这说起来就多了。先说老大吧，这是个让我操心的孩子。他和他媳妇都是初中文化水平，以前在村里住的时候也没啥正经工作。媳妇就在家看孩子、做家务。他帮我们种点地，菜啥的就不用买了。不种地的时候就跟其他年轻人在附近的厂子里干活。一年收入也还有个一万多元吧。孩子也小，花不了啥钱，过得挺好的。村里卖地以后，他这不是四口人，分了

120万元。在我楼上买了房子，又买了车，上上下下花了快40万元；厂子里也不是天天去了，跟着他那帮朋友一天天地瞎胡造。两个孩子都上小学了，还学舞蹈、弹琴什么的，这不都得花钱。又是换手机，又是换电脑；不时还和他那些朋友小赌一会儿，输多赢少。现在也就是有利息了，他还敢这样。真不知道回头那点钱花完了，他这日子咋过。想起来我也是发愁得不行。

问：那小儿子那边呢？

答：小儿子人家那过得好。两口子一个本科生在你们城里人说的私企上班了，一个月也收入三千多元；一个(硕士)研究生在政府里了。人家都是领工资的人。以前结婚的时候就在城里买了房子，现在也没饥荒(欠钱或贷款)了。三口人分了90万元，买了个车，其他的存银行里，每个月又有利息。我那小儿子还爱投资个基金啥的。就算是没这补偿款，他们的日子我也不操心。

问：那的确是。您能说说您搬城里小区住以后的感觉吗？

答：说实话，干了一辈子活，突然闲下来真是不适应。这不人是清闲了，但没个事情做一天天的也没啥意思。

问：那您可以出去走走，串门啊。

答：走是走了。不过县城就这么大，一会儿工夫也就走完了，再说不能天天走吧。我还好，腿脚利索，这里那里都去得了。我老婆子以前落下病，身体不好，也不愿意跑那么远。小区里又不都是以前认识的人，再说都是一家一户关着个门，也见不着。她也就没个去处和说话的地方。不像以前，大家在路上碰上，院里坐着一起做点营生，都能说说笑笑的。

问：那您习惯现在的生活吗？

答：不习惯。不过咋说呢，现在生活环境好了啊，住的干净整齐了，小区里还有健身器材。不过生活成本也上去了啊，水啦、菜啦全得出去买了。不比以前省钱了。

问：您有医保、社保吗？

答：现在不是有医疗合作了，一年交 30 元，然后看病能报销一些。我儿子给我们买了。不过身体还行，没啥大病。平时感冒发烧的，也就去买个药。社保没有吧，我没听说啊。

问：整体上说，您觉得这土地流转出去，您有啥看法?

答：地没了，祖坟都迁了，其实还是不愿意的。一辈子在地里生活也习惯了。何况流转了地挣大钱的是那些买地的人，我们分的毕竟是少数。不过反过来说，我要是在地里刨，这辈子也刨不出这么多钱吧，也过不上现在这日子。整体来说还是好的，就是我那大儿子不计划，真是不知道以后的事情了。过几年地要是能回来，他还有个保障；地要是就没了，补偿款也花完了，他的日子可不好过咯……

问：您跟我说了这么多，真是帮我大忙了。谢谢您啊！

答：谢啥。我这也是瞎聊天。你有啥要问的再来啊。

附录 4　农民参与土地流转情况访谈笔录

时间：2016 年 12 月 28 日

地点：山西省吕梁市 A 县 L 姓农户家

受访对象：L 姓农民

访谈内容：

问：特别感谢您能接受我的访谈，今天主要是想了解一下咱们村土地流转以及农民在土地流转中参与情况的相关问题。(对土地流转进行简单的解释)因为了解到您所在的村将村里的土地和住房等全部流转出去了，特地来向您了解一些情况。打扰您了！

答：没事没事，你想了解点啥，我看我知道多少。

问：您了解土地流转的法律和政策吗？知道国家正在加强土地流转的政策和精神吗?

答：不太清楚，国家那么多文件，我们自己肯定不可能时刻关注。而且很多文件也看不太懂，别人怎么做，我们也怎么做就行了。

问：咱们村有专门用来公告信息的方式吗？

答：我们有宣传栏，就在村委会外面，有些信息会贴在那里；村里也有几个广播，有什么事情会通过广播通知大家。对于一些重要的事情，也会召开大会。不过，大家了解主要也不靠那个，很多消息大家出来走一圈儿聊着就都知道了。

问：那咱们村流转土地，通过什么方式了解呢？

答：之前都是别人问或我们自己出去找有没有人要用地，至于集体的土地有人要用，村委会的人会说，大家也就传开了。

问：那集体的土地要流转，村民能参与得上吗？

答：其实很多时候是参与不上的，究竟土地由谁使用基本上都是上头说了算。政府作个决定，村里的干部同意就差不多了，村里人基本上是说不上话的。再说了，现在种地也实在是不赚钱，所以大家也不会因为这个有啥意见；别人用了地可能还会给补偿，所以村里人也没啥意见。

问：咱们村里有没有公家要用地，然后被村里人阻止了的情况呢？

答：基本上大家是同意的。不过有一次，还真是因为周边的人不同意，地没用成。那是要在我们村修建一个专门用来放垃圾的地方，地方选好了，不过好多人家围绕那块地住着。你想一下，修建个垃圾场，冬天就不说了，夏天就是没垃圾场还苍蝇多的，弄个垃圾场就在跟前，这日子咋过了。然后周围的人出来拦了，后来村委会的人来了几次说不拢，最终也就没弄成。这说起来也是挺有道理的，你说人住的地方建个垃圾场，这不是招人骂嘛？

问：看来群众的力量还是很大的么，大家为自己的权利而积极参与啊。

答：啥权利不权利的，村里人不懂这个，就看这个事情是不是对自己有利。有利就支持，没利就反对，没那么多道理讲。所以很多时候同一个事情因为利益不一样，大家吵吵的也不一样，最后也有弄不成的。

问：村里土地没有全部流转之前是否有向企业或大户流转的情况？

答：有过。不过那是村里的地，一直闲着没用，有人要用，村里就给租出去了。

问：那当时流转土地的时候，有没有召开村民大会呢？

答：开了，不过其实那会已经同意把土地租出去了，只是通知大家一下。说了一下对方给了多少租金，用多久，用地干啥等事情。然后租金入了村里的账，就没了。

问：全村土地流转的时候召开过村民会议吗？

答：召开过，好几次呢。第一次是告诉大家要流转，说了一下村里的地有人要租用了，我们自己不种了，村里的房子什么的都要一并让出去，还有就是大致说了一下后续关于补偿和安置的事情；第二次是讨论补偿问题，按照每家的人头数、房子的面积还有种的地等，分别是怎么个补偿法，让大家发表意见，看这样的补偿是否可以接受，或者有没有其他什么要求。再有一次大的会议，就是宣布拆迁和补偿的情况了。

问：那在参加会议的时候，村民有没有发表意见呢？

答：大家肯定是说了很多，也问了很多问题，但总体上还是希望补偿考虑得更多一些。

问：村民的意见是否被采纳？

答：也有采纳的，比如只要确认怀孕的，就按一个人头算；村委会出面去和房地产公司谈，为村民集中解决安置问题等，还是实实在在地为村民办事了的。

问：没有被采纳的村民意见有没有在大会上作出说明？

答：没有。如果有人有意见，都是村委会干部单独去和他说的。在集体的大会上只是问有没有意见，还有就是宣布最后的结果了。

问：那宣布以后大家还有意见吗？

答：到宣布的时候，那都是工作已经做好了的，大家基本上都满意了或者是已经被村委会说服了，不会再有啥意见了。

问：那除了给个人的补偿，村集体是否也获得补偿？对于这笔钱如何使用，有没有说明？

答：村委会也有，作为集体的钱入账了，会计进行了说明。具体如何使用，那就是用的时候的事情了。

问：那对村民每家采取的补偿标准是否一致，你们是否知道？

答：表面上肯定是一样的，但具体谁家多了也不是很清楚。会哭的孩子有奶吃，村委会的干部为了完成任务，私下和有意见的人达成协议我们也不会很清楚。

问：那不满意当时提出的补偿分配的人，是如何解决的？

答：村委会的干部先去家里说，实在不满意也有去县政府上访的，但是基本上还是回到村里解决了。

问：如果是您不满意，您会选择去法院寻求帮助吗？

答：基本上不会，去法院又麻烦，还要交钱，解决个问题需要很长时间。而且这种问题，法院也没法管。

问：那村里人有什么土地上的纠纷或利益上的纠纷也很少去法院吗？

答：反正去的不多，太费劲。还是去政府找比较快。

问：那就是上访了，最后政府出面解决吗？

答：差不多吧，其实最后也不是政府来解决事情。只是这样一来，村委会会比较重视，解决起来比较好说话。

问：好的，通过和您交谈，我了解了不少实际中的问题，非常感谢您！

答：没事，你有啥问题了再来。为农民说话的事，我也是愿意支持的。

附录 5 农村承包地流转的制度演进与农民的土地权益保障

流转阶段	名称	性质	具体规定	土地权益保护情况
自由流转 （1949—1955 年）	《中华人民共和国土地改革法》（1950 年）	法律	发给土地所有证，土地所有者有自由经营、买卖及出租土地的权利	赋予农民完整的土地所有权
禁止流转 （1956—1977 年）	《农村人民公社工作条例修正草案》（1962 年）	政策	土地归生产队所有，一律不准出租和买卖	赋予农民土地使用权，禁止土地流转
私下流转 （1978—1983 年）	《国务院关于制止农村建房侵占耕地的紧急通知》（1981 年）	其他规范性文件	1. 农村社队的土地都归集体所有 2. 分配给社员……承包的耕地，社员只有使用权，不准出租、买卖和擅自转让	
	《中华人民共和国宪法》（1982 年）	法律	任何组织或者个人不得侵占、买卖、出租或者以其他形式非法转让土地	
	《全国农村工作会议纪要》（1982 年）	政策	社员承包的土地，不准买卖，不准出租，不准转让……	

续表

流转阶段	名称	性质	具体规定	土地权益保护情况
政策允许、法律禁止（1984—1987 年）	《中共中央关于 1984 年农村工作的通知》（1984 年）	政策	1. 鼓励土地向种田能手集中 2. 社员在承包期内……可以经集体同意，自找对象协商转包，但不得擅自改变向集体承包合同的内容 3. 自留地、承包地均不准买卖，不准出租，不准转作宅基地和其他非农业用地	允许农民以“转包”的方式有限流转
	《关于一九八六年农村工作的部署》（1986 年）	政策	随着农民向农业生产转移，鼓励耕种能手集中，发展适度规模的种植专业户	
	《最高人民法院关于审理农村承包合同纠纷案件若干问题的意见》（1986 年）	司法解释	承包人将承包合同转让或转包给第三者，必须经发包人同意，并不得擅自改变原承包合同的生产经营等内容，否则转让或转包合同无效	
	《中华人民共和国土地管理法》（1986 年）	法律	任何组织或者个人不得侵占、买卖、出租或者以其他形式非法转让土地	禁止流转

续表

流转阶段	名称	性质	具体规定	土地权益保护情况
政策允许、法律禁止（1984—1987年）	《把农村改革引向深入》(1987年)	政策	在京津沪郊区、苏南地区和珠江三角洲，可分别选择一两个县，有计划地兴办具有适度规模的家庭农场或合作农场，也可以组织其他形式的专业承包	在试点地区允许适度流转，实现规模经营
法律解禁（1988—1993年）	《中华人民共和国宪法》(1988年)	法律	任何组织或者个人不得侵占、买卖或者以其他形式非法转让土地，土地的使用权可以依照法律规定转让	允许以转让的方式进行流转
	《中华人民共和国土地管理法》(1988年)	法律	1. 任何组织或者个人不得侵占、买卖或者以其他形式非法转让土地，国有和集体所有的土地的使用权可以依法转让 2. 土地使用权转让的具体办法由国务院另行规定	
	《中华人民共和国宪法》(1993年)	法律	同1988年《中华人民共和国宪法》	
	《中华人民共和国农业法》(1993年)	法律	1. 国有和集体所有的土地的使用权可以依法转让 2. 任何组织或者个人不得侵占、买卖或者以其他形式非法转让土地	

续表

流转阶段	名称	性质	具体规定	土地权益保护情况
规范流转（1993—2007年）	《中共中央、国务院关于当前农业和农村经济发展的若干政策措施》(1993年)	其他规范性文件	1. 在坚持土地集体所有和不改变土地用途的前提下，经发包方同意，允许土地的使用权依法有偿转让 2. 尊重农民的意愿，对承包土地作必要的调整，实行适度的规模经营	允许在农民自愿前提下的适度流转
	《中共中央关于建立社会主义市场经济体制若干问题的决定》(1993年)	政策	1. 在坚持土地集体所有的前提下，延长耕地承包期……允许土地使用权依法有偿转让 2. 少数经济比较发达的地方，本着群众自愿原则，可以采取转包、入股等多种形式发展适度规模经营，提高农业劳动生产率和土地生产率	允许以转让、转包、入股等多种形式适度流转

续表

流转阶段	名称	性质	具体规定	土地权益保护情况
规范流转（1993—2007年）	《国务院批转农业部关于稳定和完善农村土地承包关系意见的通知》(1995年)	其他规范性文件	1. 建立土地承包经营权流转机制……允许承包方在承包期内，对承包地依法转包、转让、互换、入股，其合法权益受法律保护，但严禁擅自将耕地改为非耕地 2. 土地经营权流转的形式、经济补偿，应由双方协商，签订书面合同，并报发包方和农业承包合同管理机关备案	允许以多种形式流转，但将农地(耕地)转用禁止
	《中华人民共和国担保法》(1995年)	法律	耕地……等集体所有土地的使用权不得抵押	禁止流转土地使用权，允许对地上定着物进行抵押
	《中共中央、国务院关于“九五”时期和今年农村工作的主要任务和政策措施》(1996年)	其他规范性文件	随着劳动力向非农产业转移，要建立土地使用权流转机制，在具备条件的地方发展多种形式的适度规模经营	建立土地使用权流转机制，规范农村土地流转

续表

流转阶段	名称	性质	具体规定	土地权益保护情况
规范流转（1993—2007 年）	《中共中央办公厅、国务院办公厅关于进一步稳定和完善农村土地承包关系的通知》(1997 年)	其他规范性文件	1. 少数经济发达地区，(允许)农民自愿将部分“责任田”的使用权有偿转让或交给集体实行适度规模经营 2. 农户对集体土地的承包权利不变，使用权的流转要建立在农民自愿、有偿的基础之上，不得搞强迫命令和平调 3. 按“大稳定、小调整”的原则在农户之间进行个别调整	1. 允许农户承包地向集体流转，以自愿、有偿为基础流转 2. 禁止以强迫命令和平调方式流转
	《中华人民共和国土地管理法》(1998 年)	法律	任何单位和个人不得侵占、买卖或者以其他形式非法转让土地，土地的使用权可以依法转让	简化对土地流转的规定
	《中共中央关于农业和农村工作若干重大问题的决定》(1998 年)	政策	1. 土地使用权的合理流转，要坚持自愿、有偿的原则依法进行 2. 发展多种形式的土地适度规模经营 3. 要切实保障农户的土地承包权、生产自主权和经营收益权，使之成为独立的市场主体	1. 提出土地流转的“自愿、有偿”原则 2. 确定土地流转的市场化趋势

续表

流转阶段	名称	性质	具体规定	土地权益保护情况
规范流转（1993—2007年）	《中共中央、国务院关于做好1999年农业和农村工作的意见》(1999年)	其他规范性文件	对承包合同、土地承包费的提取和使用、机动地以及土地流转等，要健全制度，实行规范管理	规范土地流转制度
	《中华人民共和国宪法》(1999年)	法律	同1993年《中华人民共和国宪法》	—
	《中共中央关于做好农户承包地使用权流转工作的通知》(2001年)	政策	1. 农户承包地使用权流转要在长期稳定家庭承包经营制度的前提下进行 2. 农户承包地使用权流转必须坚持依法、自愿、有偿的原则 3. 土地流转的主体是农户 4. 在承包期内，农户对承包的土地有自主的使用权、收益权和流转权，有权依法自主决定承包地是否流转和流转的形式，任何组织和个人不得强迫农户流转土地，也不得阻碍农户依法流转土地 5.“反租倒包”应予以制止	1. 明确土地流转的前提、原则和主体 2. 禁止强迫（阻碍）农户流转土地和“反租倒包”

续表

流转阶段	名称	性质	具体规定	土地权益保护情况
规范流转（1993—2007 年）	《中共中央关于做好农户承包地使用权流转工作的通知》（2001 年）	政策	6. 农户的土地收益包括承包土地直接经营的收益，也包括流转土地的收益 7. 土地使用权的流转应当是有偿的 8. 土地流转的转包费、转让费和租金等，应由农户与受让方或承租方协商确定，流转的收益应归农户所有，任何组织和个人不得擅自截留、扣缴 9. 土地流转涉及多方面的利益关系，必须健全制度，按规范程序进行，避免随意性 10. 确定流转关系后，应当签订合同	3. 领导农户承包地使用权流转工作 4. 规范企事业单位和城镇居民租赁农户承包地 5. 确立土地权益的内容和归属
	《中共中央国务院关于做好 2002 年农业和农村工作的意见》（2002 年）	其他规范性文件	依照依法、自愿、有偿的原则，加强对农村土地流转的引导和管理，严禁强行收回农户承包地搞土地集中	引导和管理农村土地流转

续表

流转阶段	名称	性质	具体规定	土地权益保护情况
规范流转（1993—2007年）	《中华人民共和国土地承包法》(2002年)	法律	1. 承包地可以依法采取转包、出租、互换、转让或者其他方式流转 2. 土地承包经营权流转的主体是承包方 3. 任何组织和个人强迫承包方进行土地承包经营权流转的，该流转无效	1. 确认农民是土地流转的主体 2. 允许农民以多种形式流转承包地 3. 禁止强迫流转
	《中华人民共和国农业法》(2002年)	法律	各级人民政府、农村经济组织或者村民委员会在农业和农村经济结构调整、农业产业化经营和土地承包经营权流转等过程中，不得侵犯农民的土地承包经营权	禁止各级政府、农村经济组织或村民委员会在土地流转中侵犯农民权利
	《中共中央关于完善社会主义市场经济体制若干问题的决定》(2003年)	政策	1. 农户在承包期内可依法、自愿、有偿流转土地承包经营权，完善流转办法，逐步发展适度规模经营 2. 实行最严格的耕地保护制度，保证国家粮食安全	允许承包期内流转，严格保护耕地

续表

流转阶段	名称	性质	具体规定	土地权益保护情况
规范流转（1993—2007年）	《中华人民共和国宪法》(2004年)	法律	同1993年《中华人民共和国宪法》	—
	《中华人民共和国土地管理法》(2004年)	法律	同1998年《中华人民共和国土地管理法》	
	《中共中央国务院关于进一步加强农村工作提高农业综合生产能力若干政策的意见》(2004年)	其他规范性文件	1. 针对一些地方存在的随意收回农户承包地、强迫农户流转承包地等问题，各地……对违反法律和政策的要坚决予以纠正，并追究责任 2. 要妥善处理土地承包纠纷，及时化解矛盾，维护农民合法权益 3. 尊重和保障农户拥有承包地和从事农业生产的权利，尊重和保障外出务工农民的土地承包权和经营自主权 4. 承包经营权流转和发展适度规模经营，必须在农户自愿、有偿的前提下依法进行，防止片面追求土地集中 5. 各省、自治区、直辖市要尽快制定农村土地承包法实施办法	1. 追究强迫流转的侵权责任 2. 处理土地承包纠纷 3. 保障农民承包权和经营自主权

续表

流转阶段	名称	性质	具体规定	土地权益保护情况
规范流转（1993—2007年）	《中华人民共和国农村土地承包经营权流转管理办法》(2005年)	部门规章	涉及流转原则、流转限制、流转当事人、流转方式、流转合同及流转管理等方面	出台专门规范农村土地承包经营权流转的具体办法
	《中共中央国务院关于推进社会主义新农村建设的若干意见》(2005年)	政策	健全在依法、自愿、有偿基础上的土地承包经营权流转机制，有条件的地方可发展多种形式的适度规模经营	1. 健全土地流转机制 2. 发展多种形式的适度规模经营
	《中共中央国务院关于积极发展现代农业扎实推进社会主义新农村建设的若干意见》(2006年)	政策	坚持农村基本经营制度，稳定土地承包关系，规范土地承包经营权流转	规范土地承包经营权流转
	《高举中国特色社会主义伟大旗帜 为夺取全面建设小康社会新胜利而奋斗》(2007年)	政策	坚持农村基本经营制度，稳定和完善土地承包关系，规范土地承包经营权流转	

续表

流转阶段	名称	性质	具体规定	土地权益保护情况
规范流转（1993—2007年）	《中华人民共和国物权法》(2007年)	法律	1. 土地承包经营权人依照农村土地承包经营法的规定，有权将土地承包经营权采取转包、互换、转让等方式流转 2. 流转的期限不得超过承包期的剩余期限 3. 通过招标、拍卖、公开协商等方式承包荒地等农村土地，依照农村土地承包经营法等法律和国务院的有关规定，其土地承包经营权可以转让、入股、抵押或者以其他方式流转	1. 确认土地承包经营权为用益物权 2. 明确流转方式为转包、互换、转让等 3. 规定流转期限和荒地流转方式
鼓励流转（2007年至今）	《中共中央国务院关于切实加强农业基础建设进一步促进农业发展农民增收的若干意见》(2007年)	政策	1. 按照依法自愿有偿原则，建立健全土地承包经营权流转市场 2. 农村土地承包合同管理部门要加强土地流转中介服务，完善土地流转合同、登记、备案等制度，在有条件的地方培育发展多种形式适度规模经营的市场环境 3. 坚决防止和纠正强迫农民流转、通过流转改变土地农业用途等问题，依法制止乡、村组织通过“反租倒包”等形式侵犯农户土地承包经营权等行为	1. 建立建全土地承包经营权流转市场 2. 发挥流转中介服务机构的作用 3. 完善流转合同、登记、备案等制度 4. 制止强制侵犯农民土地权益的行为

续表

流转阶段	名称	性质	具体规定	土地权益保护情况
鼓励流转（2007年至今）	《中共中央关于推进农村改革发展若干重大问题的决定》（2008年）	政策	加强土地承包经营权流转管理和服务，建立健全土地承包经营权流转市场，按照依法自愿有偿原则，允许农民以转包、出租、互换、转让、股份合作等形式流转土地承包经营权，发展多种形式的适度规模经营	1. 提出多样化流转方式 2. 建立健全土地承包经营权流转市场
	《农业部关于做好当前农村土地承包经营权流转管理和服务工作的通知》（2008年）	其他规范性文件	1. 坚持依法自愿有偿原则，严格执行农村土地承包法律政策，切实维护农民土地承包权益和流转主体地位，以实施流转合同制和备案制为重点．全面建立健全农村土地流转规范管理工作制度、工作机制和工作规程，确保流转规范有序 2. 以建立流转服务组织和网络为平台，逐步完善和加强土地流转信息提供、法律政策咨询、流转价格评估、合同签订指导、利益关系协调等服务，优化流转外部环境，不断健全流转市场 3. 流转的主体是农民而不是干部，流转的机制是市场而不是政府，流转	1. 完善中介服务体系 2. 明确土地流转中市场与政府的职能 3. 禁止流转改变集体所有、改变农地用途和损害农民权益

续表

流转阶段	名称	性质	具体规定	土地权益保护情况
鼓励流转（2007年至今）	《农业部关于做好当前农村土地承包经营权流转管理和服务工作的通知》（2008年）	其他规范性文件	的前提是依法自愿有偿，流转的形式可以在法律允许范围内多种多样，流转的底线是不得改变土地集体所有性质、不得改变土地用途、不得损害农民土地承包权益	
	《中华人民共和国农村土地承包经营纠纷调解仲裁法》(2009年)	法律	因农村土地承包经营权转包、出租、互换、转让、入股等流转发生的纠纷可以进行调解和仲裁	规范土地流转中的纠纷解决
	《中共中央国务院关于加大统筹城乡发展力度进一步夯实农业农村发展基础的若干意见》(2009年)	政策	加强土地承包经营权流转管理和服务，健全流转市场，在依法自愿有偿流转的基础上发展多种形式的适度规模经营	1. 规范流转管理和服务 2. 健全流转市场 3. 发展多种形式的适度规模经营
	《国务院关于严格规范城乡建设用地增减挂钩试点切实做好农村土地整治工作的通知》(2010年)	其他规范性文件	严禁在农村土地整治中，违法调整、收回和强迫流转农民承包地	禁止强迫流转

续表

流转阶段	名称	性质	具体规定	土地权益保护情况
鼓励流转（2007年至今）	《关于加快推进农村集体土地确权登记发证工作的通知》（2011年）	其他规范性文件	农用地流转需与集体土地所有权确权登记工作做好衔接，确保承包地流转前后的集体所有性质不改变，土地用途不改变，农民土地承包权益不受损害	流转衔接确权登记
	《坚定不移沿着中国特色社会主义道路前进 为全面建成小康社会而奋斗》（2012年）	政策	依法维护农民土地承包经营权、宅基地使用权、集体收益分配权……培育新型经营主体，发展多种形式规模经营……提高农民在土地增值收益中的分配比例	提高农民流转权益
	《中共中央国务院关于加快发展现代农业进一步增强农村发展活力的若干意见》（2012年）	政策	1. 全面开展土地确权登记工作 2. 坚持依法自愿有偿原则，引导农村土地承包经营权有序流转，鼓励和支持承包土地向专业大户、家庭农场、农民合作社流转，发展多种形式的适度规模经营	1. 强化承包经营权以促进土地流转 2. 支持鼓励专业大户、家庭农场、农民合作社流转

续表

流转阶段	名称	性质	具体规定	土地权益保护情况
鼓励流转（2007年至今）	《中共中央国务院关于加快发展现代农业进一步增强农村发展活力的若干意见》(2012年)	政策	3. 土地流转不得搞强迫命令，确保不损害农民权益、不改变土地用途、不破坏农业综合生产能力 4. 规范土地流转程序，逐步健全县乡村三级服务网络，强化信息沟通、政策咨询、合同签订、价格评估等流转服务	3. 规范流转服务，健全流转体系
	《中共中央关于全面深化改革若干重大问题的决定》(2013年)	政策	1. 稳定农村土地承包关系并保持长久不变，在坚持和完善最严格的耕地保护制度的前提下，赋予农民对承包地占有、使用、收益、流转及承包经营权抵押、担保权能，允许农民以承包经营权入股发展农业产业化经营 2. 鼓励承包经营权在公开市场上向专业大户、家庭农场、农民合作社、农业企业流转，发展多种形式规模经营	1. 提出承包地所有权、承包权、经营权“三权分离” 2. 允许承包地以多种方式在公开市场上流转

续表

流转阶段	名称	性质	具体规定	土地权益保护情况
鼓励流转（2007年至今）	《中共中央国务院关于全面深化农村改革加快推进农业现代化的若干意见》（2014年）	政策	1. 稳定农村土地承包关系并保持长久不变，在坚持和完善最严格的耕地保护制度的前提下，赋予农民对承包地占有、使用、收益、流转及承包经营权抵押、担保权能 2. 在落实农村土地集体所有权的基础上，稳定农户承包权、放活土地经营权，允许承包土地的经营权向金融机构抵押融资	允许承包土地的经营权向金融机构抵押融资
	《关于促进家庭农场发展的指导意见》（2014年）	其他规范性文件	1. 健全土地流转服务体系，为流转双方提供信息发布、政策咨询、价格评估、合同签订指导等便捷服务 2. 引导和鼓励家庭农场经营者通过实物计租货币结算、租金动态调整、土地经营权入股保底分红等利益分配方式，稳定土地流转关系，形成适度土地规模经营	引导承包土地向家庭农场流转

续表

流转阶段	名称	性质	具体规定	土地权益保护情况
鼓励流转（2007 年至今）	《关于引导农村土地经营权有序流转发展农业适度规模经营的意见》(2014 年)	其他规范性文件	实现所有权、承包权、经营权三权分置，引导土地经营权有序流转……发展多种形式适度规模经营；坚持依法、自愿、有偿原则，以农民为主体，政府扶持引导，市场配置资源，土地经营权流转不得违背承包农户意愿，不得损害农民权益，不得改变土地用途……	引导经营权流转
	《国务院办公厅关于引导农村产权流转交易市场健康发展的意见》(2014 年)	其他规范性文件	1. 规范农村产权流转交易市场，明确交易内容为农户承包土地经营权 2. 现阶段市场交易主体主要有农户、农民合作社、农村集体经济组织、涉农企业和其他投资者 3. 农户拥有的产权是否入市流转交易由农户自主决定 4. 任何组织和个人不得强迫或妨碍自主交易	1. 明确流转内容和市场主体 2. 强调入市流转中的农民自主权

续表

流转阶段	名称	性质	具体规定	土地权益保护情况
鼓励流转（2007年至今）	《关于农村土地征收、集体经营性建设用地入市、宅基地制度改革试点工作的意见》(2014年)	其他规范性文件	1. 完善农村集体经营性建设用地产权制度，赋予农村集体经营性建设用地出让、租赁、入股权能，明确农村集体经营性建设用地入市范围和途径，建立健全市场交易规则和服务监管制度 2. 在符合规划和用途管制前提下，允许农村集体经营性建设用地出让、租赁、入股，实行与国有土地同等入市、同权同价	1. 建立农村集体经营性建设用地入市制度 2. 建立城乡统一的建设用地市场
	2014年中央经济工作会议	—	完善农村土地经营权流转政策，搞好土地承包经营权确权登记颁证工作，健全公开规范的土地流转市场	完善流转政策，健全土地流转市场
	2014年中央农村工作会议	—	1. 积极发展多种形式适度规模经营 2. 引导和规范土地经营权有序流转，发展各类新型农业经营体	发展规模经营，引导有序流转

续表

流转阶段	名称	性质	具体规定	土地权益保护情况
鼓励流转（2007 年至今）	《中共中央关于制定国民经济和社会发展第十三个五年规划的建议》(2015 年)	其他规范性文件	1. 稳定农村土地承包关系，完善土地所有权、承包权、经营权分置办法，依法推进土地经营权有序流转，构建培育新型农业经营主体的政策体系 2. 培养新型职业农民，深化农村土地制度改革，完善农村集体产权权能 3. 维护进城落户农民土地承包权、宅基地使用权、集体收益分配权，支持引导其依法自愿有偿转让上述权益	培育新型职业农民和新型农业经营主体
	《中共中央国务院关于加大改革创新力度加快农业现代化建设的若干意见》(2015 年)	政策	1. 土地经营权流转要尊重农民意愿，不得硬性下指标、强制推动 2. 尽快确定工商资本租赁农地的准入和监管办法，严禁擅自改变农业用途 3. 抓紧抓实土地承包经营权确权登记颁证工作……总体上要确地到户 4. 充分发挥县乡农村土地承包经营权……流转服务平台作用，引导农村产权交易市场健康发展	1. 监管社会资本进入 2. 肯定流转中介的作用

续表

流转阶段	名称	性质	具体规定	土地权益保护情况
鼓励流转 （2007 年至今）	《深化农村改革综合性实施方案》(2015 年)	其他规范性文件	在农村耕地实行所有权、承包权、经营权“三权分置”的基础上，按照依法自愿有偿原则，引导农民以多种方式流转承包土地的经营权，以及通过土地经营权入股、托管等方式，发展多种形式的适度规模经营	规范经营权流转
	《关于 2015 年深化经济体制改革重点工作的意见》(2015 年)	其他规范性文件	1. 开展积极发展农民股份合作赋予农民对集体资产股份权能改革试点，探索赋予农民更多财产权利 2. 开展农村承包土地经营权和农民住房财产权抵押担保贷款试点	开展集体产权改革和土地上权利抵押担保贷款试点，赋予农民更多财产权利
	《中共中央国务院关于落实发展新理念加快农业现代化实现全面小康目标的若干意见》(2015 年)	政策	1. 健全县乡农村经营管理体系，加强对土地流转和规模经营的管理服务 2. 鼓励发展股份合作，引导农民自愿以土地经营权等入股龙头企业和农民合作社	1. 发挥多种形式农业适度规模经营的引领作用

续表

流转阶段	名称	性质	具体规定	土地权益保护情况
鼓励流转（2007年至今）	《中共中央国务院关于落实发展新理念加快农业现代化实现全面小康目标的若干意见》(2015年)	政策	3. 维护进城落户农民土地承包权、宅基地使用权、集体收益分配权，支持引导其依法自愿有偿转让上述权益 4. 在风险可控前提下，稳妥有序推进农村承包土地的经营权和农民住房财产权抵押贷款试点 5. 稳定农村土地承包关系，落实集体所有权，稳定农户承包权，放活土地经营权，完善"三权分置"办法，明确农村土地承包关系长久不变的具体规定 6. 继续扩大农村承包地确权登记颁证整省推进试点 7. 依法推进土地经营权有序流转，鼓励和引导农户自愿互换承包地块实现连片耕种	2. 完善农业产业链与农民的利益联结机制 3. 推进农村劳动力转移就业和农民工市民化 4. 推动金融资源更多向农村倾斜 5. 深化农村集体产权制度改革

续表

流转阶段	名称	性质	具体规定	土地权益保护情况
鼓励流转（2007 年至今）	《关于完善农村土地所有权承包权经营权分置办法的意见》（2016 年）	其他规范性文件	1. 规范土地经营权流转交易……健全市场运行规范，提高服务水平，为流转双方提供信息发布、产权交易、法律咨询、权益评估、抵押融资等服务 2. 加强流转合同管理，引导流转双方使用合同示范文本 3. 完善工商资本租赁农地监管和风险防范机制，严格准入门槛，确保土地经营权规范有序流转，更好地与城镇化进程和农村劳动力转移规模相适应，与农业科技进步和生产手段改进程度相适应，与农业社会化服务水平相适应 4. 加强农村土地承包经营纠纷调解仲裁体系建设，完善基层农村土地承包调解机制，妥善化解土地承包经营纠纷，有效维护各权利主体的合法权益	建立健全土地流转规范管理制度、纠纷化解机制

续表

流转阶段	名称	性质	具体规定	土地权益保护情况
鼓励流转（2007 年至今）	《国务院办公厅关于推进农村一二三产业融合发展的指导意见》(2016 年)	其他规范性文件	1. 加快推进农村集体产权制度改革，将土地承包经营权确权登记颁证到户，集体经营性资产折股量化到户 2. 地方人民政府可探索制订发布本行政区域内农用地基准地价，为农户土地入股或流转提供参考依据 3. 探索形成以农户承包土地经营权入股的股份合作社、股份合作制企业利润分配机制，切实保障土地经营权入股部分的收益 4. 鼓励从事农村产业融合发展的工商企业优先聘用流转出让土地的农民，为其提供技能培训、就业岗位和社会保障 5. 稳定土地流转关系，推广实物计租货币结算、租金动态调整等计价方式 6. 规范工商资本租赁农地行为，建立农户承包土地经营权流转分级备案制度	1. 鼓励发展股份合作 2. 强化工商企业社会责任 3. 健全风险防范机制 4. 搭建公共服务平台

续表

流转阶段	名称	性质	具体规定	土地权益保护情况
鼓励流转（2007年至今）	《国务院办公厅关于推进农村一二三产业融合发展的指导意见》(2016年)	其他规范性文件	7. 引导各地建立土地流转、订单农业等风险保障金制度，并探索与农业保险、担保相结合，提高风险防范能力 8. 加强土地流转、订单等合同履约监督，建立健全纠纷调解仲裁体系，保护双方合法权益 9. 建设农村产权流转交易市场，引导其健康发展	
	《中共中央国务院关于深入推进农业供给侧结构性改革加快培育农业农村发展新动能的若干意见》(2016年)	政策	1. 大力培育新型农业经营主体和服务主体，通过经营权流转、股份合作、代耕代种、土地托管等多种方式，加快发展土地流转型、服务带动型等多种形式规模经营 2. 鼓励地方探索土地流转履约保证保险	1. 提出“三权分置”，促进承包地流转，发展多种形式的适度规模经营 2. 开展农民职业技能培训

续表

流转阶段	名称	性质	具体规定	土地权益保护情况
鼓励流转（2007年至今）	《中华人民共和国民法总则》(2017年)	法律	1. 农村集体经济组织依法取得法人资格 2. 法律、行政法规对农村集体经济组织有规定的，依照其规定 3. 居民委员会、村民委员会具有基层群众性自治组织法人资格，可以从事为履行职能所需要的民事活动 4. 未设立村集体经济组织的，村民委员会可以依法代行村集体经济组织的职能	明确农村集体土地的产权主体
	《中共中央国务院关于实施乡村振兴战略的意见》(2018年)	政策	1. 农村承包土地经营权可以依法向金融机构融资担保、入股从事农业产业化经营 2. 实施新型农业经营主体培育工程……发展多种形式适度规模经营	允许承包经营权担保、入股

附录 6　农村集体建设用地使用权流转的制度演进与农民的土地权益保障

流转阶段	名称	性质	具体规定	土地权益保护情况
禁止流转（1956—1963 年）	《农村人民公社工作条例修正草案》（1962 年）	政策	1. 生产队所有的土地，包括社员的自留地、自留山、宅基地等等，一律不准出租和买卖 2. 社员的房屋永远归社员所有……社员有买卖或者出租房屋的权利	禁止宅基地使用权流转，允许房屋交易
	《中共中央关于各地对社员宅基地问题作一些补充规定的通知》（1963 年）	政策	1. 社员的宅基地，包括有建筑物和没有建筑物的空白宅基地，都归生产队集体所有，一律不准出租和买卖 2. 宅基地上的附着物，如房屋……永远归社员所有，社员有买卖或租赁房屋的权利	
无序、自发流转（1963—2000 年）	《国务院关于制止农村建房侵占耕地的紧急通知》（1981 年）	其他规范性文件	分配给社员的宅基地、自留地（自留山）和承包的耕地，社员只有使用权，不准出租、买卖和擅自转让	禁止宅基地使用权流转
	《国务院关于发布〈村镇建房用地管理条例〉的通知》（1982 年）	其他规范性文件	1. 严禁买卖、出租和违法转让建房用地 2. 在建设用地统一规划、用地标准、审批制度等方面作出管理规定	

续表

流转阶段	名称	性质	具体规定	土地权益保护情况
无序、自发流转（1963—2000 年）	《中华人民共和国宪法》(1982 年)	法律	宅基地属集体所有，任何组织或者个人不得侵占、买卖、出租或者以其他形式非法转让	
	《国家建设征用土地条例》(1982 年)	行政法规	1. 国家进行经济、文化、国防建设，以及兴办社会公共事业，需要征用集体所有的土地时，必须按照本条例办理 2. 禁止任何单位直接向农村社队购地、租地或变相购地、租地 3. 农村社队不得以入股的形式参与任何企业、事业的经营	垄断农地转为建设用地
	《国务院关于制止买卖、租赁土地的通知》(1983 年)	其他规范性文件	对买卖、租赁土地的行为，必须坚决制止	禁止流转
	《中共中央、国务院关于进一步活跃农村经济的十项政策》(1985 年)	政策	规划区内的建设用地，可设土地开发公司实行商品化经营，也允许农村地区性合作经济组织按规划建成店房及服务设施自主经营或出租	允许有限流转
	《中华人民共和国土地管理法》(1986 年)	法律	城镇非农业户口居民在经县级人民政府批准后，可以使用集体所有的土地建住宅	允许城镇居民在集体土地上建造住宅

续表

流转阶段	名称	性质	具体规定	土地权益保护情况
无序、自发流转（1963—2000年）	《中华人民共和国宪法》(1988年、1993年)	法律	任何组织或者个人不得侵占、买卖或者以其他形式非法转让土地，土地的使用权可以依照法律规定转让	允许土地使用权流转
	《中华人民共和国担保法》(1995年)	法律	1. 乡镇、村企业的土地使用权不得单独抵押 2. 以乡村企业的厂房等建筑物抵押的，其占用范围内的土地使用权同时抵押 3. 耕地、宅基地、自留地、自留山等集体所有的土地使用权不得抵押	禁止抵押土地使用权(地上定着物抵押的除外)
	《关于非农建设的集体土地交易应征为国有的试点方案》(1995年)	其他规范性文件	1. 集体土地使用权不得单独转让、出租用于非农建设 2. 集体土地上的建筑物或集体建设用地转让、出租给本集体经济组织以外的单位和个人或者联营的，须经县级以上人民政府审批，土地所有权转为国有	垄断建设用地使用
	《确定土地所有权和使用权的若干规定》(1995年)	其他规范性文件	接受转让、购买房屋取得的宅基地，与原有宅基地合计面积超过当地政府规定标准，按照有关规定处理后允许继续使用的，可暂确定其集体土地建设用地使用权	承认宅基地的可转让性

续表

流转阶段	名称	性质	具体规定	土地权益保护情况
无序、自发流转（1963—2000年）	《关于小城镇土地使用制度改革若干意见的通知》(1995年)	其他规范性文件	小城镇内集体非农建设用地不得直接进入市场，对已发生的集体土地使用权转让、出租、联营、入股等用于非农业建设的，原则上应依法征为国有并办理出让手续	1. 垄断建设用地城乡流转，禁止农民和集体流转 2. 保护非农建设用地流转中的农民利益
	《中华人民共和国城市房地产管理法》(1994年)	法律	城市规划区内的集体所有的土地，经依法征用转为国有土地后，该幅国有土地的使用权方可有偿出让	
	《中共中央、国务院关于进一步加强土地管理切实保护耕地的通知》(1997年)	其他规范性文件	1. 除国家征用外，集体土地使用权不得转让，不得用于经营性房地产开发，也不得转让、出租用于非农业建设 2. 用于非农业建设的集体土地因与本集体外的单位和个人转让、出租、抵押附着物，而发生土地使用权交易的，应依法严格审批，要注意保护农民利益	
	《中华人民共和国土地管理法》(1998年)	法律	兴办乡镇企业和村民建设住宅经依法批准使用本集体经济组织农民集体所有的土地的，或者乡(镇)村公共设施和公益事业建设经依法批准使用农民集体所有的土地的除外……农民出卖、出租住房后，再申请宅基地的，不予批准	允许宅基地上房屋流转，但流转后禁止再申请宅基地

续表

流转阶段	名称	性质	具体规定	土地权益保护情况
无序、自发流转（1963—2000 年）	《国务院办公厅关于加强土地转让管理严禁炒卖土地的通知》（1999 年）	其他规范性文件	农民的住宅不得向城市居民出售，也不得批准城市居民占用农民集体土地建宅，有关部门不得为违法建造和购买的住宅发放土地证和房产证	禁止宅基地及地上附着物向城市流转
探索、规范流转（2000 年以后）	《中共中央、国务院关于做好农业和农村工作的意见》（2003 年）	其他规范性文件	各地要制定鼓励乡镇企业向小城镇集中的政策，通过集体建设用地流转、土地置换、分期缴纳土地出让金等形式，合理解决企业进镇的用地问题，降低企业搬迁的成本	允许经营性建设用地流转
	《国务院办公厅关于落实中共中央、国务院做好农业和农村工作意见有关政策措施的通知》（2003 年）	其他规范性文件	关于通过集体建设用地流转、土地置换、分期缴纳土地出让金等形式，合理解决企业进镇的用地问题……由国土资源部牵头，会同农业部、建设部等部门研究制定具体办法	
	《中华人民共和国宪法》（2004 年）	法律	同 1993 年《中华人民共和国宪法》	允许土地使用权流转
	《中华人民共和国土地管理法》（2004 年）	法律	1. 将“征用”改为“征收或者征用” 2. 关于集体建设用地流转的有关规定同 1998 年《中华人民共和国土地管理法》	允许宅基地上房屋流转，但流转后不得再申请宅基地

续表

流转阶段	名称	性质	具体规定	土地权益保护情况
探索、规范流转（2000年以后）	《中共中央国务院关于促进农民增加收入若干政策的意见》（2003年）	其他规范性文件	引导农村集体企业改制成股份制和股份合作制等混合所有制企业，鼓励有条件的乡镇企业建立现代企业制度	探索集体建设用地入市流转
	《国务院关于深化改革严格土地管理的决定》（2004年）	其他规范性文件	1. 鼓励农村建设用地整理，城镇建设用地增加要与农村建设用地减少相挂钩 2. 禁止农村集体经济组织非法出让、出租集体土地用于非农业建设 3. 改革和完善宅基地审批制度，禁止城镇居民在农村购置宅基地 4. 在符合规划的前提下，村庄、集镇、建制镇中的农民集体所有建设用地使用权可依法流转	1. 禁止宅基地流转 2. 允许建设用地使用权流转
	《国土资源部关于加强农村宅基地管理的意见》（2004年）	其他规范性文件	严禁城镇居民在农村购置宅基地，严禁为城镇居民在农村购买和违法建造的住宅发放土地使用证	严禁宅基地使用权向城市居民流转
	《国务院关于加强土地调控有关问题的通知》（2006年）	其他规范性文件	1. 禁止通过“以租代征”等方式使用农民集体所有的农用地进行非农业建设，擅自扩大建设用地规模 2. 农民集体所有建设用地使用权流转，必须符合规划并严格限定在依法取得的建设用地范围内 3. 未依法办理农用地转用审批，国家机关工作人员批转通过“以租代征”等方式占地建设的，数非法批地行为	1. 禁止农转非 2. 严格管理建设用地使用权的流转

续表

流转阶段	名称	性质	具体规定	土地权益保护情况
探索、规范流转（2000年以后）	《中共中央国务院关于推进社会主义新农村建设的若干意见》(2005年)	其他规范性文件	充分发挥市场配置资源的基础性作用，推进征地、户籍等制度改革，逐步形成城乡统一的要素市场，增强农村经济发展活力	推动土地流转市场形成
	《国土资源部关于坚持依法依规管理节约集约用地支持社会主义新农村建设的通知》(2006年)	其他规范性文件	1. 要适应新农村建设的要求，经部批准，稳步推进城镇建设用地增加和农村建设用地减少相挂钩试点、集体非农建设用地使用权流转试点，不断总结试点经验，及时加以规范完善 2. 进一步探索集体土地所有权的具体实现方式	开展建设用地流转试点
	《中华人民共和国物权法》(2007年)	法律	宅基地使用权的取得、行使和转让，适用土地管理法和国家有关规定	放开宅基地使用权的流转空间
	《中华人民共和国城市房地产管理法》(2007年)	法律	同1994年《中华人民共和国城市房地产管理法》	禁止城市规划区内的集体所有的土地流转

续表

流转阶段	名称	性质	具体规定	土地权益保护情况
探索、规范流转（2000年以后）	《国务院办公厅关于严格执行有关农村集体建设用地法律和政策的通知》(2007年)	其他规范性文件	1. 农村住宅用地只能分配给本村村民，城镇居民不得到农村购买宅基地、农民住宅或“小产权房” 2. 严格控制农民集体所有建设用地使用权流转范围……农民集体所有建设用地使用权流转，必须是符合规划、依法取得的建设用地，并不得用于商品住宅开发	1. 禁止宅基地使用权流转 2. 严格控制集体建设用地流转
	《城乡建设用地增减挂钩试点管理办法》(2008年)	部门规章	1. 通过开展土地评估、界定土地权属，按照同类土地等价交换的原则，合理进行土地整理、互换和补偿 2. 根据“依法、自愿、有偿、规范”的要求，探索集体建设用地流转，创新机制，促进挂钩试点工作	允许“依法、自愿、有偿”地对集体建设用地进行规范流转
	《中共中央国务院关于切实加强农业基础建设进一步促进农业发展农民增收的若干意见》(2007年)	政策	1. 严格农村集体建设用地管理，严禁通过“以租代征”等方式提供建设用地 2. 城镇居民不得到农村购买宅基地、农民住宅或“小产权房”	禁止城镇居民购买农村宅基地及房屋

续表

流转阶段	名称	性质	具体规定	土地权益保护情况
探索、规范流转（2000 年以后）	《中共中央关于推进农村改革发展若干重大问题的决定》（2008 年）	政策	逐步建立城乡统一的建设用地市场，对依法取得的农村集体经营性建设用地，必须通过统一有形的土地市场、以公开规范的方式转让土地使用权，在符合规划的前提下与国有土地享有平等权益	建立建设用地流转市场
	《中华人民共和国城市房地产管理法》（2009 年）	法律	同 1995 年、2007 年《中华人民共和国城市房地产管理法》	禁止城市规划区内的集体所有的土地流转
	《国土资源部关于促进农业稳定发展农民持续增收推动城乡统筹发展的若干意见》（2009 年）	其他规范性文件	1. 开展集体土地所有权和使用权确权登记发证工作，规范集体建设用地流转，逐步建立城乡统一的建设用地市场，凡符合土地利用总体规划、依法取得，并已经确权为经营性的集体建设用地，可采用出让、转让等多种方式有偿使用和流转 2. 各地按照公开、公平、公正的市场原则，健全完善市场配置集体建设用地的价格形成机制，充分依托已有的国有土地市场，加快城乡统一的土地市场建设，促进集体建设用地进入市场交易，规范流转	规范集体建设用地入市流转

续表

流转阶段	名称	性质	具体规定	土地权益保护情况
探索、规范流转（2000年以后）	《国务院关于严格规范城乡建设用地增减挂钩试点切实做好农村土地整治工作的通知》(2010年)	其他规范性文件	整治腾出的农村建设用地，首先要复垦为耕地，在优先满足农村各种发展建设用地后，经批准将节约的指标少量调剂给城镇使用的，其土地增值收益必须及时全部返还农村，切实做到农民自愿、农民参与、农民满意	保证农民在建设用地流转中享有参与权、收益权、自主权
	《国土资源部关于严格规范城乡建设用地增减挂钩试点工作的通知》(2011年)	其他规范性文件	第四部分专门规定“切实维护农民土地合法权益”的内容	明确建设用地流转要切实维护农民土地权益
	《关于加快推进农村集体土地确权登记发证工作的通知》(2011年)	其他规范性文件	凡是依法进入市场流转的经营性集体建设用地使用权，必须经过确权登记，做到产权清晰、四至清楚、没有纠纷，没有经过确权登记的集体建设用地使用权一律禁止流转	明确集体经营性建设用地入市流转的条件

续表

流转阶段	名称	性质	具体规定	土地权益保护情况
探索、规范流转（2000 年以后）	《中共中央国务院关于加快发展现代农业进一步增强农村发展活力的若干意见》(2012 年)	政策	1. 依法推进农村土地综合整治，严格规范城乡建设用地增减挂钩试点和集体经营性建设用地流转 2. 农村集体非经营性建设用地不得进入市场	规范增减挂钩和经营性建设用地流转
	《中共中央关于全面深化改革若干重大问题的决定》(2013 年)	政策	1. 在符合规划和用途管制前提下，允许农村集体经营性建设用地出让、租赁、入股，实行与国有土地同等入市、同权同价 2. 建立兼顾国家、集体、个人的土地增值收益分配机制，合理提高个人收益 3. 完善土地租赁、转让、抵押二级市场 4. 保障农户宅基地用益物权，改革完善农村宅基地制度，选择若干试点，慎重稳妥推进农民住房财产权抵押、担保、转让，探索农民增加财产性收入渠道	允许农村集体经营性建设用地出让、租赁、入股，与国有土地同等入市、同权同价

续表

流转阶段	名称	性质	具体规定	土地权益保护情况
探索、规范流转（2000年以后）	《国家新型城镇规划（2014—2020年）》（2014年）	其他规范性文件	允许农村集体经营性建设用地出让、租赁、入股，实行与国有土地同等入市，同权同价	集体经营性建设用地同权同价，市场流转
	《关于全面深化农村改革加快推进农业现代化的若干意见》（2014年）	政策	1. 在符合规划和用途管制的前提下，允许农村集体经营性建设用地出让、租赁、入股，实行与国有土地同等入市、同权同价，加快建立农村集体经营性建设用地产权流转和增值收益分配制度 2. 选择若干试点，慎重稳妥推进农民住房财产权抵押、担保、转让	试点推进农民住房财产权抵押担保
	《关于加大改革创新力度加快农业现代化建设的若干意见》（2015年）	政策	1. 分类实施……集体经营性建设用地入市、宅基地制度改革试点……赋予符合规划和用途管制的农村集体经营性建设用地出让、租赁、入股权能，建立健全市场交易规则和服务监管机制 2. 依法保障农民宅基地权益，改革农民住宅用地取得方式，探索农民住房保障的新机制	规范集体经营性建设用地的流转前提和收益分配

续表

流转阶段	名称	性质	具体规定	土地权益保护情况
探索、规范流转（2000年以后）	《中共中央国务院关于落实发展新理念加快农业现代化实现全面小康目标的若干意见》(2016年)	政策	1. 推进农村土地征收、集体经营性建设用地入市、宅基地制度改革试点 2. 完善宅基地权益保障和取得方式，探索农民住房保障新机制 3. 总结农村集体经营性建设用地入市改革试点经验，适当提高农民集体和个人分享的增值收益，抓紧出台土地增值收益调节金征管办法 4. 完善和拓展城乡建设用地增减挂钩试点，将指标交易收益用于改善农民生产生活条件	探索建设用地流转和农民收益分享机制
	《中共中央国务院关于深入推进农业供给侧结构性改革加快培育农业农村发展新动能的若干意见》(2017年)	政策	1. 统筹协调推进农村土地征收、集体经营性建设用地入市、宅基地制度改革试点 2. 全面加快“房地一体”的农村宅基地和集体建设用地确权登记颁证工作 3. 维护农户依法取得的宅基地占有和使用权，探索农村集体组织以出租、合作等方式盘活利用空闲农房及宅基地，增加农民财产性收入 4. 在控制农村建设用地总量、不占用永久基本农田的前提下，加大盘活农村存量建设用地力度	盘活集体建设用地，增加农民财产性收入

续表

流转阶段	名称	性质	具体规定	土地权益保护情况
探索、规范流转（2000 年以后）	《中共中央国务院关于实施乡村振兴战略的意见》(2018 年)	政策	适度放活宅基地和农民房屋使用权，不得违规违法买卖宅基地	提出宅基地“三权分置”，放活宅基地及房屋的使用权流转

参考文献

[1]马克思．资本论：第1卷．北京：人民出版社，2004.
[2]埃格特森．经济行为与制度．吴经邦，李耀，朱寒松，等译．北京：商务印书馆，2004.
[3]艾斯平-安德森．福利资本主义的三个世界．郑秉文，译．北京：法律出版社，2003.
[4]庇谷．社会主义和资本主义的比较．黄延峰，译．北京：电子工业出版社，2013.
[5]博登海默．法理学：法律哲学与法律方法．邓正来，译．北京，中国政法大学出版社，1999.
[6]布朗，杰克逊．公共部门经济学．张馨，主译．北京：中国人民大学出版社，2000.
[7]德姆塞茨．所有权、控制与企业——论经济活动的组织．段毅才，等译．北京：经济科学出版社，1999.
[8]弗里德曼．法律制度——从社会科学角度观察．李琼英，林欣，译．北京：中国政法大学出版社，2004.
[9]格雷夫．比较福利制度——变革时期的斯堪的纳维亚模式．许耀桐，等译．重庆：重庆出版社，2006.
[10]关谷俊作．日本的农地制度．金洪云，译．北京：生活·读书·新知三联书店，2004.
[11]赫尔德．民主的模式．燕继荣，等译．北京：中央编译出版社，1998.

[12]怀科特．当今世界的社会福利．解俊杰，译．北京：法律出版社，2003.
[13]基杜伦，库恩勒，任远．重塑中国和北欧国家的福利制度．上海：复旦大学出版社，2014.
[14]吉登斯．全球时代的欧洲．潘华凌，译．上海：上海译文出版社，2015.
[15]凯斯勒．法国社会保障制度．于秀丽，李之群，译．北京：中国劳动社会保障出版社，2016.
[16]拉伦茨．德国民法通论：下册．王晓晔，邵建东，程建英，等译．北京：法律出版社，2003。
[17]卢瑟福．经济学中的制度：老制度经济学和新制度经济学．陈建波，郁仲莉，译．北京：中国社会科学出版社，1999.
[18]曼昆．经济学原理．梁小民，梁砾，译．北京：北京大学出版社，2015.
[19]美国不列颠百科全书公司．不列颠百科全书：国际中文版(第 15 卷)．中国大百科全书出版社不列颠百科全书编辑部，编译．北京：中国大百科全书出版社，1999.
[20]米尔恩．人的权利与人的多样性——人权哲学．夏勇，张志铭，译．北京：中国大百科全书出版社，1995.
[21]密尔．代议制政府．汪瑄，译．北京：商务印书馆，1982.
[22]皮尔逊．福利制度的新政治学．汪淳波，苗正民，译．北京：商务印书馆，2004.
[23]萨托利．民主新论．冯克利，阎克文，译．上海：东方出版社，1998.
[24]斯普兰克林．美国财产法精解．钟书峰，译．北京：北京大学出版社，2009.
[25]索托．资本的秘密．王晓冬，译．南京：江苏人民出版社，2001.
[26]沃依格特．制度经济学．史世伟，黄莎莉，刘斌，等译．北京：中国社会科学出版社，2016.
[27]亚里士多德．政治学．吴寿彭，译，北京：商务印书馆，1981.

[28]安国辉．土地利用规划．北京：科学出版社，2016.
[29]操家齐．国家现代化与农民工权利演进．杭州：浙江大学出版社，2016.
[30]陈广华．土地征用及失地农民入股安置制度研究——以南京工业园区为例．北京：中国政法大学出版社，2012.
[31]陈利根，龙开胜，张梦琳．农村集体建设用地流转的理论、实践与制度创新研究．北京：中国大地出版社，2011.
[32]陈锡文．农村社会保障制度．北京：中国劳动社会保障出版社，2011.
[33]陈锡文，高阳，陈剑波，等．中国农村制度变迁 60 年．北京：人民出版社，2009.
[34]陈小君，等．农村土地法律制度的现实考察与研究：中国十省调研报告书．北京：法律出版社，2010.
[35]陈小君，等．农村土地问题立法研究．北京：经济科学出版社，2012.
[36]陈元红，刘冬春．土地权利和利益视角下的农村集体建设用地流转研究．北京：经济科学出版社，2016.
[37]程世勇．城市化进程中的农村建设用地流转：城乡要素组合与财富分配结构的优化．北京：经济科学出版社，2012.
[38]崔文星．中国农地物权制度论．北京：法律出版社，2009.
[39]戴玉琴．改革开放以来农村民主政治发展论纲——基于村民自治制度视角．北京：社会科学文献出版社，2012.
[40]邓大松．社会保险．北京：中国劳动社会保障出版社，2015.
[41]丁建定，等．中国社会保障制度体系完善研究．北京：人民出版社，2013.
[42]董志龙．资本农民——土地流转与农民的保障．北京：人民出版社，2013.
[43]杜伟，黄善明．失地农民权益保障的经济学研究．北京：科学出版社，2009.
[44]费孝通．乡土中国．北京：北京出版社，2009.
[45]甘藏春．社会转型与中国土地管理制度改革．北京：中国

发展出版社，2014.
[46]高兴民．人口流动与社会保障制度困境．北京：中国经济出版社，2012.
[47]龚春霞．地权的实践．北京：北京大学出版社，2015.
[48]荀军年．农地使用权流转模式选择及创新研究．北京：法律出版社，2014.
[49]顾朝林，刘佳燕，等．城市社会学．北京：清华大学出版社，2013.
[50]管洪彦．农民集体成员权研究．北京：中国政法大学出版社，2013.
[51]韩俊．中国农村土地问题调查．上海：上海远东出版社，2009.
[52]贺雪峰．地权的逻辑：中国农村土地制度向何处去．北京：中国政法大学出版社，2010.
[53]贺雪峰．地权的逻辑Ⅱ：地权变革的真相与谬误．北京：东方出版社，2013.
[54]贺雪峰．谁是农民：三农政策重点与中国现代农业发展道路选择．北京：中信出版集团，2016.
[55]洪名勇．马克思土地产权制度理论研究——兼论中国农地产权制度改革与创新．北京：人民出版社，2011.
[56]胡建华．农村民主管理制度——法理分析与法治保障．北京：中国社会科学出版社，2016.
[57]黄季焜，陶然，徐志刚，等．制度变迁和可持续发展——30年中国农业与农村．上海：格致出版社，上海人民出版社，2008.
[58]黄建水，黄鹏．城乡一体化发展中的农村土地制度改革研究．北京：中国农业出版社，2016.
[59]黄金魁．一切权力归农会：大革命时期的农民运动．石家庄：河北人民出版社，2015.
[60]黄进才．中国农民工权利保护的法律考察．北京：人民出版社，2011.

[61]黄英．农村土地流转法律问题研究．北京：中国政法大学出版社，2015.
[62]贾洪波．中国基本医疗保险制度改革关键问题研究．北京：北京大学出版社，2013.
[63]剧锦文．中国的城镇化与小城镇发展——江苏省靖江市东兴镇考察．北京：中国社会科学出版社，2013.
[64]李蕊．失地农民权益保障．北京：知识产权出版社，2009.
[65]周绿林，李绍华．医疗保险学．北京：科学出版社，2016.
[66]李小云，左停．中国农民权益保护研究——《农业法》第九章“农民权益保护”实施情况调查．北京：社会科学文献出版社，2007.
[67]李珍．基本养老保险制度分析与评估——基于养老金水平的视角．北京：人民出版社，2013.
[68]李珍．社会保障理论．北京：中国劳动社会保障出版社，2013.
[69]廖宏斌，等．农村土地流转风险控制研究．北京：社会科学文献出版社，2015.
[70]林嘉．劳动法和社会保障法．北京：中国人民大学出版社，2014.
[71]林其屏．经济和谐发展论纲．南昌：江西人民出版社，2009.
[72]林卿．农民土地权益流失与保护研究——基于中国经济发展进程．北京：中国社会科学出版社，2013.
[73]林翊．中国经济发展进程中农民土地权益问题研究．北京：经济科学出版社，2009.
[74]刘国臻．论我国土地利用管理制度改革．北京：人民法院出版社，2006.
[75]刘海云．边缘化与分异：失地农民问题研究．北京：中国农业出版社，2007.
[76]刘钧．社会保障理论与实务．北京：中国劳动社会保障出版社，2012.
[77]刘润秋．中国农村土地流转制度研究——基于利益协调的

视角．北京：经济管理出版社，2012.
[78]刘守英，周飞舟，邵挺．土地制度改革与转变发展方式．北京：中国发展出版社，2012.
[79]刘正山．大国地权：中国五千年土地制度变革史．武汉：华中科技大学出版社，2014.
[80]龙登高．地权市场与资源配置．福州：福建人民出版社，2012.
[81]卢祖洵．社会医疗保险学．北京：人民卫生出版社，2012.
[82]陆红．政府干预农村土地流转的法律问题研究．北京：光明日报出版社，2016.
[83]陆铭．大国大城：当代中国的统一、发展与平衡．上海：上海人民出版社，2016.
[84]马新文．中国现行征地制度下失地农民经济权益损失研究．北京：中国社会科学出版社，2015.
[85]孟勤国．中国农村土地流转问题研究．北京：法律出版社，2009.
[86]聂建平．中国农民启示录．南昌：江西人民出版社，2011.
[87]聂鑫．农地城市流转中失地农民福利问题研究．北京：人民出版社，2014.
[88]沈开举．中国土地制度改革研究．北京：法律出版社，2014.
[89]石智雷．城市化改造传统农民．北京：中国人民大学出版社，2016.
[90]司开玲．知识与权力——农民环境抗争的人类学研究．北京：知识产权出版社，2016.
[91]锁凌燕．转型期中国医疗保险体系中的政府与市场：基于城镇经验的分析框架．北京：北京大学出版社，2010.
[92]汪晖，陶然．中国土地制度改革：难点、突破与政策组合．北京：商务印书馆，2013.
[93]汪军民．土地权利配置论．北京：中国社会科学出版社，2008.
[94]王慧博．从农民到市民——城市化进程中失地农民市民化

问题抽样调查研究．上海：上海社会科学出版社，2015.
[95]王佳慧．当代中国农民权利保护的法理．北京：中国社会科学出版社，2009.
[96]王俊杰．农民工社会保障制度研究．北京：知识产权出版社，2015.
[97]王小莹．我国农村土地流转法律制度研究．北京：法律出版社，2012.
[98]王延中．中国社会保障发展报告(2015)．北京：社会科学文献出版社，2015.
[99]王勇．城市化进程中失地农民的利益表达机制研究．北京：中国社会科学出版社，2014.
[100]王兆林．户籍制度改革中农户土地退出行为研究．北京：中国社会科学出版社，2014.
[101]王佐龙．农民权利与权利农民：以青藏高原农村社会为视域．厦门：厦门大学出版社，2015.
[102]文贯中．吾民无地：城市化、土地制度与户籍制度的内在逻辑．北京：东方出版社，2014.
[103]吴大英，杨海蛟，等．有中国特色的社会主义民主政治．北京：社会科学文献出版社，1999.
[104]吴礼宁，韩兴华，高建军．新型城镇化与农民权利保障．北京：法律出版社，2015.
[105]吴向红，吴向东．无权所有：集权奴役社会的地权秩序．北京：法律出版社，2015.
[106]吴越，沈冬军，吴义茂，等．农村集体土地流转与农民土地权益保障的制度选择．北京：法律出版社，2012.
[107]徐勇，邓大才，熊彩云，等．中国农民状况发展报告2012(经济卷)．北京：北京大学出版社，2013.
[108]徐勇，赵永茂．土地流转与乡村治理——两岸的研究．北京：社会科学文献出版社，2010.
[109]严俊．中国农村社会保障政策研究．北京：人民出版社，2009.

[110]杨海坤．农民权利的公法保护．北京：北京大学出版社，2015.
[111]姚士谋，周春山，王德，等．中国城市群新论．北京：科学出版社，2016.
[112]易鹏．中国新路——新型城镇化路径．成都：西南财经大学出版社，2014.
[113]袁铖．制度变迁过程中农民土地权利保护研究．北京：中国社会科学出版社，2010.
[114]袁志刚，封进，葛劲峰，等．养老保险经济学：解读中国面临的挑战．北京：中信出版集团，2016.
[115]张德瑞．中国农民平等权利法律保护问题研究．南昌：江西人民出版社，2009.
[116]张林江．围绕农村土地的权力博弈：不确定产权的一种经验分析．北京：社会科学文献出版社，2012.
[117]张履鹏，孙陶生，李扬，等．中国农田制度变迁与展望．北京：中国农业出版社，2009.
[118]张明．农民权利保护视野下的土地征收制度研究．北京：法律出版社，2013.
[119]张琦．中国土地储备开发模式与比较研究．北京：北京师范大学出版社，2011.
[120]张琦，邹晓云，王宏新，等．中国土地制度改革的新思考．北京：北京师范大学出版社，2014.
[121]张千帆，党国英，高新军，等．城市化进程中的农民土地权利保障．北京：中国民主法制出版社，2013.
[122]张文显．法理学．北京：高等教育出版社，2011.
[123]张英洪．农民公民权研究．北京：九州出版社，2012.
[124]张英洪．农民权利发展：经验与困局．北京：知识产权出版社，2012.
[125]张英洪．农民权利论．北京：九州出版社，2013.
[126]张英洪．农民权利研究．北京：中央编译出版社，2014.
[127]张英洪，等．认真对待农民权利．北京：中国社会出版

社，2011.
[128]张郁达．中国城镇化进程中的农村土地制度改革．北京：知识产权出版社，2015.
[129]赵冈．中国传统农村的地权分配．北京：新星出版社，2006.
[130]赵慧珠．中国农村社会政策初步研究．北京：中国农业出版社，2008.
[131]赵金龙，何玲，冯晓明，等．农村土地流转与征收．北京：金盾出版社，2011.
[132]赵金龙．农村土地制度演进及地权流动．北京：中国农业出版社，2013.
[133]赵金龙．土地流转经纪人——中级技能．北京：中国农业出版社，2011.
[134]赵俊超．城镇化改革的突破口．北京：中国人民大学出版社，2015.
[135]赵曼，等．农村社会保障制度研究．北京：经济科学出版社，2012.
[136]赵宇霞，等．我国农民发展的若干问题研究——基于马克思主义人学研究视阈．北京：中国社会科学出版社，2012.
[137]郑凌志．中国土地政策蓝皮书2010．北京：中国大地出版社，2011.
[138]郑雄飞．中国农村“土地换保障”的实践反思与理性建构．上海：上海三联书店，2012.
[139]郑永流．当代中国农村法律发展道路探索．北京：中国政法大学出版社，2004.
[140]潘家华，牛凤瑞，魏后凯．中国城市发展报告No.2．北京：社会科学文献出版社，2009.
[141]周尚成．中国医疗保险谈判机制研究：理论基础与框架设计．北京：科学出版社，2013.
[142]朱冬亮．农业治理转型与土地流转模式绩效分析．北京：中国社会科学出版社，2016.

[143]朱识义．户籍制度与农村土地制度联动改革．北京：法律出版社，2015.
[144]李克强．协调推进城镇化是实现现代化的重大战略选择．中国报道，2013(3).
[145]北京天则经济研究所《中国土地问题》课题组．土地流转与农业现代化．管理世界，2010(7).
[146]蔡立辉，欧阳志鸿，刘晓洋．西方国家债务危机的政治学分析——选举民主的制度缺陷．学术研究，2012(2).
[147]曹学霞，杨丽娟．当前农村土地流转热的理性思考．农业科技与信息，2016(28).
[148]柴荣，王小芳．农村承包地流转障碍的法理分析——以山西省吕梁市交口县为研究对象．西北大学学报(哲学社会科学版)，2014(2).
[149]陈晨．关于我国农村土地流转制度改革的研究——基于《资本论》视角的思考．现代经济信息，2016(18).
[150]陈锡文．“三农”问题是城镇化进程中最大的问题．江苏农村经济，2013(7).
[151]陈小君．构筑土地制度改革中集体建设用地的新规则体系．法学家，2014(2).
[152]陈小君．农村集体土地征收的法理反思与制度重构．中国法学，2012(1).
[153]陈学法．土地批租理论与我国土地管理制度变革．马克思主义研究，2011(2).
[154]陈友华．理性化、城市化与城市病．北京大学学报(哲学社会科学版)，2016(6).
[155]程同顺．如何提高中国农民的组织化程度．党建研究，2003(10).
[156]戴玉婷，胡曼丽，陈琳．农村土地承包经营权流转中农民权益维护的实证研究——基于流转主体的视角．劳动保障世界(理论版)，2011(8).
[157]单平基．“三权分置”理论反思与土地承包经营权困境的解

决路径．法学，2016(9).
[158]董保华，李干．我国社会保险权利救济制度的理论悖论与现实困境——“裕元事件”引发的思考．法学，2015(1).
[159]董石桃．当代西方参与式民主理论的研究视域．湖北社会科学，2010(5).
[160]杜朝晖．我国农村土地流转制度改革——模式、问题与对策．当代经济研究，2010(2).
[161]冯爱珍．推进我国农村土地流转制度研究．经济研究导刊，2016(12).
[162]冯振东，霍丽，邵传林．中国农村土地流转问题研究述评．西北大学学报(哲学社会科学版)，2010(2).
[163]付英．村干部的三重角色及政策思考——基于征地补偿的考察．清华大学学报(哲学社会科学版)，2014(3).
[164]傅如良．转型期农民政治权利探析．中国特色社会主义研究，2005(1).
[165]高海．论农用地“三权分置”中经营权的法律性质．法学家，2016(4).
[166]高军．试论我国农地二元所有制的改革模式——以重庆地票交易制度为线索的研究．西南政法大学学报，2015(3).
[167]高圣平．农地三权分置视野下土地承包权的重构．法学家，2017(5).
[168]耿卓．农地三权分置改革中土地经营权的法理反思与制度回应．法学家，2017(5).
[169]龚蔚红，李虎．民主与腐败治理：一个经验研究综述．浙江社会科学，2012(2).
[170]龚向和．人的尊严：中国农民人权的兴起．河南省政法管理干部学院学报，2008 (1).
[171]龚晓红，庞新军．土地要素、土地资本化与经济增长——基于重庆统筹城乡视角的实证研究．农村金融研究，2011(2).
[172]龚晓洁．家政人员劳动权益保障的法治化路径——以工

伤为视角．法学论坛，2017(3).
[173]郭华，刘学谦，王霄．建立农村土地流转制度的法律思考．法学论丛，1994(1).
[174]郭淑华．关于加快农村土地流转制度变革的思考．山东经济战略研究，2013(3).
[175]郭哲．论农村土地流转制度中的权利彰显．财经理论与实践，2013(5).
[176]韩波．城市化失序、新市民与民事纠纷解决机制的便利化升级．中国政法大学学报，2016(2).
[177]韩松．新农村建设中土地流转的现实问题及其对策．中国法学，2012(1)。
[178]韩松．城镇化进程中入市集体经营性建设用地所有权归属及其与土地征收制度的协调．当代法学，2016(6).
[179]韩松．坚持农村土地集体所有权．法学家，2014(2).
[180]韩松．农民集体所有权主体的明确性探析．政法论坛，2011(1).
[181]韩志杰．当前农村土地流转对农民增收的影响及对策．中国农业文摘·农业工程，2016(5).
[182]郝丽丽，吴箐，王昭，等．基于产权视角的快速城镇化地区农村土地流转模式及其效益研究——以湖北省熊口镇为例．地理科学进展，2015(1).
[183]何木平．论农民权利保护的特殊性．现代化农业，2015(10).
[184]贺振华．农户外出、土地流转与土地配置效率．复旦学报(社会科学版)，2006(4).
[185]胡丽华．农村土地承包经营权流转市场化的对策思考．全国商情(理论研究)，2011(15).
[186]胡美灵．保障农民权利的价值分析．湖南师范大学社会科学学报，2008(5).
[187]胡水清．河南省农民工养老保险制度的实施困境及其对策初探．西南政法大学学报，2013(4).
[188]黄金辉．十六大以来党内民主与人民民主互动的进展、

问题及其深层原因剖析．四川大学学报(哲学社会科学版)，2012(2).
[189]黄炯．农民角色的冲突及其调适．学习论坛，2003(4).
[190]黄凌翔，段旭文．村镇建设用地再开发的经验与问题．当代经济管理，2015(1).
[191]黄延信，张海阳，李伟毅，等．农村土地流转状况调查与思考．农业经济问题，2011(5).
[192]黄祖辉，王朋．农村土地流转：现状、问题及对策——兼论土地流转对现代农业发展的影响．浙江大学学报(人文社会科学版)，2008(2).
[193]江国华．从农民到公民——宪法与新农村建设的主体性视角．法学论坛，2007(2).
[194]姜红利．农地三权分置之下土地所有权的法律表达．法学家，2017(5).
[195]姜松，王钊．土地流转、适度规模经营与农民增收——基于重庆市数据实证．软科学，2012(9).
[196]蒋辉宇．我国农村土地流转制度的现实困境与法律对策．科技经济市场，2010(2).
[197]蒋悟真，尹迪．社会救助法与社会保险法的衔接与调适．法学，2014(4).
[198]蒋云蔚．雇佣纠纷中的医疗隐私．中国法学，2012(3).
[199]乐章．农民土地流转意愿及解释——基于十省份千户农民调查数据的实证分析．农业经济问题，2010(2).
[200]黎建飞．从雇佣契约到劳动契约的法理和制度变迁．中国法学，2012(3).
[201]李定国．解读新型农民社会角色．湖北大学成人教育学院学报，2007(5).
[202]李福军，刘萍．国内农村土地流转中介组织研究综述．科技风，2010(2).
[203]李实．中国农村劳动力流动与收入增长和分配．中国社会科学，1999(2).

[204]李淑妍．中国农村土地流转制度改革的背景分析．辽宁行政学院学报，2013(1).
[205]李学尧．转型社会与道德真空：司法改革中的法律职业蓝图．中国法学，2012(3).
[206]李雪平．国际人权法上的迁徙自由和移徙工人的权利保护——以中国农民工为例．法律科学(西北政法学院学报)，2004(3).
[207]李勇，杨卫忠．农村土地流转制度创新参与主体行为研究．农业经济问题，2014(2).
[208]李玉蓉．试论中国农民的基本人权与两个国际人权公约．党史文苑，2004(6).
[209]李长健，邵江婷．基于农民权益保护的倾斜性权利配置研究——以利益和利益机制为视角．吉首大学学报(社会科学版)，2010(1).
[210]李中．农村土地流转的博弈分析．湖南科技大学学报(社会科学版)，2013(2).
[211]梁慧星．中国民法典中不能设置人格权编．中州学刊，2016(2).
[212]林亦府．从“福利依赖”到“工作自救”——美国福利制度改革对我国城市低保制度可持续发展的启示．哈尔滨工业大学学报(社会科学版)，2013(1).
[213]凌斌．土地流转的中国模式：组织基础与运行机制．法学研究，2014(6).
[214]刘安华．和谐社会构建中的农民人权保护．中共山西省委党校学报，2008(4).
[215]刘安华．和谐语境下农民人权法律保障机制的完善．绥化学院学报，2008(5).
[216]刘琦．建国以来中国农民的巨大变化．广东社会科学，1999(6).
[217]刘涛雄，周碧华．民主制度的责任视角：一个基本模型．经济社会体制比较，2012(1).

[218]刘同君，张慧．论农民权利发展的价值逻辑——以我国新型城镇化为视野．法学，2014(12).
[219]刘同君．新型城镇化进程中农村社会治理的法治转型——以农民权利为视角．法学，2013(9).
[220]刘卫柏，贺海波．农村宅基地流转的模式与路径研究．经济地理，2012(2).
[221]刘远熙．论土地流转与农民土地权益的保护．农村经济，2011(4).
[222]刘政坤，强昌文．农村土地流转中介组织探讨．理论建设，2009(4).
[223]罗必良，汪沙，李尚蒲．交易费用、农户认知与农地流转——来自广东省的农户问卷调查．农业技术经济，2012(1).
[224]罗大蒙，任中平．现代化进程中的中国农民权利保障——从国家与乡村社会关系的视角审视．西华师范大学学报(哲学社会科学版)，2009(5).
[225]马桂霞．中国共产党执政以来民主制度的创新与基本经验．知识经济，2011(17).
[226]马爽．城市低保对象求职行为及其影响因素研究．清华大学学报(哲学社会科学版)，2017(5).
[227]牛安生．共产党的领导与中国农民人权的实现．中共中央党校学报，2000(4).
[228]潘怀平．城市化与乡土化：基层司法权力运行机制实证研究．法学，2013(9).
[229]彭中礼．农民权利：农民问题研究的逻辑起点．湖南公安高等专科学校学报，2006(5).
[230]李振华．构建和谐社会要高度重视农民权利问题．新长征，2006(6).
[231]齐峰．解决农民问题的人权意义——论邓小平的人权主客体思想．党史纵横，2004(8).
[232]钱忠好，曲福田．农地股份合作制的制度经济解析．管理世界，2006(8).

[233]任怡，龚梦，曹月华．湖北省农村土地流转的问题及政策建议．现代农业科技，2016(16).
[234]沈月娣，汪建丰．农村土地流转制度改革创新研究——基于法律规制的视角．农业经济，2010(7).
[235]舒建军．理解中国乡村社会的整体变革：重温三十年来农民与土地的关系．社会科学研究，2014(3).
[236]孙莉．论城镇化政府主导推进的程序规制．法学，2015(4).
[237]孙启正．设计与实践的偏离：苏区时期党内民主制度建设探析——以中央苏区为考察对象．赣南师范学院学报，2012(1).
[238]田明．进城农民工的高流动性及其解释．清华大学学报(哲学社会科学版)，2013(5).
[239]王德炎．我国城乡基本公共服务均等化的现状及实现途径．商业时代，2010(19).
[240]王刚．保障农民权利的价值及路径．河南社会科学，2011 (4).
[241]王丽华．改革和完善农村土地流转制度必要性探讨．现代商贸工业，2015 (19).
[242]王丽华．进一步改革和完善我国农村土地流转制度的对策思考．经济研究参考，2015 (50).
[243]王利明，周友军．论我国农村土地权利制度的完善．中国法学，2012(1).
[244]王守智．农村土地流转中的地方政府、农民与中介组织．北京工业大学学报(社会科学版)，2010(3).
[245]王素芬．基本养老保险缴费制度之实证研究．法学，2016(6).
[246]王潇．城镇化背景下农村土地流转制度反思．湖南警察学院学报，2016(2).
[247]王永宏．文县农村土地流转现状及建议．农业科技与信息，2016(28).
[248]王志宏．城市化与农村土地流转制度关系研究．边疆经济与文化，2005(3).
[249]王志章，兰剑．农村土地流转中介组织的培育与发展问

题研究．中共南京市委党校学报，2010(1).
[250]王志章，兰剑．农村土地流转中介组织相关问题研究．科学决策，2010(3).
[251]文军．农民市民化：从农民到市民的角色转型．华东师范大学学报(哲学社会科学版)，2004(3).
[252]文维．新型城镇化进程中的失地农民权益保障机制探讨．法学杂志，2014(2).
[253]吴玲，周思山，周冲．发达国家农村土地流转制度对我国的启示．宿州学院学报，2012(1).
[254]吴秋菊．宅基地产权型塑：市场、制度与惯习——一种“事实产权”的分析．人文杂志，2014(12).
[255]吴兴国，兰松．略论农民权利的性质和表征——兼及实现农民权利的路径选择．安徽农业大学学报(社会科学版)，2009(1).
[256]吴义龙．“三权分置”论的法律逻辑、政策阐释及制度替代．法学家，2016(4).
[257]武晓红，马建兵．完善甘肃农村土地流转制度之法社会学思考．兰州交通大学学报，2012(2).
[258]夏家华．农村基层民主建设的探索与思考——以浙江省为例．宁波教育学院学报，2006(6).
[259]夏立平，岳悍惟．试论中国农民的人权发展．法学论坛，2001(2).
[260]夏涛．当前国内农村土地流转中介组织研究评述．西部论坛，2011(2).
[261]肖瑛．法人团体：一种“总体的社会组织”的想象 涂尔干的社会团结思想研究．社会，2008(2).
[262]徐保红，赖俊明．浙江农村土地流转对村民迁移的经济学分析．中国经贸导刊，2016(29).
[263]徐梅．农村土地流转问题研究——以宁夏回族自治区为例．青海金融，2016(10).
[264]杨成铭．受教育权的本质：从代际、学习社会到维性．法学杂志，2005(1).

[265]杨登辉．农村土地流转存在问题及对策探讨．种子科技，2016(10).
[266]杨光．全国土地流转面积和流转率同创新高．农药市场信息，2011(1).
[267]杨光斌．中国政治学的研究议程与研究方法问题．教学与研究，2008(7).
[268]杨海蛟．20 世纪 90 年代以来中国政治学研究的特点及发展趋势．浙江社会科学，2001(4).
[269]杨静雅．土地流转制度在新农村建设中的价值研究．内蒙古科技与经济，2015(13).
[270]杨丽莎．贵州省农村土地流转中农民权益保护问题分析．特区经济，2011(6).
[271]杨艳茹．中国共产党民主制度的架构与思考．内蒙古民族大学学报(社会科学版)，2010(2).
[272]杨一介．论集体建设用地制度改革的法理基础．法学家，2016(2).
[273]姚洋．发达地区村庄劳动力市场的整合．中国农村观察，2001(2).
[274]易军．法律行为生效要件体系的重构．中国法学，2012(3).
[275]余敏．浅谈农村土地使用权流转法律制度的完善．法制与社会，2010(23).
[276]袁铖．农村土地承包经营权流转：实践、政策与法律三维视角研究．宏观经济研究，2011(12).
[277]袁刚，张茜．有限政府的理论基础．理论月刊，2010(2).
[278]袁泉．土地经营权信托设立的理论构建——以“三权分置”为背景．西南政法大学学报，2017(2).
[279]袁震．农村土地承包经营权流转形式之法理分析．河北法学，2011(8).
[280]臧得顺．臧村“关系地权”的实践逻辑——一个地权研究分析框架的构建．社会学研究，2012(1).
[281]张葆君，袁超越，丁丹．百姓的期盼与十七大的决策．长江论坛，2007(6).

[282]陈红太．党的领导如何保障人民的民主权利．人民论坛，2016(18).
[283]张成福，李丹婷．公共利益与公共治理．中国人民大学学报，2012(2).
[284]张纯厚．政治民主与社会民主：西方自由民主的两个层面及其启示．文史哲，2012(2).
[285]张冬梅，段建南．深化改革土地流转制度，促进社会主义新农村建设．经济研究导刊，2013(13).
[286]张金明，陈利根．论农民土地财产权的体系重构．中国土地科学，2012(3).
[287]张明涛．我国农村土地流转准入的法律制度建构．中州学刊，2016(1).
[288]张千帆．城市土地“国家所有”的困惑与消解．中国法学，2012(3).
[289]张献，邓蕾蕾．新农村建设中农户兼业经营模型分析．中国农机化学报，2016(11).
[290]张新瑞，薛兴利．浅析农村土地承包经营权流转中的农民利益保护．经济研究导刊，2011(18).
[291]张学浪，赖风．新时期农村土地流转与农民增收——基于恩施市L办事处的实证分析．农村经济，2014(4).
[292]张幼芳．直接融资：发展农村资本市场新引擎．江汉论坛，2015(4).
[293]张中秋．传统中国的法秩序及其构成原理与意义．中国法学，2012(3).
[294]张忠明，钱文荣．不同兼业程度下的农户土地流转意愿研究——基于浙江的调查与实证．农业经济问题，2014(3).
[295]赵爱庆，杨宏翔．试论新农村建设中的产权制度创新．广西社会科学，2006(7).
[296]赵树凯．该倡导“农民权利论”了．人民论坛，2014(6).
[297]赵志勇．市民社会与国家不同的利益原则．社会科学战线，2012(2).
[298]郑慧．中国的协商民主．社会科学研究，2012(1).

[299]中国人民银行吴忠市中心支行课题组．农村土地流转中介组织的案例研究——吴忠高闸马家湖模式．西部金融，2009(7).
[300]钟威．农村土地流转制度的法律思考．法制与社会，2009(17).
[301]钟涨宝，狄金华．农村土地流转与农村社会保障体系的完善．江苏社会科学，2008(1).
[302]周其明．农民平等权的法律保障问题．法商研究(中南政法学院学报)，2000(2).
[303]周荣荣，陆雯，张晶晶，等．江苏农村土地流转实证分析．统计科学与实践，2016(8).
[304]周作翰，张英洪．从农民到公民：农民身份的变迁路径．湖南文理学院学报(社会科学版)，2007(6).
[305]朱未易．论城市治理法治的价值塑型与完善路径．政治与法律，2015(2).
[306]左小彩．农民权利问题探析．中国经贸导刊，2010(11).
[307]陈锋．大规模农地流转之忧思．(2011-04-28)[2016-11-01]. http://www. Chinareform. org. ch/Economy/ASgriculture/Practice/201104/t20110428 _ 107949. htm.
[308]陈锡文表："社会保障是应该政府提供 拿你自己的财产来换，没有过这种事情". (2011-02-27)[2016-11-01]. http://www. soutudi. so/news-5897-41-view. htm.
[309]冯华．农业部长：土地流转主体是农民．(2014-03-07)[2016-11-28]. http://new. qq. com/cmsn/20140307/20140307005445.
[310]贺雪峰．不宜过分强调土地经营权．(2016-11-11)[2016-11-12]. http://www. p5w. net/news/xwpl/201611/t201611 11 _ 1634183. htm.
[311]贺雪峰．在当前城镇化进程中谁是农民？．(2014-07-04)[2014-11-08]. http://www. zgxcfx. com/Article/72300. html.
[312]李欣，梁犇．李克强谈农村改革：给足农民自主权．

(2015-02-25)[2016-11-25]. http://www. szhgh. com/Article/news/leaders/2015-02-25/77069. html.

[313]刘庆斌．农村土地流转要突出农民主体地位．(2017-05-17)[2017-06-01]. http://news. cqnews. net/html/2017-05/17/content _ 41643243. htm.

[314]刘润秋．土地流转占补平衡：典型模式与制度缺陷．(2011-07-26)[2014-12-10]. http://www. ybask. com/lunwen/new/201107/290381 _ 5. html.

[315]刘彦．土地换社保背后是政府掠夺产权．(2010-09-09)[2016-11-01]. http://finance. ifeng. com/opinion/zjgc/20100909/2603231. shtml.

[316]农民权益保护："三农"问题中一块滞后"短板". (2011-07-25)[2015-01-27]. http://www. zgny. com. cn/ifm/consultation/2006-07-25/101923. shtml.

[317]社保乃政府职责 何须以土地交换．(2010 09 01)[2016 11 01]. http://opinion. hexun. com/2010-09-01/124765047. html.

[318]土地换社保的负面效应大于正面意义．(2010-09-01)[2016-11-01]. http://news. sohu. com/20100901/n274618918. shtml.

[319]"土地换社保"中的风险谁来承担？．(2007-09-07)[2016-11-01]. http://insurance. cnfol. com/070907/135，1516，3328841，00. shtml.

[320]王政．对失地农民社会保障的建议．(2006-05-06)[2015-03-10]. http://www. farmer. com. cn/wlb/nmrb/nb3/200605060022. htm.

[321]吴睿鸫．警惕土地换社保的负面效应．(2010-09-01)[2016-11-01]. http://news. ifeng. com/opinion/politics/detail _ 2010 _ 09/01/2397300 _ 0. shtml.

[322]武洁．"社保换土地"是谁的城市化?. (2010-09-01)[2016-11-01]. http://finance. people. com. cn/nc/GB/12606353. html.

[323]宅基地换房的天津争议调查．(2009-03-16)[2014-12-10].

http：//www. eeo. com. cn/2009/0316/132558. shtml.
[324]AYRES I. Optional Law：The Structure of Legal Entitlements. Chicago：University of Chicago Press，2005.
[325]CHEONG J W. Promising Education for Community Development：Report of Multi-disciplinary Seminar on the Educational Components of the Saemaul Undong. Seoul：Seoul National University Press，1987.
[326]CORFIELD P J. The Impact of English Towns，1700—1800. Oxford：Oxford University Press，1982.
[327]DOUGLASS N C，THOMAS R P. The Rise of The Western World：A New Economic History. Cambridge：Cambridge University Press，1973.
[328]HOLDEN S T，OTSUKA K，PLACE F M. The Emergence of Land Markets in Africa：Impacts on Poverty，Equity，and Efficiency. New York：Resources for the Future Press，2009.
[329]HUGHES J. American Economic History. Glenview，London：Scott，Foresman and Company，1987.
[330]BRANDT L，REZELLE S，TURNER M A. Government Behavior and Property Rights Formation in Rural China. Working Paper，2002(2).
[331]CHENG Jianquan，TURKSTRA J，PENG Mingjun，et al. Urban Land Administration and Planning in China：Opportunities and Constraints of Spatial Data Models. Land Use Policy，2006(4).
[332]DING Chengri. Land Policy Reform in China：Assessment and Prospects. Land Use Policy，2003(2).
[333]DING Chengri. Policy and Praxis of Land Acquisition in China. Land Use Policy，2007(1).
[334]FEDER G，FEENY D. The Theory of Land Tenure and Property Rights. World Bank Economic Review，1993(7).
[335]FISCHEL W，SHAPIRO P. A Constitutional Choice Model

of Compensation for Takings. International Review of Law and Economics, 1989(9).

[336]HU Wei. Household Land Tenure Reform in China: Its Impact on Farming Land Use and Agro-environment. Land Use Policy, 1997(3).

[337]JACOBY H G, LI Guo, ROZELLE S. Hazards of Expropriation: Tenure Insecurity and Investment in Rural China. American Economic Review, 2002(5).

[338]KUNG J K. Off-Farm Labor Markets and the Emergence of Land Rental Markets in Rural China. Journal of Comparative Economics, 2002(2).

[339]LIU Shouying, CARTER M R, YAO Yang. Dimensions and Diversity of Property Rights in Rural China: Dilemmas on the Road to Further Reform. World Development, 1998(10).

[340]MACMILLAN D C. An Economic Case for Land Reform. Land Use Policy, 2000(1).

[341]QU Futian, HEERINK N, WANG Wanmao. Land Administration Reform in China. Land Use Policy, 1995(3).

[342]SKINNER M W, KUHN R G, JOSEPH A E. Agricultural Land Protection in China: A Case Study of Local Governance in Zhejiang Province. Land Use Policy, 2001(4).

[343]TAN Minghong, LI Xiubin, XIE Hui, et al. Urban Land Expansion and Arable Land Loss in China—a Case Study of Beijing-Tianjin-Hebei Region. Land Use Policy, 2005(3).

[344]VAN DIJK T. Scenarios of Central European Land Fragmentation. Land Use Policy, 2003 (2) .

[345]ZHANG Xingquan. Urban Land Reform in China. Land Use Policy, 1997(3).

致　谢

本书的出版，得到多方面的支持和帮助，在此深表谢意！感谢北京市社会科学理论著作出版基金的资助。感谢中国社会科学院法学研究所刘海年先生细致耐心的指导。感谢在山西调研期间王艳明、康西元、李明的热情接待。感谢每一位认真填写调查问卷的农民，他们为本书的完成提供了重要的实践数据。感谢北京师范大学出版社马洪立老师和王新焕老师对本书自始至终专业而又认真的编辑审核。感谢我们所在的北京师范大学法学院、山西大学法学院对我们科研工作的支持。感谢我们的家人数十年来对我们的照顾与帮助，你们的鼓励与宽容使我们把很多本应与家人共渡的时光投入教学与科研，这是本书最终出版的原生动力。

柴荣　王小芳

2018 年 12 月 27 日